세금이
잘못
됐습니다

세금이 잘못됐습니다

지은이 김아영

1판 1쇄 인쇄 2018년 11월 12일
1판 1쇄 발행 2018년 11월 26일

발행처 (주)옥당북스
발행인 신은영

등록번호 제2018-000080호
등록일자 2018년 5월 4일

주소 경기도 고양시 일산동구 무궁화로 11 한라밀라트 B동 215호
전화 (070)8224-5900 팩스 (031)911-6486

이메일 coolsey@okdangbooks.com
홈페이지 www.okdangbooks.com
블로그 blog.naver.com/coolsey2
포스트 post.naver.com/coolsey2

값은 표지에 있습니다.
ISBN 979-11-964128-3-8 13320

저작권자 © 2018, 김아영
이 책의 저작권은 저자에게 있습니다. 저자와 출판사의 허락 없이
내용의 일부 또는 전부를 복제·전재·발췌할 수 없습니다.

이 도서의 국립중앙도서관 출판시도서목록(CIP)은 서지정보유통지원시스템 홈페이지(http://seoji.nl.go.kr)와
국가자료공동목록시스템(http://www.nl.go.kr/kolisnet)에서 이용하실 수 있습니다.
(CIP제어번호: CIP2018035484)

세무전문가가
알려주는
최강 절세법

세금이 잘못 됐습니다

김아영 지음

옥당북스

머리말

나는 국립세무대학교를 졸업하고 대한민국 세무공무원이 되었다. 관세청에서 14년간 세금 걷는 일을 하다가 미국공인회계사 공부에 도전해 2003년 합격했다. 조직 안에서 성공적으로 생활하던 나는 2009년 2월, 남들이 부러워하는 그 일을 그만두었다. 천직으로 여기며 발전을 위해 밤낮없이 달려온 일이었다. 인생의 후반부는 더 의미 있고, 도전적이며, 좀 더 '나'다운 삶을 살고 싶었다. 결정은 쉽지 않았다. 하지만 오랜 고민 끝에 마음을 먹자 이후의 일은 일사천리로 진행되었다. 사표를 내고 미국 일리노이대학교 University of Illinois in Urbana-Champaign 유학을 결정했다. 회계학 석사 과정에 다니며 나는 그곳에서도 '지독하게' 공부했다.

2012년 유학에서 돌아온 나는 국내 굴지의 대기업에 입사했다. 재무회계에 관한 전문 지식을 토대로 세무업무를 다시 하게 되었다. 주 업무는 법인세와 지방세, 외국에 납부한 세금을 신고하고 돌려받는 일이었다. 세금 걷는 일을 14년 했고 세금 내는 일을 7년 했다. 어느덧 나는 내국세와 관세, 지방세와 국제조세까지 모든 세법을 아우르는 '세무의 달인'이 되어 있었다.

  어느 날 마케팅부서에서 일하는 동료가 조언을 청해왔다. 자기와 연봉이 같은 동기가 있는데 그가 실급여액은 자신보다 훨씬 많이 받고 있다며 이게 어떻게 된 상황인지 모르겠다며 설명 좀 해달라는 것이었다. 나는 그런 일이 가능한 경우를 몇 가지로 나누어 설명해주었다. 10여 분 설명을 듣던 동료는 이렇게 설명해주니 단번에 알겠다며 고마워했다. 그리고 나서 며칠 후 그 동료가 지인을 데리고 다시 찾아왔다. 그 지인이 얼마 전에 창업했는데 명의대여 문제로 사업자등록신고를 늦추려고 하는데, 창업할 때 쓴 시설투자비를 빨리 돌려받는 방법에 대해 조언해달라는 것이었다. 나는 그분이 궁금해하는 질문에 자세히 답해주고 이후에 있을 수 있는 세금 관련 계획표까지 짜주었다.

  이 일이 있고 나서 동료들 사이에서 나는 세무 상담사가 되었다. 내가 열심히 공부해서 찾아낸 해답들이 이렇게 다른 사람에게 도움이 되는구나 싶어 뿌듯한 마음이 들었다. 그러면서 세무와 관련해서 어려움을 겪고 있는 사람들에게 내가 도움이 될 방법이 없을지 모색했다. 세무 상식을 나누는 일부터 시작하자 싶었다. 평소에 회사 동료들이 물어보는 세무 이슈에 답하다 보면 그들이 세법을 어려워하고 무관심하다는 생각이 많이 들었다. 이를 해소할 방법이 없을까? 일단 쉬워야 한다. 기초 세금지식부터 사람들이 이해하기 쉬우면서도 공감할 수 있는 자료들을 만들어보기로 했다. 이 작업은 나를 고무시켰다. 게다가 업무와 관련한 책을 쓰면서 나의 세금 지식이 더 풍성하고 탄탄해졌다.

보통사람이 부를 쌓는 데는 두 가지 방법이 있다. 첫째는 돈을 버는 것이다. 자신의 노동을 팔아 그 대가로 돈을 받는 것이다. 둘째는 쓸 돈을 적게 쓰는 것이다. 사야 할 것을 안 사고 아끼는 것이다. 그런데 사람들이 잘 모르는 방법이 하나 있다. 바로 세금을 아껴서 돈을 버는 방법이다. 세금 아껴서 얼마나 되겠냐고 생각하겠지만 하루 커피 한 잔 값(4,000원) 아끼면 한 달이면 12만 원, 1년이면 144만 원이 모인다. 가까운 해외로 여행도 갈 수 있는 큰 돈이다.

그렇다면 절세는 어떻게 할 수 있을까? 먼저 세금에 대해 알아야 절세할 수 있다. 서점에 가면 절세법을 알려주는 책들이 정말 많다. '부동산으로 절세하는 방법', '합법적으로 세금 안 내는 방법을 알려준다', '창업과 사업에 필요한 절세법 다 알려준다', '창업할 때 이렇게 하면 세무신고 성공한다' 등. 마치 그 책을 읽으면 세테크에 성공할 것 같다.

"무슨 말인지, 용어가 낯설고 어려워."

"상황이 똑같지 않아서 이해가 잘 안 돼."

"그 정도는 아는 내용인데, 내가 알고 싶은 건 그다음 단계 같은데…."

"그런 건 회사 세무회계담당 직원이 알아서 해 줄 텐데 뭐."

많은 세무 관련 서적은 세법 지식이 있는 사람을 대상으로 하여 이해가 쉽지 않고 막상 책을 읽는다고 해도 모든 문제가 해결되지는 않는다. 때로는 너무 기초적인 내용을 다루고 있어 실용성이 부족한 경우도 있다.

이 책은 직장인과 사업자가 꼭 알아야 할 세금지식과 절세 방법을 알려준다. 이해하기 쉽고, 실제로 적용할 수 있도록 기초적이면서 실용적인 내용을 담으려고 노력했다. 실제 경험을 에피소드로 풀어썼으니 비슷한 상황에 직면하면 손쉽게 적용할 수 있을 것이다. 이 책을 통해 독자 여러분이 세금의 원리를 이해하고 절세 노하우를 찾아 '현명한 부자'로 거듭나길 기대한다.

하나님을 믿는 사람은 인생이 그저 우연히 생겨났다고 여기지 않는다. 모두 소명과 사명이 있다고 생각한다. 감히 사명이라고 말하기에는 부끄럽다. 단지 이 책이 누군가의 삶에 작은 변화를 만드는 계기가 되면 좋겠다. 땀 흘려 번 돈을 알차게 모아 작은 부자가 되면 그는 또 누군가와 조금 나누는 삶을 살 수 있고 이런 나눔을 통해 세상은 더 아름답고 풍요로워지지 않겠는가.

책을 집필하고 마무리할 수 있도록 늘 배려하고 용기를 준 남편과 딸 예선에게 고마움과 사랑을 전한다. 그리고 나의 하나님께 감사드린다.

2018년 11월
김아영

| 차례 |

프롤로그
언제나 절세가 제일 어려운 사람들을 위한 조금 쉬운 안내서 ···· 16

 1부 연말정산이 잘못됐습니다 ····· 월급쟁이 편

1장 '쥐꼬리'만 한 월급에도 세테크는 필요하다 ···· 22

아르바이트생의 소득을 바꾸는 '세금'
월급봉투를 더 홀쭉하게 만드는 '원천징수'
조세저항을 조용히 없애는 '간접세'
세금은 '모르쇠', 절세는 '바라바'
아는 만큼 오르는 급여명세서의 비밀
급여명세서 해부하기
하수들은 모르는 공제내역 줄이기
아리송한 4대보험 맥잡기

고수의 절세 노트 ❶ ···· 41
근로소득세 계산하기 / 4대보험료 계산하기

2장 '같은 연봉' 입사 동기인데 세금이 다르다 ···· 46

김 대리의 알뜰한 연말정산 따라하기
세금 없는 소득을 챙겨라
월급쟁이 생활비, 근로소득공제액을 확인하라
세금을 계산하는 기준금액을 구하라
김 대리는 어떻게 세금을 산출할까?
더 내는 세금과 돌려받는 세금
같은 연봉 다른 세금, 왜 그럴까?
연봉에 따라 세금을 쥐어짜라

맞벌이 아빠 김 과장은 승진하고 싶다
세금을 낮추는 최적의 조합을 찾아라

고수의 절세 노트 ❷ ···· 71
맞벌이 부부 연말정산 핵심 포인트

3장 돈을 부르는 세금 공부 ···· 75

세금 공부, 생각보다 쉽다
국세와 지방세, 세금과 요금의 차이
소득은 올라도 내는 세금이 없다!
세금 없는 비과세 근로소득
증빙 필요 없는 월급쟁이 필요경비, 근로소득공제
부업으로 생긴 소득, 어떻게 신고할까?

고수의 절세 노트 ❸ ···· 92
퇴직소득세, 일시금보다 퇴직연금이 나을까?

4장 미리 챙겨보는 월급쟁이 연말정산 ···· 96

김 대리가 사표 대신 세금 공부를 시작한 이유
한눈에 보는 연말정산 흐름
올해 박 대리가 낼 세금은 얼마일까?
숨어있는 부양가족을 찾아라
하수들은 잘 모르는 소득공제와 세액공제 차이
알수록 많이 돌려받는 소득공제
모르면 나만 손해, 세금 먹는 영리한 대출
신용카드와 체크카드, 사용량을 나눠라
알 듯 말 듯 헷갈리는 세액공제
귀차니스트가 놓치기 쉬운 서류들
고수들이 챙겨보는 공제요건
놓친 세금 돌려받는 경정청구

고수의 절세 노트 ❹ ···· 149
이직자와 퇴직자를 위한 조언

2부 소소한 절세 원칙을 지켜라 ····· 자영업자 편

5장 창업하시려고요? ····· 158

반퇴시대, 준비하지 못한 자의 후회
준비한 자의 미련없는 선택
사장님, 세금을 모르면 돈이 새요
예비창업자가 알아야 할 기초 세금상식
사업자등록신고, 늦게 할수록 유리할까?
나홀로 사업자등록, 생각보다 간단하다
일반과세자로 할까, 간이과세자로 할까?
커피숍과 커피숍컨설팅, 업종별로 내는 세금이 다르다
개인사업자로 낼까, 법인사업자로 할까?

고수의 절세 노트 ❺ ····· 185
피가 되고 살이 되는 창업세무 원칙

6장 사업할 때 조심해야 할 세금 이슈 ····· 190

영세사업자인데, 기장해야 할까?
적격증빙, 영수증 보기를 '돈' 같이 하라!
사모님, 애들 학원비는 경비처리 안 돼요!
증빙 없이 회계장부에 넣은 비용, 설마 세무서에서 알까?
업무용 차량운행일지, 꼭 써야 할까?
법인으로 바꿀까 말까?
내 맘대로 못 올리는 법인사장 월급

고수의 절세 노트 ❻ ····· 226
업종별 주의해야 할 세금

7장   소소하지만 확실한 자영업자 절세 원칙 ···· 230

수입을 줄이거나 비용을 늘리거나
소나기 올 때 쓰는 '노란우산'
미루면 가산세 맞는 사업용 계좌신고
4대보험, 이렇게 줄인다
성실신고 사전안내문을 챙겨라

고수의 절세 노트 ❼ ···· 254
사장님의 세금 달력

8장   알면 줄고 모르면 늘어나는 부가가치세 ···· 257

붕어는 없고 붕어빵에는 있는 세금
부가가치세 신고 안 하는 면세사업자가 챙겨야 할 것
사장은 부가가치세를 한 푼도 내지 않는다
시설투자비 빨리 돌려받는 조기환급제도
세금계산서 챙기면 일석삼조

고수의 절세 노트 ❽ ···· 270
절세의 기본원칙은 증빙관리

부록   세무조사에 지혜롭게 대처하는 법 ···· 273

세무조사 대상은 어떻게 정할까?
세법은 귀에 걸면 귀걸이, 코에 걸면 코걸이
갑자기 들이닥친 세무조사, 지혜롭게 대처하는 법

언제나 절세가 제일 어려운
사람들을 위한 조금 쉬운 안내서

"아빠아, 빠빠이~"

20개월 된 딸아이가 아빠에게 굿바이 인사를 한다. 김 과장은 딸아이의 '이쁜 짓' 인사를 뒤로하고 서둘러 회사로 향한다. 아이는 지난주부터 어린이집에 다니기 시작했고 실내인테리어 디자이너로 일하는 아내는 지방 출장 중이다. 출근 시간에 늦을까 부랴부랴 회사로 향하는 김 과장. 버스정류장 옆 스타벅스에 들러 커피 한 잔을 산다.

"아이스 아메리카노 한 잔이요."

주문하며 휴대폰을 켠다. 잠이 덜 깬 듯 게슴츠레 휴대폰을 들여다보는 그. 아뿔싸, 아침 일찍 팀장 회의가 있음을 알리는 메시지가 떠 있다. 정신없이 택시를 잡아탄다.

"기사님, 역삼역이요. 급해요!"

헐레벌떡 회사에 도착한 김 과장. 가쁜 숨을 몰아쉬며 시간을 확인한다. 다행히 회의 시작 10분 전이다. 지하 1층 편의점에서 달콤한 바나나 우유와 담배 한 갑을 사들고는 회의실로 향한다.

팀장 회의는 점심시간이 다 되어서야 끝났다. 머릿속이 복잡한 김 과장은 삼삼오오

무리 지어 가는 동료들 틈에서 조용히 빠져나와 회사 근처 단골 분식집으로 향한다. 김치라면에 오므라이스를 주문해서 먹고 분식집 옆 커피집(Coffee-Zip)에 들러 아메리카노 한 잔을 사 들고 사무실로 들어왔다.

이제 오전에 확인하지 못한 이메일 체크부터 해야 한다. 급한 것부터 빠르게 답장을 보내고 나서 밀려 있는 업무를 시작했다.

오후 4시, 고객사 미팅을 하러 가려고 배차를 신청했다. 차량의 시동을 켜자 '띵띵' 하는 소리와 함께 계기판의 주유기 아이콘이 깜박거린다.

'에이 하필 급할 때…'

약속시간에 늦을지 모른다는 생각에 불안해하며 근처 주유소에 들른다. 기름을 채우고 다시 미팅 장소로 달린다.

"카톡왔숑."

'김 과장님 갑자기 외국에서 중요한 바이어분들이 오셨어요. 오늘 미팅은 다음 주로 미뤄야 할 것 같습니다. 죄송합니다.'

고객사의 갑작스러운 미팅 연기 문자. 차를 돌려 회사로 향한다.

회사에 도착해 시계를 보니 곧 퇴근 시간이다. 오늘 저녁에는 입사 동기들과 모임이 있는 날인데…. 하지만 김 과장은 피곤하다. 게다가 오늘은 지방 출장 간 아내를 대신해 어린이집에 가서 딸아이를 데려와야 한다. 아내가 지방 출장을 갈 때면 김 과장은 일찍 퇴근해야 했다. 그럴 때마다 동료들에게 '그래. 너는 가서 애나 봐라' 하는 비아냥을 듣게 될까 봐 이러저러한 핑계를 만들곤 했다. 오늘도 그는 핑계를 만들어대고는 집으로 향한다.

'휴~ 힘들다 힘들어'.

김 과장이 하루 동안
흘리고 다닌 세금은 얼마나 될까?

아침 출근길에 김 과장이 마신 5,000원짜리 프렌차이즈 커피에는 부가가치세 454원이 포함되어 있고 팀장 회의에 늦지 않으려고 탔던 택시비에도 10% 부가가치세가 붙어 있다. 회사 지하 1층 편의점에서 산 4,500원짜리 담배 한 갑에는 담배소비세, 지방교육세, 개별소비세 등 담뱃값의 무려 74%나 되는 3,318원의 세금과 부담금이 포함되어 있다. 김치라면과 오므라이스에 지급한 밥값 6,000원 중에서 545원은 부가가치세다. 김 과장이 고객을 만나러 가면서 주유소에서 넣은 기름값(휘발유 1리터 1,420원×50리터=71,000원)에는 교통에너지환경세, 교육세, 주행세, 부가가치세 등 소비자가격의 약 62%(경유는 52%)에 해당하는 세금이 붙는다.

항목	지출한 금액	김 과장도 모르게 나간 세금
커피	5,000원	454원
택시비	5,500원	500원
담배	4,500원	3,318원
점심	6,000원	545원
기름값	71,000원	43,750원
합계	92,000원	48,567원

김 과장이 하루 동안 알게 모르게 낸 세금은 4만 8,567원이나 된다. 세금지식이 없고 불필요한 소비를 많이 할수록 더 많은 세금을 흘리게 된다. 김 과장은 하루 동안 4만 8,567원이라는 세금을 냈지만 아무런 저항 없이 냈다. 왜 그럴까? 어떤 세금은 물건값을 지급하면서 묻어나가고, 어떤 세금은 월급을 받기도 전에 떼이므로 정작 본인은 '내가 세금을 냈다'고 느끼지 못하는 것이다.

자영업자는 직장인보다는 세금에 민감하다. 소득의 규모도 직장인만큼 훤히 들여다보이지 않아서 탈세도 아닌 듯, 절세도 아닌 듯, 슬쩍 '조세회피'를 하기도 한다. 사실 자영업자는 직장인보다 세금을 줄일 수 있는 폭이 크다. 그러나 대부분 자영업자는 세금지식을 알려고 하지 않아서 절세할 수 있는 타이밍을 놓치는 경우가 많다. 거래가 이루어진 후에 세무대리인에게 사정해 봤자 이미 엎질러진 물이다. 그렇다면 어떻게 해야 적절한 때에 절세를 잘 할 수 있을까?

직장인과 자영업자가 꼭 알아야 할 절세 노하우

이 책은 알뜰한 연말정산으로 '13월의 급여'를 받고 싶은 직장인과 5월의 종합소득세를 가뿐하게 해결하고 싶은 사업자가 꼭 알아야 할 기본적인 세금지식을 다룬다. 이것을 소화해서 영리하게 세금을 돌려받는 일은 여러분의 몫이다.

1부에서는 대한민국 1,600만 직장인을 위한 세금 관련 기초 지식과 절세 노하우를 알려준다. 세금에 대해서는 아는 것이 별로 없는 평범한 김 과장과 박 신입이 월급명세서 보는 법을 알게 되면서 어떤 일이 생길까? 입사 동기 김유식 대리와 박무식 대리는 연봉은 같은데 왜 세금은 다를까? 김 대리와 박 대리의 연말정산 내용을 비교하여 영리하게 세금을 돌려받는 방법을 배운다.

2부에서는 조퇴나 은퇴 후 사업을 시작한 자영업자가 창업 초기에 잘 몰라서 겪는 실수와 이를 극복하고 성공하는 절세방법을 알려준다. 명예퇴직하고 창업하는 황 부장은 앞으로 어떤 일을 겪게 될까? 3년 전 창업에 성공한 김 사장의 조언을 들으며 고민을 해결해나가는 황 부장 이야기를 따라가다 보면, 자영업자가 사업하는 과정에서 조심해야 할 세금 문제와 그 해결방법까지 가뿐하게 파악할 수 있다.

이 책에 담은 에피소드는 실제 경험에 기초하였으므로 직장인과 자영업자가 현실에서 가장 많이 고민하는 일들이다. 세금에 관해서 잘 모르는 직장인이나 자영업자도 이해하기 쉬우면서 실생활에 바로 적용할 수 있는 절세노하우를 담았으므로 적극적으로 활용하기 바란다.

1부

연말정산이
잘못됐습니다

월급쟁이 편

'쥐꼬리'만 한 월급에도 세테크는 필요하다

아르바이트생의 소득을 바꾸는 '세금'

커피를 좋아하는 김 과장, 주말을 이용해 동네 카페에서 아르바이트를 시작했다. 카페가 주택가에 위치해서 아주 바쁘지도 않고 좋아하는 커피까지 공짜로 마실 수 있어 아르바이트치고 나쁘지 않다. 시급 8,000원을 받고 10시간씩 일해서 이틀에 16만 원을 번다.

오랜만에 김 과장은 휴학 중인 사촌 동생을 만나 함께 저녁을 먹기로 했다. 김 과장의 사촌 지원이는 스물한 살이다. 지원이는 대기업 프랜차이즈 카페에서 아르바이트하고 있다.

"오랜만이다. 지원아, 그래 알바는 할 만해?"

"그냥저냥 할 만해요. 적은 월급에 4대보험료 나가는 건 부담되지만 1년 이상 일하면 퇴직금도 나오고, 나름 재밌어요. 취향이 독특한 손님도 가끔 만나고요."

"그래, 나도 알지. 아이스아메리카노 '따뜻한 거' 한 잔 시키는 손님 말이지?"

카페 알바 경험담을 서로 주고받는 사이에 주문한 음식이 나왔다.

"자, 맛있게 먹자. 거긴 한 달 일하면 얼마나 받니?"

"지난달 시급 8,000원에 200시간을 일하고 145만 원 받았어요."

"어? 잠깐! 내가 주말에 동네 카페에서 아르바이트하는데, 하루 10시간 일하고 8만 원 받아. 거긴 대형 프랜차이즈인데 일당 5만 8,000원이라니, 말이 돼?"

약간 흥분한 김 과장은 회사 후배인 김유식 대리에게 전화를 걸었다. 김 대리는 맡은 일마다 똑소리 나게 잘하는 데다 무엇보다 '사내 세무사'로 불릴 만큼 세금지식이 풍부하다. 김 과장에게 자초지종을 들은 김 대리는 알기 쉽게 설명해 주었다.

"과장님, 같은 알바라도 4대보험료와 세금을 떼느냐 안 떼느냐에 따라 실수령액이 달라져요. 예를 들면 식당 알바나 건설현장에서 1개월 미만으로 일하는 인부들이 받는 소득은 대부분 '일용근로소득'으로 봐서 하루 일당 10만 원(2019년부터 15만 원)까지 세금이 없어요. 보통 한 달 미만 일하는 일용직 근로자는 국민연금이나 건강보험에 의무가입 대상이 아니라서 월급 전액을 받는 거죠."

"응, 그렇구나."

"반면에 매월 급여를 받는 대기업 카페 알바는 4대보험에 가입해야 하고 근로소득세도 미리 원천징수해요. 월급 160만 원에서 국민연금, 건강보험료, 고용보험료, 근로소득세까지 대략 15만 원을 빼면 실수령액은 145만 원이 되는 거죠."

"그래. 설명을 듣고 보니 월급이 들어오기 전에 미리 떼 가는 원천징수가 월급봉투를 더 홀쭉하게 만들어 버린다는 걸 알겠군."

"그래서 간혹 알바 중에는 일용직이나 근로자가 아닌 프리랜서 형태로 계약을 하기도 해요."

"프리랜서?"

"네. 세법상 프리랜서는 '사업자등록신고를 하지 않은 자유직업소득자'를 말해요. 대형 프랜차이즈 카페 알바는 4대보험에 가입하고 간이세액표에 따라 근로소득세를 원천징수하지만 사업주가 프리랜서 방식을 택하면 근로소득이 아닌 사업소득으로 봐서 사업주가 급여에서 3.3%를 원천징수하는데, 4대보험 가입의무가 없어서 보험료는 떼지 않아요."

"음, 그러니까 프리랜서로 계약하면 사장은 4대보험료를 내지 않아도 되고 알바생은 보험료뿐만 아니라 소득세도 줄일 수 있는 거네."

"네. 하지만 알바가 프리랜서로 계약하려면 사업주로부터 업무지시를 받지 않고 독립적으로 일해야 해요. 또 출퇴근 시간이나 근무 장소에도 제한을 받지 않는 등 법적인 요건이 까다로워서 허용되는 경우가 드물어요."

"그렇겠지. 암튼 바쁠 텐데 이렇게 알려줘서 고마워. 김 대리."

월급봉투를 더 홀쭉하게 만드는 '원천징수'

월급쟁이는 매월 급여에서 여러 가지 세금을 떼인다. 힘들게 일해서 받은 월급이 통장에 들어오기 무섭게 카드값 등으로 빠져나가 남는 게 없지만 매월 자기도 모르게 빠져나가는 세금에 대해서 깊게 생각하지 않는다. 월급에서 세금이 어떤 명목으로 얼마나 떼이는지 정확하게 아는 사람은 많지 않다. 오히려 '세금은 생각할수록 어렵고 복잡한 것'으로 여기고 나라에서 알아서 떼가겠거니 하고 무관심한 것이 보통이다. 반면에 자영업자들은 사업을 하면서 새는 세금을 어떻게든 줄여보려고 갖은 노력을 한다. 분명히 그들은 월급쟁이보다 세금에 민감하다.

《네 안에 잠든 거인을 깨워라》의 저자 앤서니 로빈스는 《머니 Money Master The Game》에서 세금이 벌어들인 소득에 얼마나 파괴적인 영향을 끼치는지를 설명한 바 있다.

"지금 1달러를 가지고 있고 이 돈을 20년 동안 매년 두 배로 늘릴 수 있다고 가정해보자(복리게임). 1년 후 1달러는 2달러, 2년 후 4달러, 3년 후 8달러, 4년 후 16달러로 늘어난다. 그럼 20년 후에는 얼마가 되어 있을까? 1달러는 복리의 마법을 통해 20년 만에 104만 8,576달러가 된다. 이제 여기서 세금을 계산해보자. 매년 세금 33%를 낸다면 20년 뒤 계좌에 남게 되는 돈은 2만 8,000달러다. 놀랍지 않은가?"

매년 돈이 두 배로 는다해도 복리가 붙기 전에 세금부터 빠져나가면 20년 뒤 남는 돈은 고작 2만 8,000달러. 100만 달러가 넘는 세전 금액과는 너무 큰 차이가 난다. 이것이 세금의 파괴력이다.

월급쟁이가 세금에 대해서 소홀해지기 쉬운 가장 큰 이유는 매월 세금을 미리 떼는 '원천징수' 때문이다. 원천징수란, 회사가 매달 직원에게 월급을 줄 때, 일정 비율로 직원이 내야 할 세금을 미리 떼서 세무서에 내는 것이다. 이때 국가를 대신해서 회사가 내는 세금을 '원천징수세액'이라고 한다. 원천징수제도는 국가 입장에서 볼때 국민의 조세저항(세금을 내는 것에 대한 저항감) 없이 손쉽게 세수를 확보하는 수단이지만, 월급쟁이 입장에서는 본인이 내는 세금에 무관심하게 만드는 주요인이다.

원천징수로 낸 세금은 확정된 것이 아니다. 국세청에서 공시하는 '근로소득 간이세액표'에 따라 부양하는 가족 수와 급여 수준에 따라 대략 매달의 소득세를 먼저 떼고 연말에 확정하게 되는데 이것이 흔히 월급쟁이들이 하는 연말정산이다. 연말정산을 잘해서 돈을 돌려받기라도 하면 '13월의 월급'이라며 공돈이 생긴 것처럼 생각하는데 절대 그렇지 않다. 그 '공돈'은 내가 미리 낸 돈인데 정산 후 국가로부터 이자 한 푼 없이 그냥 돌려받는 것이다.

원천징수제도는 국가가 세금을 안전하게 거두고 조기에 세금을 확보하여 미리 쓸 수 있게 한다. 또한 돈을 다 써버려서 세금 낼 돈이 없거나 한꺼번에 내야 하는 납세자의 부담을 덜어주고 직접 세금 신고를 해야 하는 번거로움까지 없애준다는 장점이 있다. 그러나 사람들을 세금에 대해 무관심하게 만드는 큰 부작용이 있다.

자영업자가 세금을 한꺼번에 내는 것이 부담된다면 세금 납부 시기에 맞춰 적금통장을 만들면 된다. 또한 월급쟁이가 1년에 한 번 근로소득세를 직접 신고한다면 세금 내는 것에 신경을 쓰게 될 것이다. 물론 국세청은 연말정산 대신 근로소득만 있는 월급쟁이가 직접 신고할 방안을 마련해야 할 것이다

조세저항을 조용히 없애는 '간접세'

앞에서 김 과장은 프렌차이즈 커피를 마시거나 분식집에서 밥을 사 먹을 때, 편의점에서 담배를 살 때도 간접적으로 세금을 냈다. 그런데 본인은 정작 세금 낸 사실도 세금 액수도 인지하지 못했다. 왜 그럴까?

내야 할 세금을 당사자가 직접 내는 것을 '직접세'라고 한다. 예를 들어 월급쟁이가 내는 '근로소득세', 법인 기업이 내는 '법인세'가 대표적인 직접세에 해당한다. 반면에 돈은 내가 부담하지만 남의 손을 거쳐서 내는 세금이 있는데 이를 '간접세'라고 한다. 앞서 김 과장이 낸 커피나 밥값에 따라오는 부가가치세가 대표적인 간접세이다.

일반적으로 소득이 높으면 세금을 많이 내고 소득이 낮으면 적게 내는 직접세와 달리, 간접세는 소비한 물품에 대해서 일률적으로 매겨지는 세금이므로 같은 물건을 산다면 서민이나 자영업자나 대기업 회장이나 모두 같은 금액의 세금을 낸다.

무엇보다도 간접세는 내가 밥을 사 먹거나 물건을 구매하면서 나도 모르게 나가는 세금이므로 조세 저항이 없다. 물건값에 세금이 포함되어 있지만 세금 따로, 물건값 따로 생각하지 않고 전체를 물건 가격이라고 여기기 때문이다. 조세 저항은 개인이 세금을 낼 때 느끼는 불공평함이나 부담감인데, 조세저항이 없으니 국가 입장에서는 세금을 쉽게 걷을 수 있지만 개인으로서는 본인이 세금을 냈는지 안 냈는지 인지하지 못한 채 세금에 무관심하게 된다. 결국 내지 않아도 될 세금을 흘리게 되고 정작 본인은 그 사실조차 모르고 살아간다. 그렇다면 일상에서 새는 세금을 어떻게 줄일 수 있을까? 나도 모르게 흘리는 세금을 줄이고 싶다면 우선 세금에 대해서 알아야 한다.

세금은 '모르쇠', 절세는 '바라바'

'세금은 왜 걷는가?'

가정생활을 유지하려면 일정한 수입과 지출이 필요하듯이 나라 살림도 잘 꾸려나가려면 일정한 예산이 필요하다. 이 예산은 공원에 가로등을 설치하거나 자동차가 다니는 도로를 만든다거나, 불이 나면 출동해서 불을 끄는 소방관들에게 월급을 지급하는 용도로 쓰인다.

우리나라 세금은 크게 국가에 내는 국세와 지방자치단체에 내는 지방세로 나눌 수 있다. 증여세, 상속세, 주세, 소득세 등은 국세에 해당하며 중앙정부가 거두는 세금이다. 그리고 재산세, 취득세, 주민세, 자동차세, 담배소비세 등은 시·군·구 지역 특성에 따라 지방자치단체가 지방 살림에 필요한 재원 마련을 위해 걷는 지방세에 해당한다.

〈표1-1〉 우리나라 세금의 종류

세금 종류		세금 항목
국 세	내국세	소득세(종합소득세, 양도소득세, 퇴직소득세), 부가가치세 법인세, 상속세, 증여세, 종합부동산세, 주세, 개별소비세 인지세, 증권거래세, 교육세, 농어촌특별세 등
	관 세	일반관세, 특혜관세, 탄력관세 등
지방세		취득세, 재산세, 등록면허세, 자동차세, 담배소비세, 주민세, 레저세 등

다음은 한때 네티즌 사이에서 화제가 되었던 '세금의 종류' 내용이다. 우리는 이 내용만큼이나 다양한 세금을 내고 있다.

태어났더니	주민세
살아있을 때 줬더니	증여세
죽었더니	상속세
힘들어서 한 대 물었더니	담뱃세
퇴근하고 한잔했더니	주세
아끼고 저축했더니	재산세
북한 때문에 불안하니	방위세
황당하게 술에 왜 붙니	교육세
화장품에 뜬금없이 왜 붙니	농어촌특별세
월급 받고 살아보려니	소득세
장사하려고 차 샀더니	취득세
차량 번호 다니	등록세
껌 하나 샀더니	부가가치세
배 아파서 똥만 누면	환경세
좀 있는 양반들은	탈세
죽으면	만세

* 2015년 7월 7일 〈국민일보〉 '대한민국 세금의 총집합 "씁쓸하네"' 참조.

일상생활에서 음식을 사 먹거나 물건을 구매할 때는 부가가치세, 고급가구를 살 때는 개별소비세, 술을 먹고 내는 술값에는 주세, 담배 한 갑을 사서 태울 때는 담배소비세를 낸다. 심지어 지하철이나 버스를 타고 오갈 때 내는 교통비에도 교통세나 주행세가 포함되어 있다. 이처럼 소득이 전혀 없더라도 일정한 소비 활동에도 세금이 따라붙는다.

소비 때문에 내는 세금 외에도 어떤 경제적 행위를 해서 발생하는 세금도 있다. 사업이나 노동으로 돈을 벌면 사업소득세, 근로소득세를 내야 한다. 또 자녀에게 재산을 줄 때는 증여세를, 부모가 돌아가시면 물려받은 재산에 대해서 상속세를 내야 한다. 여윳돈을 빌려주고 이자를 받으면 이자소득세를 내고 집을 팔기 위해 계약서를 작성하면 인지세를 내야 한다.

문득 '인간에게 피할 수 없는 것 두 가지가 있는데, 하나는 죽음이고 하나는 세금이다'라고 말한 벤저민 프랭클린이 떠오른다. 죽음은 일생에 단 한 번 마주하지만 세금은 가만히 집에서 쉬고 있어도 붙는다(전기요금에 부가가치세가 붙어서 나간다). 결국 쥐꼬리만 한 월급을 받는 월급쟁이라도 세금에 대해 알아야 할 필요가 있다. 월급명세서에 붙어 있는 세금을 알고 나면 적은 월급에서도 얼마나 많은 돈이 고스란히 빠져나가는지 깨닫게 된다.

조금이라도 새는 세금을 합법적으로 줄이는 것이 바로 '절세'이며 똑똑하게 줄이는 여러 방법을 흔히들 '세테크'라 한다. 세테크? 뭐 그리 거창할 것도 없다. 나도 모르게 새는 세금을 조금 따져보고 그동안 세법에 무관심해서 내가 번 소득보다 많은 세금을 내고 있었다면 똑똑하게 줄이는 것이다. 세금을 제대로 알아야 합리적인 절세가 가능하다.

아는 만큼 오르는 급여명세서의 비밀

"박신입, 월급명세서 확인했어? 이번 달엔 유난히도 떼는 게 많더군."

"그러게요, 김 과장님. 저는 지난달 연말정산 하고 세금을 추가로 내니까 손에 쥐는 게 없네요."

"내 뭐랬어? 그니까 연말정산 잘하라고 그렇게 얘기를 했건만…. 그 월세 소득공제만 받았어도 추가 납부는 안 했을 텐데 말이야."

"우와! 김 과장님은 급여가 저보다 많으신데 소득세는 별로 차이가 없으시네요."

"그야 난 부양가족이 있고 간이세액표 원천징수방식을 80%로 선택했으니까. 매년 연말정산 때 부양가족공제랑 소득공제로 돌려받는 세금이 있으니 굳이 원천징수방식을 높여서 환급해줄 때 이자도 한 푼 안 주는 세금을 미리 많이 낼 이유가 없잖아"

"간이세액표? 원천징수방식? 그건 또 뭐예요?"

"하하하, 사실은 내가 절세의 고수 김유식 대리한테 비법을 좀 전수받았지. 김 대리는 업무도 똑 부러지게 잘하면서 세금 박사야 박사."

"김 대리님이 세금상식이 많다는 건 알고 있었는데…. 그렇게 잘 알아요?"

"박신입, 말 나온 김에 자네도 김 대리한테 교육 좀 받아. 선배 좋다는 게 뭐야. 이럴 때 도움받는 거지. 급여명세서를 받으면 대개는 대충 보고 마는데 조금만 관심을 가지면 쉽게 이해할 수 있는 것들이야."

 1년에 열두 번 급여명세서를 받지만 항목별로 꼼꼼히 보는 사람은 별로 없다. 특히 요즘에는 이메일이나 내부 인트라넷을 통해 급여를 확인하므로 대부분 직장인이 통장 잔액 확인하듯 실수령액만 슬쩍 보고 만다. 그러나 급여명세서의 항목을 꼼꼼하게 알고 있다면 내가 받는 월급을 올릴 방법도 알게 된다. 물론 여기서 월급을 올린다는 것이 노조를 통한 임금협상이나 회사의 자발적 인상을 의미하지는 않는다. 적어도 내 급여명세서 내역을 알면 매월 받는 실수령액을 조금이라도 올릴 여지가 생긴다는 얘기다. 열두 번 나눠서 원천징수되는 세금을 당연하다고 여겨서는 안 된다.
 예를 들면, 김 과장이 말한 '근로소득 간이세액표'와 '원천징수방식'만 알아도 매달 월급명세서의 실수령액을 단 몇만 원이라도 올릴 수 있다. 회사가 매월 급여를 지급할 때는 소득세법에 따라 원천징수를 하고 월급을 주는데, 이때 '원천징수 간이세액표'를 기준으로 미리 떼는 세금을 결정한다.
 그런데 이 세금은 간이세액의 80%, 100%, 120% 빠져나가도록 선택할 수 있다. 120%를 선택하면 연말정산 때 세금을 돌려받을 가능성이 80%를 선택했을 때보다 커진다. 앞서 김 과장의 작년 연봉은 5,400만 원이었다. 원천징수방식을 120%로 선택해 매월 16만 4,450원의 세금을 냈는데 연말정산 때 153만 원을 돌려받았다. 올해는 김 대리의 조언으로 80%로 변경했다. 매달 10만 9,630원이 빠져나가 작년보다 실수령액이 5만 5,000원 정도 올랐다.

  매월 원천징수한 금액이 적으면 연말정산으로 돌려받을 수 있는 금액도 줄어든다. 연말정산 시 세금을 '토해낼' 가능성만 없다면 원천징수방식을 80%로 해서 매월 실수령액을 올리는 쪽을 선택하는 것도 세테크의 한 방법이다. 연말정산 결과 환급받는 돈이 아무리 많아도 정부는 이자를 붙여 돌려주지 않기 때문이다.

급여명세서 해부하기

  급여명세서를 받아 보면 뭔가 복잡해 보이지만 크게 '급여내역'과 '공제내역'으로 나뉘는 것을 알 수 있다. 급여는 기본급과 상여금 및 여러 가지 수당으로 이루어져 있다. 이 중에서 공제내역은 내 통장으로 월급이 들어오기도 전에 미리 떼 가는 부분인데 세금과 각종 보험료로 구성되어 있다. 〈표1-2〉는 입사 1년 차 박신입의 급여지급명세서이다. 모든 회사의 월급명세서가 이와 똑같은 모양은 아니지만 자신의 것과 비교해 볼 수는 있을 것이다.

  먼저 돈이 들어오는 급여내역에는, 기본급과 상여금 그리고 인센티브라고 불리는 특별상여금을 포함하여 초과근무수당, 자녀학자금, 직책수당 등 각종 수당이 있다. 이 중에는 세금을 내야 하는 것과 세금을 안 내도 되는 것이 있다. 흔히 '밥값'이라고 말하는 식대나 교통보조금은 대표적인 '비과세소득' 즉, 세금을 안 내도 되는

〈표1-2〉 박신입의 급여지급명세서 (20**년 2월)

인적사항		급여내역		공제내역	
소속	○○○○ 주식회사	① 기본급	1,600,000	❶ 소득세	19,520
직급	사원	② 상여금	400,000	❷ 지방소득세	1,950
성명	박신입	③ 식대	100,000	❸ 국민연금	90,000
은행명	조은은행	④ 초과근무수당		❹ 건강보험	62,400
❾ 세금적용률	100%	⑤ 자녀학자금		❺ 고용보험	13,000
지급일 20**년 2월 20일		⑥ 차량유지비		❻ 장기요양보험료	4,600
*부양가족 수: 1명		⑦ 자가운전보조금	200,000	❼ 연말정산 소득세	34,000
		★ 과세 급여	2,000,000	❽ 연말정산 지방세	3,400
		♥ 비과세급여	300,000	기타 공제	
실수령액: 2,071,130		지급액 계:	2,300,000	공제액 계:	228,870

급여이다.

박신입의 급여명세서에는 '급여내역'뿐만 아니라 '공제내역'도 있는데, 회사마다 각종 명목의 공제내역이 있겠지만 이 책에서는 소득세와 준조세라고 불리는 4대보험을 중심으로 알아보자.

❶ **소득세**: 내가 받은 급여소득에 본인을 포함한 부양가족 수에 따라 '근로소득 간이세액표' 기준으로 계산하여 매달 원천징수된다. 국세청 홈택스(www.hometax.go.kr) ⇨ 조회/발급 ⇨ 기타조회 ⇨ '근로소득 간이세액표'에서 확인할 수 있다.

❷ **지방소득세**: 소득세의 10%를 떼는데 소득세가 국가에 내는 세금인 반면 지

방소득세는 시청이나 구청 등에 내는 세금이다. 연말정산 결과, 소득세를 환급받으면 지방소득세도 돌려받게 된다.

❸ **국민연금** : 노후 생활에 대비해서 국민연금공단에 내는 것으로 보통 실비수당과 복리후생비를 제외한 급여소득의 일정 비율을 회사와 본인이 절반씩 부담한다.

❹ **건강보험** : 국민연금과 마찬가지로 월급에서 일정 비율을 떼는데 이것도 회사와 본인이 절반씩 부담한다. 부양가족이 많다고 해서 건강보험료가 증가하는 것은 아니다.

❺ **고용보험** : 고용안정과 실업급여를 위해 내는 돈으로 근로자는 0.65%, 기업의 규모에 따라 사업주는 0.25~0.85%를 적용한다.(2018년 기준)

❻ **장기요양보험** : 건강보험료의 7.38%를 내는데 회사도 절반을 부담하기 때문에 3.69%를 낸다.(2018년 기준)

❼ **연말정산 소득세** : 매달 떼는 소득세가 확정된 세금이 아니므로 최종적으로 연말정산을 통하여 소득세를 확정한다. 이미 매달 원천징수를 통해 낸 세금과 정산 결과를 비교하여 덜 낸 세금을 추가로 내는 것이다.

❽ **연말정산 지방소득세** : 연말정산 소득세의 10%를 지방소득세로 낸다.

❾ **세금적용률** : 근로자는 원천징수 간이세액표에 따른 원천징수세액을 80%, 100%, 120% 중에 선택할 수 있는데 박신입은 100%를 적용했다.

세금과 4대보험은 '지급액 계 2,300,000원' 한 달 기준이 아니라 특별상여금 등을 포함한 연간 총급여액을 12로 나눠서 계산하기 때문에 총급여액이 확정되면 다음 해에 정산해야 한다.

하수들은 모르는 공제내역 줄이기

회사마다 직원들의 근로 의욕을 높이기 위해 지급하는 복리후생비 중에는 식대, 교통보조금, 본인 학자금, 6세 이하 자녀 출산, 보육비용, 경조사비, 작업복, 제복, 제화 등 세금을 안 내도 되는 수당이 있다. 이러한 비과세소득을 잘 활용하면 소득세뿐만 아니라 4대보험료까지 줄일 수 있다.

예를 들어 6세 이하 자녀가 있는 직원의 기본급을 10만 원 올린다고 가정해 보자. 적게는 9,000원에서 많게는 1만 3,000원까지 세금과 4대보험으로 빠져나간다. 그러나 비과세소득인 자녀보육비용으로 지급하면 10만 원을 고스란히 받을 수 있다. 세금계산은 '과세표준'에 세율을 곱하면 되는데 4대보험료도 마찬가지다. 근로소득에서 비과세 수당을 차감한 금액에 요율을 곱해서 계산한다. 즉, 국민연금이나 건강보험료, 고용보험료도 비과세소득을 제하고 적용하기 때문에 비과세소득 항목으로 급여를 주면 세금과 4대보험료를 줄일 수 있다.

한편 비과세 수당을 이미 기본급에 포함시켜 놓은 회사라면 간단한 항목 조정만으로도 직원의 실수령액을 올리는 효과를 얻을 수 있다.

예를 들면 매월 식대 10만 원과 자가운전보조금 20만 원을 포함하여 기본급 200만 원을 받는 직원의 4대보험을 계산하면 대략 17만 원이 공제된다. 소득세법상 비과세소득인 식대와 자가운전보조금을 분리해서 기본급을 170만 원으로 계산하면 4대보험료와 세금까지 해서 매월 4~5만 원 정도 실수령액을 올릴 수 있다.

또한 직원 본인의 학자금도 비과세소득이므로 요건을 갖춰서 지급하면 세금을 줄일 수 있다. 이러한 비과세소득은 **국세청 홈택스**나 **국번 없이 126**을 통해서 어렵지 않게 확인할 수 있다.

아리송한 4대보험료 맥잡기

본인의 연봉에서 적어도 10% 정도는 이미 자신의 돈이 아니라 국가의 몫이라는 사실을 아는가? 내가 땀 흘려 번 소득에서 적지 않은 돈이 국가로 들어가고 있다면 왜, 어떤 이유로 그리되고 있는지는 알고 있어야 한다.

내 소득의 일부가 흘러 들어가는 곳, 4대 사회보험을 알아보자.

국민연금

우리나라 국민은 의무적으로 국민연금에 가입해야 한다. 각종 실비 수당이나 복리후생비를 뺀 지급액의 9%(2018년 기준)를 회사와 본인이 절반씩 낸다. 비과세소득을 제외한 급여 200만 원을 받는 사람은 국민연금으로 9만 원을 내지만, 회사도 나를 위해 9만 원을 내주기 때문에 나중에 받을 연금을 위해 쌓아두는 금액은 매월 18만 원이라고 할 수 있다. 국민연금은 건강보험료와 함께 회사가 직원을 위해 하는 투자이자 혜택이므로 회사에서 버틸 수 있을 때까지 열심히 일하고 충성해야 할 이유라고 할 수 있을 것이다.

건강보험/장기요양보험료

건강보험료는 직장가입자와 지역가입자로 나뉜다. 직장가입자는 국민연금과 마찬가지로 회사가 절반을 부담한다.

실직이나 정년퇴직 등으로 직장의료보험에서 지역의료보험으로 바뀌면 생각지 못했던 '비애'가 시작된다. 지역의료보험은 보험료 산정기준이 소득 기준이 아닌 아파트나 자동차 등 재산보유액을 기준으로 산정하기 때문에 소득이 전혀 없어도 보험료를 내야 한다.

예를 들어 매월 300만 원을 받던 월급쟁이가 실직해서 지역의료보험에 가입했는데 3억 원짜리 아파트, 자동차 등 재산 상태에 따라 매월 내야 하는 의료보험료는 15만 원 상당이다. 회사에 다닐 때는 본인은 9만 3,000원 정도 내던 건강보험료를 실직 후 소득까지 없는 상태에서 15만 원을 전부 부담하자니 억울하기 짝이 없다.

장기요양보험료도 회사와 본인이 절반씩 부담하는데 65세 이상 노인이나 65세 미만이라도 치매나 중풍 등의 질환을 가진 사람을 지원하기 위한 목적이므로 억울하게 생각하지는 말자.

국민연금과 건강보험은 매월 1일을 기준으로 보험료가 고지되는데 매월 2일 이후로 입사 날짜를 조정하면 첫 달 국민연금과 건강보험료를 절약할 수 있다.

고용보험

고용보험료는 실업이나 고용안정 등에 필요한 비용을 충당하기 위한 재원인데 월급쟁이는 실직 시 안정적인 생활자금 마련을 위해서 수당, 복리후생비를 제외한 급여의 0.65%(2018년 기준)를 낸다.

본인이 실직하게 되면 우선 고용보험 사이트(www.ei.go.kr)를 방문하여 받을 수 있는 실업급여를 알아보고 신청하도록 하자. 다만, 자발적으로 이직했거나 회사에서 중대한 귀책 사유로 해고된 경우에는 실업급여를 받을 수 없다. 또한 실직상태이지만 일할 능력이 있고 적극적으로 구직활동을 하고 있음을 증명해야 한다.

〈실업급여 간편 모의계산 활용〉

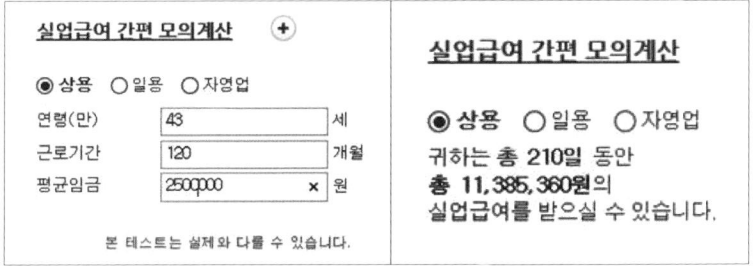

산재보험

산업재해 보상보험으로 직원이 업무상 재해나 부상, 질병 또는 사망 시 신속한 보상을 해주고 사업주에게 이에 따른 경제적 부담을 덜어주기 위한 목적으로 전액 회사가 부담한다. 업무 수행 중의 사고에는 작업환경의 해로운 요인이나 회사 차량으로 출퇴근하다가 사고를 당한 경우, 심지어 폭력뿐만 아니라 자해하는 경우도 업무상 사고로 본다. 그러나 과로사는 사망과 과중한 업무로 인한 스트레스 등의 인과 관계를 재해보상 시 증명해야 하므로 전문가의 조력이 필요하다.

고수의 절세 노트 ❶

근로소득세 계산하기

❶ 국세청 홈택스에서 '조회/발급' 클릭

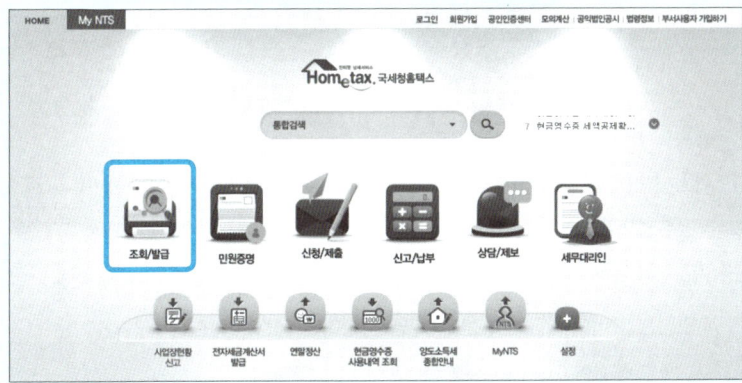

❷ '조회/발급'에서 '기타조회' 클릭

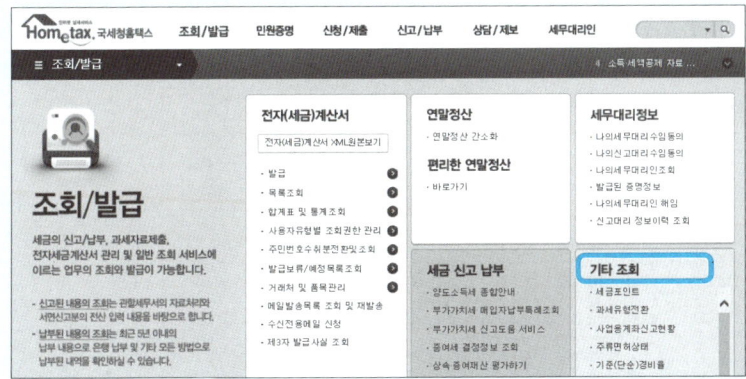

❸ '기타조회'에서 '근로소득 간이세액표' 클릭

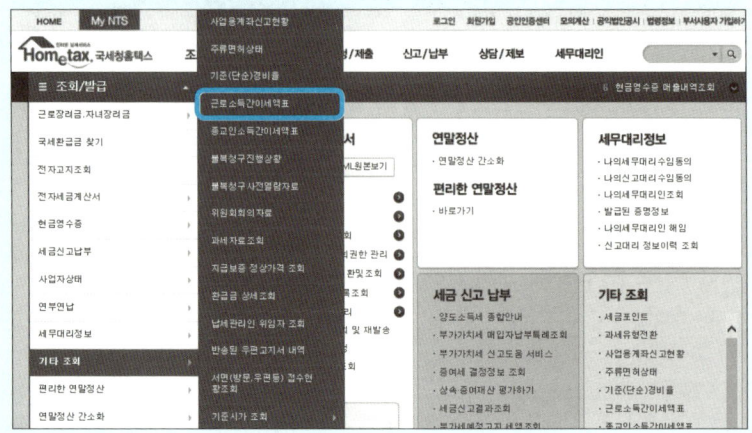

여기서 본인의 월급여액만 입력하면 근로소득 간이세액표에 따라서 매월 원천징수되는 소득세와 지방소득세를 손쉽게 알 수 있다. 원천징수방식(80%, 100%, 120%)은 변경할 수 있으며 회사 월급담당자나 급여시스템으로 '소득세 원천징수세액 조정신청서'를 제출해야 한다. 일단 변경하면 변경된 방식을 적용해야 하며 다시 변경하고 싶다면 다음 해에 해야 한다.

〈표1-3〉 근로소득 간이세액표 (일부 발췌)   (단위: 원)

월급여액(천 원) (비과세 및 학자금 제외)		공제대상 가족의 수										
		1	2	3	4	5	6	7	8	9	10	11
1,930	1,940	17,800	13,300	5,210	1,830	–	–	–	–	–	–	–
1,940	1,950	18,010	13,510	5,410	2,030	–	–	–	–	–	–	–
1,950	1,960	18,210	13,710	5,600	2,230	–	–	–	–	–	–	–
1,960	1,970	18,420	13,920	5,800	2,430	–	–	–	–	–	–	–
1,970	1,980	18,630	14,130	6,000	2,630	–	–	–	–	–	–	–
1,980	1,990	18,880	14,330	6,200	2,820	–	–	–	–	–	–	–
1,990	2,000	19,200	14,540	6,400	3,020	–	–	–	–	–	–	–
2,000	2,010	19,520	14,750	6,600	3,220	–	–	–	–	–	–	–
2,010	2,020	19,850	14,950	6,800	3,420	–	–	–	–	–	–	–

근로소득 간이세액표(조견표)

※ PDF 다운로드가 되지 않을 경우, 다음과 같이 조치해 보시기 바랍니다.
아크로뱃 리더에서 편집 → 액세서빌리티 → 설정 도우미 → 다음 → 다음 → 다음 → 웹 브라우저에서 PDF 문서 표시 체크 해제
크롬 브라우저 사용자께서는 chrome://plugins 로 들어가셔서 Chrome PDF Viewer 항목이 '사용 중지'로 되어 있으면 '사용'으로 변경하시기 바랍니다.

- 나의 월급에서 한 달에 납부하는 세금은?

| 월 급여액 | 2,000,000 |
| 전체 공제대상 가족수(본인 포함) | 1 | 전체 공제대상 가족 중 20세 이하 자녀수 | 0 |

조회하기

- 나의 월급에서 한 달에 납부하는 세금은?
  - 계산된 세금은 2018년 근로소득 간이세액표상의 세액으로서 회사의 실제 징수세금과는 차이가 있을 수 있습니다.
  - 월급에 대한 세금은 사용자(원천징수의무자)가 월급을 줄 때 징수하여 세무서에 납부하며, 다음연도 2월분 월급을 지급할 때 1년간의 정확한 세금을 정산(연말정산)합니다.
  - 월급 이외의 다른 소득이 없으면 연말정산으로 납세의무가 종결되고, 다른 소득이 있으면 타 소득과 합산하여 다음연도 5월에 종합소득세를 확정신고 하여야 합니다.

| 월 급여액 | 2,000,000 원 |
| 실제 공제대상 가족 수(본인 포함) | 1 명 | 공제대상 가족 중 20세 이하 자녀 수 | 0 명 |

▷ 80% 선택
| 소득세 | 15,610 원 | 지방소득세 | 1,560 원 |
| 납부세액의 합계액 | 17,170 원 |

▷ 100% 선택
| 소득세 | 19,520 원 | 지방소득세 | 1,950 원 |
| 납부세액의 합계액 | 21,470 원 |

▷ 120% 선택
| 소득세 | 23,420 원 | 지방소득세 | 2,340 원 |
| 납부세액의 합계액 | 25,760 원 |

연말정산 정보제공 서비스

(출처: 국세청)

- **연말정산 정보안내**: 국세청(www.nts.go.kr) ⇨ 성실신고지원 ⇨ 원천징수(연말정산)
  – 개정세법, 연말정산 교육동영상, 연말정산 리플릿 등

- **연말정산 안내책자**: 국세청(www.nts.go.kr) ⇨ 국세정보 ⇨ 국세청발간책자 ⇨ 분야별 해설책자 ⇨ 소득세

- **연말정산 모의계산기**: 홈택스(www.hometax.go.kr) ⇨ 모의계산 ⇨ 연말정산 ⇨ 자동계산

- **과거 원천징수영수증**: 홈택스(www.hometax.go.kr) ⇨ My NTS ⇨ 지급명세서 등
  * 과거 5년 동안 조회 가능 (작년분은 올해 5월부터 조회)

- **연말정산 모바일 안내**:
  – 문답형식으로 공제 가능 여부를 확인할 수 있다.
  – 모바일 간편계산기 (필요항목 입력 및 수정하여 세액을 계산)
  – 절세 주머니 (공제요건, 절세 TIP, 유의사항 등 조회)
  – 1인 가구 세액계산 (간소화 자료를 적용하여 예상세금을 확인)

- **현금영수증 사용금액**: 홈택스(www.hometax.go.kr) ⇨ 조회/발급 ⇨ 현금영수증

4대보험료 계산하기

월급 200만 원 받는 박신입이 본인의 4대보험료 산정 근거를 알고 싶다면, 4대 사회보험정보연계센터 홈페이지에서 간단하게 계산해볼 수 있다.

❶ 4대 사회보험정보연계센터(www.4insure.or.kr) 홈페이지

❷ 홈페이지에서 '자료실' ⇨ '보험료 모의계산' 클릭

❸ 보험료 모의계산 ⇨ '국민연금' 클릭 ⇨ 월 급여 입력 시, 연금보험료 자동계산

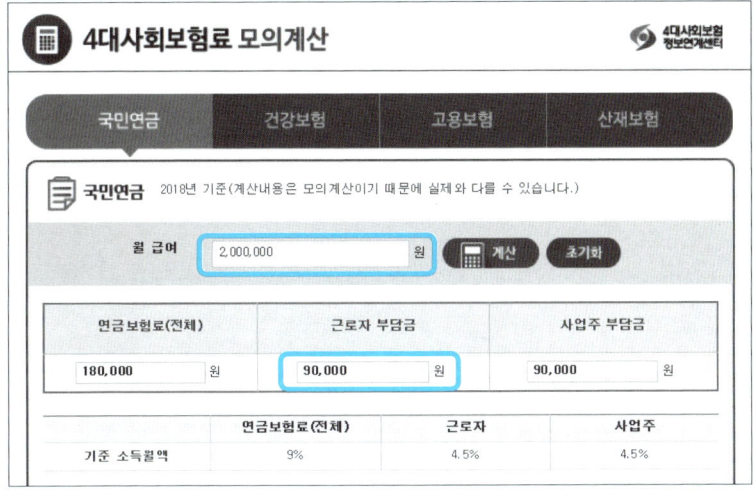

건강보험료도 마찬가지로 월 급여를 입력하면 자동계산된다.

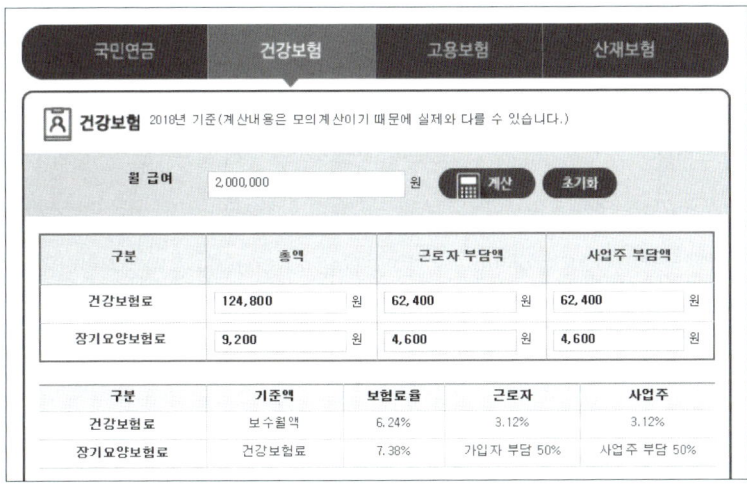

2장

'같은 연봉' 입사 동기인데 세금이 다르다

김 대리의 알뜰한 연말정산 따라하기

"무식아, 이번 연말정산 얼마나 환급받냐?"

"몰라 나도. 아직 연말정산 안 했어. 작년에 60만 원인가 토해냈는데, 올해는 더 내겠지. 말도 마라, 벌써 머리가 아프다"

"그러길래 좀 미리미리 챙기지 그랬어? 연말정산은 우리 같은 월급쟁이들이 절세할 좋은 기회인데…. 직장생활을 계속할 생각이면 연초부터 연봉에 맞춰 연말정산을 어떻게 준비하면 좋을지 생각할 필요가 있어. 여름 다 돼서 에어컨 사는 사람이 잘 사야 본전이듯이 연말정산도 시즌이 돼서 준비하면 잘해야 본전인 경우가 많거든. 난 올해 130만 원 정도 환급받는데… , 이걸로 뭘 할까 고민이야."

"와~ 능력 좋네, 김유식! 요즘 신형 아이패드 나왔던데 그거 장만하면 되겠다."

"짜식~ 너답다. 이렇게 생긴 목돈은 잘 활용해야 해."

"너야말로 답답하다. 왜, 적금이라도 들게? 그게 얼마나 된다고."

"아니, 요즘 예금금리가 낮아서 적금보다는 대출금부터 상환하려고 해. 지난번 받은 전세자금대출, 원금일부 상환이 가능하거든. 물론 중도상환수수료는 없어."

"유식아, 너 연말정산 그렇게 많이 돌려받은 비법 좀 알려주라."

"비법? 뭘 그런 걸 비법이라고. 자, 내가 연말정산 하고 다운받아 놓은 파일인데, 이리 와서 봐봐. 항목별로 쭉 보면서 설명해 줄게."

김유식 대리와 박무식 대리는 대기업 입사 동기로 둘 다 3년 차, 연봉은 4,300만 원이다. 그러나 연봉은 같지만 매월 받는 월급은 실수령액부터 다르다. 왜 그럴까?

올해 서른두 살인 김유식 대리는 고향이 서울이고 아직 미혼이다. 부모님과 함께 거주하며 퇴근 후에는 야간 대학원 석사과정에 다니고 있다. 주말에는 한강변을 따라 자전거를 타며 운동을 한다. 올해 71세인 아버지는 작년 말에 퇴직하셨고 59세인 어머니는 평교사로 재직 중이다.

박무식 대리는 입사하면서 집에서 독립해 직장에서 멀지 않은 곳에 50만 원 하는 월세방을 얻었다. 저녁에는 주로 친구들과 이런저런 모임을 하며 스크린 골프와 치맥을 즐긴다. 저축은 적금 하나가 있다. 차남이며 하나 있는 형은 미국에서 산다. 부모님은 모두 퇴직하셨고 연금소득과 아버지 명의의 상가임대료 월 70만 원으로 살고 있다. 아버지는 67세, 어머니는 63세이다. 부모님과 함께 살고 있지는 않지만 매월 30만 원씩 생활비를 보내드리고 있다.

〈표2-1〉은 김유식 대리가 신고한 연말정산 내역이다.

〈표2-1〉 김유식 대리의 연말정산 내역

항 목		금액	특이사항
1년 총급여액		4,000만 원	• 연봉 4,300만 원에서 식대 120만 원, 교통비 180만 원 제외
근로소득금액		2,875만 원	총급여액 4,000만 원 - 근로소득공제액 1,125만 원
인적공제	본인	150만 원	본인, 아버지
	부양가족	150만 원	
	경로우대자	100만 원	
소득공제	보험료	200만 원	국민연금, 건강보험, 고용보험
	주택임차차입금	120만 원	OO은행 원리금 상환 매월 25만 원 (300×40%)
	주택청약저축	48만 원	주택청약저축 매월 10만 원 납부 (120×40%)
	신용카드	300만 원	• 신용카드 2,300만 원 (현금 + 체크카드 700만 원) • 공제한도 1,300만 원 (2,300 - 총급여액의 25%) • 공제금액 300만 원 (현금 + 체크카드 700×30%, 신용카드 600×15%)
과세표준		1,807만 원	근로소득금액 - (인적공제 400 + 소득공제 668)
산출세액		163만 원	과세표준 × 15% - 108만 원
세액공제	근로소득	68.4만 원	총급여 3,300만 원 초과 7,000만 원 이하자 • 74-(700×0.008)=68.4
	연금저축*	105만 원	연금계좌납입액 700만 원 (퇴직연금 300만 원 포함)
	보험료	12만 원	보장성보험 (100만 원 한도×12%=12)
	의료비	34.5만 원	총급여 3% = 120, (350-120)×15%
	교육비	120만 원	야간대학원 석사과정 (800×15%=120)
결정세액		0만 원	산출세액 (163) - 세액공제 (339.9)= 결정소득세 (-176.9)
이미 원천징수 납부한 세금		132만 원	소득세 120만 원, 지방소득세 12만 원
더 내야 할 (돌려받을) 세금		(132) 만 원	

* 총급여 5,500만 원 이하 근로자는 연금저축+퇴직연금 본인납부액의 15%(그 외 12%)를 세액공제한다.
 (2018년 기준)

세금 없는 소득을 챙겨라

비과세소득은 소득 중에서 세금이 붙지 않는 소득을 말한다. 비과세소득은 근로소득세뿐만 아니라 4대보험료까지 줄일 수 있어서 잘 챙겨야 한다. 대표적인 비과세소득은 월 10만 원 이내의 식대와 자기 차량을 업무용으로 사용할 때 회사에서 지급하는 차량유지비가 있다. 차량유지비용인 자가운전보조금은 연간 240만 원까지 비과세이다. 이때 반드시 본인명의 소유 자동차를 출퇴근용이 아닌 업무용으로 사용해야 한다.

〈표2-1〉에서 김유식 대리의 총급여 금액은 연봉 4,300만 원에서 비과세소득 300만 원(식대 120만 원, 교통비 180만 원)을 뺀 4,000만 원이다.

① 김유식 대리의 지난해 총급여는 아래와 같이 계산할 수 있다.

총급여액 = 연봉 4,300만 원 − 비과세소득 300만 원 = **4,000만 원**

월급쟁이 생활비, 근로소득공제액을 확인하라

다음으로 김유식 대리의 근로소득금액을 계산하려면 먼저 '근로소득공제금액'을 알아야 한다.

근로소득공제란, 자영업자 측면에서 생각해 볼 때 사업을 하면서 지출한 필요경비 즉, 비용과 비슷한 개념이다. 자영업을 하는 사장님들은 한 해 동안의 소득금액을 계산할 때 수입금액에서 수입과 대응하는 비용을 빼 준다. 그러나 월급쟁이들은 생활비용에 대한 지출내용을 일일이 챙기기 어렵다.

그래서 세법은 월급쟁이가 생활에 사용한 일정 비용에 대하여 소득구간별로 공제율을 만들었는데 이를 '근로소득공제'라 하고 공제율표에 따라 근로소득공제금액을 계산하도록 하고 있다.

〈표2-2〉에 따르면 총급여액 4,000만 원인 김유식 대리의 소득구간은 '1500만 원 초과~4,500만 원 이하'에 해당한다.

〈표2-2〉 소득구간별 공제율　　　　　　　　　　　※ 출처 : 소득세법 제47조

총급여액	근로소득공제금액	비고
500만 원 이하	총급여액의 70%	
500만 원 초과 ~ 1,500만 원 이하	350만 원+500만 원 초과 금액의 40%	
1,500만 원 초과 ~ 4,500만 원 이하	750만 원+1,500만 원 초과 금액의 15%	V
4,500만 원 초과 ~ 1억 원 이하	1,200만 원+4,500만 원 초과 금액의 5%	
1억 원 초과	1,475만 원+1억 원 초과 금액의 2%	

② 따라서 김유식 대리의 근로소득공제액은 아래와 같이 계산할 수 있다.

> 근로소득공제액 = 750만 원 + (4,000만 원 - 1,500만 원) × 15% = 1,125만 원

근로소득공제액이 1,125만 원 나왔다면 김유식 대리의 근로소득금액은 2,875만 원이 된다.

세금을 계산하는 기준금액을 구하라

근로소득금액에서 각종 소득공제를 빼고 남는 소득이 바로 과세표준인데 세금을 계산할 때 기준이 되는 금액이다. 여기에 세율을 곱하여 산출세액을 계산한다. 지난 2014년 말 연말정산 개정세법으로 소득공제항목이 세액공제항목으로 전환되었지만 그전에는 대부분의 세테크가 이 단계에서 결정되었다. 따라서 적용이 가능한 많은 소득공제를 고려하는 것이 필요하다.

③ 김유식 대리의 근로소득 과세표준은 아래와 같다.

> 근로소득 과세표준 = 근로소득금액 2,875만 원
>   - 인적공제 400만 원 - 소득공제 668만 원 = 1,807만 원

김 대리는 어떻게 세금을 산출할까?

다음은 김유식 대리의 근로소득 산출세액을 구하는 단계이다. 실무적으로 많이 사용하는 간편한 방법으로 근로소득 과세표준에 해당 세율을 찾아 곱하고 누진공제액을 빼주면 된다.

④ 김유식 대리의 근로소득 산출세액을 〈표2-3〉의 기본세율과 속산표를 이용해서 계산한 결과이다.

> 근로소득 산출세액 = 과세표준 1,807만 원 × 세율 15% − 108만 원 = **163만 원**

〈표2-3〉 과세표준에 따라 적용하는 기본세율과 속산표

과세표준	'16년 소득	과세표준	'17년 소득	과세표준	'18년 소득 세율	'18년 소득 속산표
1,200만 원 이하	6%	1,200만 원 이하	6%	1,200만 원 이하	6%	과세표준×6%
4,600만 원 이하	15%	4,600만 원 이하	15%	4,600만 원 이하	15%	과세표준×15% − 108만 원
8,800만 원 이하	24%	8,800만 원 이하	24%	8,800만 원 이하	24%	과세표준×24% − 522만 원
1.5억 원 이하	35%	1.5억 원 이하	35%	1.5억 원 이하	35%	과세표준×35% − 1,490만 원
1.5억 원 이하	35%	1.5억 원 이하	35%	3억 원 이하	38%	과세표준×38% − 1,940만 원
1.5억 원 초과	38%	5억 원 이하	38%	5억 원 이하	40%	과세표준×40% − 2,540만 원
1.5억 원 초과	38%	5억 원 초과	40%	5억 원 초과	42%	과세표준×42% − 3,540만 원

더 내는 세금과 돌려받는 세금

마지막으로 산출세액에서 각종 세액공제를 빼면 1년 동안 번 소득에서 내야 할 세금을 결정할 수 있다. 이것을 '결정세액'이라고 하는데 결정세액과 원천징수로 이미 납부한 세금을 비교해서 결정세액이 크면 세금을 더 내야 하고, 반대라면 세금을 돌려받게 된다.

> 결정세액 〉 이미 원천징수로 납부한 세금: **추가 납부**
> 결정세액 〈 이미 원천징수로 납부한 세금: **환급**

⑤ 앞서 〈표2-1〉에서 김유식 대리는 올해 연말정산으로 132만 원의 세금을 돌려받았는데 그 계산 내역은 다음과 같다.

> **결정세액** = 산출세액 163만 원 − 세액공제 339.9만 원 = −176.9만 원 ⇨ **0원**
> **환급세액** = 결정세액 0원 − 원천징수세액 132만 원 = **(132)만 원**

* 지방소득세(10%) 제외

김유식 대리의 결정세액으로 −176.9만 원이 나왔다. 결정세액은 내야 할 최종세금인데 그 값이 마이너스라고? 이런 경우에 마이너스 값은 0으로 취급한다. 세액공제가 산출세액보다 크면 결국 낼 세금이 없는 것이다. 즉 김유식 대리가 내야 할 근로소득세가 없다는 뜻이다. 우리나라 월급쟁이 절반 정도가 결정세액이 영(0)이다. 따라서 김유식 대리는 매달 원천징수로 이미 납부한 소득세 132만 원을 지방소득세(10%)를 포함하여 고스란히 돌려받게 된 것이다.

같은 연봉 다른 세금, 왜 그럴까?

직장인의 총소득은 훤히 공개되기 때문에 흔히 '유리 지갑'이라고 부른다. 그래서인지 직업 가운데 국세청이 가장 좋아하는 직업을 꼽으라면 월급쟁이가 아닐까 싶다. 일단 세금 걷기도 쉽고 대한민국 수백만 월급쟁이가 매달 꼬박꼬박 세금을 내고 있기 때문이다. 그렇다면 앞서 본 김 대리와 박 대리처럼 연봉이 같으면 내는 세금도 같거나 비슷할까?

박무식 대리는 입사 동기인 김유식 대리가 계산한 근로소득 연말정산 엑셀파일을 보고 깜짝 놀랐다. 자신은 이미 낸 세금도 모자라 오히려 더 내야 하는데 자신과 같은 연봉을 받는 유식이는 세금을 한 푼도 안 내도 되는 것이다. 신입사원 교육을 받을 때 유식이는 최종 수료점수가 자신보다 낮았다. 평소에 자신보다 더 똑똑하다고 생각하지 않았다. 아주 작은 차이가 있다면 세금에 관심을 가졌다는 것뿐인데 너무 차이가 난다는 생각에 억울한 마음마저 들었다.

박 대리는 유식의 도움을 받아 올해 예상세금을 계산하고 앞으로 있을 연말정산을 대비할 요량이다. 내년도 연말정산을 잘 준비해서 환급액이 생기면 유식이한테 치맥을 사기로 약속했다. 과연 박 대리는 생각하기도 복잡한 세금 공부를 해서 불필요하게 더 낸 세금을 돌려받을 수 있을까?

박 대리가 올해 계산한 연말정산 예상세액 자동계산 내역을 살펴보자(표2-4). 박무식 대리와 김유식 대리는 총급여액 4,000만 원

〈표2-4〉 박무식 대리의 연말정산 예상세액 자동계산 내역

항 목		금액	특이사항
1년 총급여액		4,000만 원	• 연봉 4,300만 원에서 식대 120만 원, 교통비 180만 원은 제외
근로소득금액		2,875만 원	• 총급여액 4,000만 원 − 근로소득공제액 1,125만 원
인적공제	본인	150만 원	본인
	부양가족	0만 원	없음
	경로우대자	0만 원	없음
소득공제	보험료	200만 원	국민연금, 건강보험, 고용보험
	주택담보차입이자	0만 원	없음
	주택청약저축	0만 원	일반 적금 매달 10만 원 있음
	신용카드	195만 원	• 신용카드 2,300만 원 (현금 + 체크카드 미사용) • 공제한도 1,300만 원 (2,300 − 1,000) • 공제금액 195만 원 (1,300 × 15%)
과세표준		2,330만 원	근로소득금액 − (기본공제 150 + 소득공제 395)
산출세액		241.5만 원	과세표준 × 15% − 108
세액공제	근로소득	68.4만 원	총급여 3,300만 원 초과 7,000만 원 이하자 • 74 − (700 × 0.008) = 68.4
	연금저축	0만 원	없음
	보험료	12만 원	보장성, 자동차보험(100만 원 한도 × 12%)
	의료비	0만 원	총급여 3% 미만으로 해당 없음
	교육비	0만 원	없음
결정세액		161.1만 원	산출세액 (241.5) − 세액공제 (80.4) = 결정소득세 (161.1)
이미 원천징수 납부한 세금		158.4만 원	소득세 144만 원, 지방소득세 14.4만 원
더 내야 할 (돌려받을) 세금		18.8만 원	소득세 17.1만 원, 지방소득세 1.7만 원

으로 같지만 김 대리는 원천징수된 세금 132만 원을 모두 돌려받았다. 그러나 박무식 대리는 김 대리와 같은 연봉임에도 이미 원천징수로 납부한 세금 158만 4,000원에 추가로 18만 8,000원을 더 부담하여 김유식 대리보다 더 많은 세금을 내게 되었다.

우선 김 대리는 박무식 대리가 계산한 연말정산 예상세액 계산 내역을 보며 누락된 공제액이 없는지 점검했다. 총급여액과 근로소득금액은 자신과 같다. 그러면 기본공제와 추가공제, 소득공제나 세액공제에서 놓친 부분이 없는지 살펴보기로 했다.

"무식아, 너희 부모님은 두 분 다 은퇴하셨는데 어머니의 소득금액이 100만 원이 안 되면 부모님을 부양가족으로 등록하면 어떨까? 물론 소득금액 100만 원이 넘는 아버지나 네 형이 인적공제를 받지 않아야 해."

"유식아, 난 지금 부모님 댁에서 독립해서 혼자 사는데, 부양가족은 무슨…."

"그렇지 않아. 매월 부모님께 용돈으로 30만 원씩 보내드리고 있잖아. 부양가족공제요건으로 생계를 같이해야 하지만 반드시 한집에서 살아야 한다는 '거주요건'은 없어. 단지 부모님 연세가 60이 넘어야 하고, 연 소득이 100만 원을 넘으면 안 되고, 형제 중에서 중복해서 부모님 공제를 받지 않으면 돼."

"응, 우리 형은 미국에 간 지 벌써 10년이 넘어서 연말정산 같은 거 안 할걸."

"부모님을 부양가족으로 공제를 받으면 어머님이 쓰신 의료비랑 신용카드 공제도 받을 수 있어."

"우리 엄마는 신용카드는 다 빚이라고 잘 사용하지 않으시는데…."

"네가 계산한 자료를 보면 신용카드 사용금액은 나랑 비슷한데 소득공제액은 절반 수준이야. 그 이유는 나는 신용카드와 체크카드를 적절히 나눠서 사용했는데 너는 신용카드만 사용해서 그래. 신용카드는 15% 소득공제를 해주지만 직불카드나 체크카드는 30%를 공제해 주거든. 참, 너는 오피스텔 월세를 매달 내니까 월세 세액공제도 신청하는 것이 좋을 것 같아."

"월세 세액공제라고? 그거 집주인한테서 확인서 같은 거라도 받아야 공제되는 거 아냐?"

"그렇지 않아, 집주인과 상관없이 국세청 홈택스에 신고하고 월세계약서 같은 서류만 업로드 하면 돼. 아, 그런데 한 가지 주의할 것은 현금으로 월세를 송금하면 현금영수증 발급을 통해서 신용카드 사용액에 포함시켜서 신용카드 소득공제도 받을 수 있어. 물론 월세 세액공제와 중복되면 안 되고."

"아! 뭐 그리 복잡해? 그리고 뭐가 더 있지?"

"너 적금 드는 거 있으면 소득공제 혜택이 있는 청약저축으로 갈아타는 것이 좋을 것 같아. 이자율 면에서도 훨씬 이익이고 나중에 내 집 마련을 위해 분양받을 때도 요긴하게 사용할 수 있거든. 자 그럼 지금까지 얘기한 것을 종합해서 연말정산 예상세액을 계산해 보자."

"와, 정말 기대되는데. 그동안 나 같은 싱글족들은 각종 공제혜택을 못 받아서 세금을 많이 낼 수밖에 없다고 생각했거든. 근데 사실은 내가 세금에 무관심했던 거였어."

김유식 대리는 박무식 대리의 후회 섞인 푸념을 들으며 박 대리의 내년도 연말정산 예상세액을 다시 설계했고 그 결과는 〈표2-5〉와 같다.

〈표2-5〉 박 대리의 연말정산 예상세액 재계산 내역

항 목			재계산 전	재계산 후	세금 차이 (만 원)
1년 총급여액			4,000만 원		–
근로소득금액			2,875만 원		–
인적공제		본인	본인 150만 원	본인 150만 원	150 × 15% = 22.5
		부양가족	0만 원	어머니 150만 원	
		경로우대자	0만 원	0만 원	–
소득공제		보험료	200만 원		–
		주택담보차입이자	0만 원	0만 원	–
		주택청약저축	0만 원	48만 원	(120 × 40%) × 15% = 7.2
		신용카드	195만 원	300만 원	(300 – 195) × 15% = 15.8
과세표준			2,330만 원	2,027만 원	–
(×) 세율			15%	15%	
산출세액			**241.5만 원**	**196만 원**	**241.5 – 196 = 45.5**
세액공제		근로소득	68.4만 원	68.4만 원	
		연금저축	0만 원	60만 원	400 × 15% = 60
		보험료	12만 원	12만 원	–
		의료비	0만 원	20만 원	(250 – 120*) × 15% = 20 *총급여의 3% = 120
		월세	0만 원	72만 원	600 × 12% = 72
결정세액			161만 원	0만 원	196 – 232.4 = –36.4 ⇨ 0원 (결정소득세)
원천징수로 납부한 세금			158.4만 원	158.4만 원	소득세 144, 지방소득세 14.4
더 내야 할 (돌려받을) 세금			**18.8만 원**	**(158.4) 만 원**	**177.2 (158.4 + 18.8)**

연말정산은 당신이 불필요하게 많이 낸 소득세와 지방소득세를 돌려주는 것이다. 소득공제는 과세대상이 되는 소득 중에서 부양가족이나 금융상품에 따라 일정 금액을 공제하여 세금부담을 덜어주는 것이다. 특히 월세 세액공제항목은 한 달 치 월세에 상응하는 돈을 돌려주는 것과 마찬가지 혜택을 준다.

〈표2-5〉에서 박 대리가 인적공제와 소득공제 및 세액공제 받기 전후 세금을 비교하면 무려 약 177만 원이나 된다. 물론 이런 세금 혜택을 받으려면 소득이 공제되는 금융상품에 가입한다거나 어머니 명의로 체크카드를 만들고 월세 세액공제를 받을 수 있게 국세청 홈택스에 등록해야 한다. 하지만 그 정도 수고쯤이야 당연히 해야 하지 않겠는가.

연봉에 따라 세금을 쥐어짜라!

한국경제연구원(www.keri.org)이 2016년 11월 30일 발표한 자료에 따르면, 우리나라의 소득세 과세자 비율이 미국, 영국, 캐나다, 호주 등 주요국에 비해 낮다고 한다. 2014년을 기준으로 우리나라 근로소득세 과세자 비율이 51.9%, 종합소득세는 71.5%로 아일랜드(61.4%)를 제외한 나머지 국가보다 현저히 낮다는 것이다.

이것은 우리나라 월급쟁이 두 명 중 한 명꼴로 근로소득세 면제자라는 의미이다. 우리나라 4인 가족 기준으로 최저 생계비가 약

1,500~2,000만 원선이고 보면, 소득세 면제자 비율이 높은 이유 중 하나가 낮은 연봉 때문이 아닐까 생각한다. 실제로 연봉 1,500만 원 미만 월급쟁이는 세금을 절약하는 것에 크게 신경 쓸 필요가 없다. 왜냐하면 소득세 면제자에 포함되어 매달 급여명세서를 받을 때 원천징수되는 세금이 거의 없기 때문이다.

돌려받을 세금이 거의 없는 저소득 근로자는 연말정산에 그다지 신경 쓰지 않아도 되겠지만 고액 연봉자들은 세금 문제를 간과할 수 없다. 그래서 연봉 수준에 맞는 연말정산 전략이 필요하다.

연 소득 2,500만 원 이하, 인적공제나 보험료공제 먼저 체크

연봉이 2,500만 원 수준이면 근로소득공제금액이 900만 원이므로 근로소득금액은 1,600만 원이다. 독신 기준으로 매달 원천징수되는 세금은 연간 20만 원 정도, 연말정산의 최대 환급액도 20만 원 수준이다. 기본공제(본인)나 보험료 공제(연금, 고용, 건강보험 및 보장성 보험료 공제)를 받으면 낸 세금을 대부분 돌려받을 수 있다.

연 소득 3,000~4,000만 원 이하, 특별세액공제 확인

연봉 3,000만 원에서 4,000만 원 이하 소득자는 먼저 자신이 내야 할 세금을 계산해 봐야 한다. 연말정산을 했는데 결정된 세금이 원천징수로 미리 낸 세금보다 많으면 가장 먼저 특별세액공제인 의료비, 보험료, 교육비 및 월세 세액공제 등 세액공제 항목이 빠진 것이 없는지 확인해야 한다. 세액공제금액이 13만 원보다 적다면

표준세액공제 13만 원을 신청하도록 한다.

연 소득 4,000~5,500만 원 이하, 세액공제가 더 효과적

연 소득이 4,000만 원에서 5,500만 원 사이라면 기본공제나 특별공제 외에도 소득공제나 세액공제를 활용해야만 원천징수된 세금을 돌려받을 수 있다. 소득공제란 총급여의 일부분을 안 받은 것으로 하고 세금을 계산하는 것이다. 세액공제는 계산한 세금에서 직접 빼주는 것이다. 연봉 3,000만 원인 사람이 소득공제를 100만 원 받으면 적용되는 소득세율이 15%이므로 15만 원 절약하지만 1억 원이 넘는 고액 연봉자라면 최소 38만 원을 절약할 수 있다. 그러나 세액공제 100만 원의 의미는 소득과 관계없이 세금을 100만 원 돌려주는 것이다. 따라서 연봉이 낮을수록 세액공제 효과가 소득공제보다 크다고 할 수 있다. 4,000만 원에서 5,500만 원 연봉대에 있는 근로자는 세액공제 항목을 먼저 따져본 다음 소득공제 항목의 순서로 절세하는 것이 바람직하다. 소득공제나 세액공제에 대한 내용은 다음 장에서 자세히 설명하기로 한다.

연 소득 5,500~8,000만 원 이하, 부양가족공제 주목

연봉 5,500만 원 이상 8,000만 원 이하를 받는 월급쟁이는 세액공제가 소득공제보다 유리하지 않을 수 있다. 소득에 적용되는 한계세율이 세액공제율보다 높기 때문이다. 과세표준이 4,500만 원이 넘으면 24% 소득세율이 적용된다. 즉 과세소득이 100만 원 늘어나면 24만 원의 세금을 내야 한다는 의미이다. 이 연봉대 근로자는 혹시 고령의 부모님이나 조부모님에 대한 부양가족공제가 누락이 되었는지 살펴보자. 부양가족공제나 추가공제가 빠진 부분이 없다면 소득공제 항목 중에 절세할 수 있는 부분이 있는지 확인하는 것이 바람직하다. 예를 들면, 전세자금을 대출받고 원금과 이자를 갚는 경우나 집을 담보로 장기대출을 받아 이자를 상환하는 경우에 주택자금 소득공제를 적용해 볼 수 있다.

맞벌이 아빠 김 과장은 승진하고 싶다

"지원아, 집에 가자."

"아빠아~."

김 과장이 어린이집 현관문을 열자 기다렸다는 듯이 딸 지원이가 김 과장을 보고 달려왔다.

3세 달님반 선생님이 지원이 가방과 옷을 챙겨 들고나오셨다.

"일찍 데리러 오지 못해 죄송합니다."

"아닙니다. 지원이 오늘 아주 잘 지냈어요."

"그래요? 엄마 찾지 않던가요?"

"어린이집 다닌 지도 얼마 안 되었는데 또래 아이들보다 적응이 빠른 것 같아요. 친구들하고 잘 놀고 밥이랑 간식도 남기지 않고 다 먹었어요. 시간 맞춰서 하는 단체놀이나 낮잠도 곧잘 하네요. 자세한 것은 수첩에 기록했습니다."

"선생님께서 고생이 많으셨네요. 지원아, 선생님께 인사드려야지?"

"안녕히 계세요."

아침에 아빠에게 했던 '이쁜 짓' 인사와 다르게 지원이는 두 손을 배 위에 가지런히 모으고 허리를 굽혀 공손히 '배꼽 인사'를 했다. 김 과장과 선생님은 조그만 몸짓으로 인사하는 아이 모습이 귀여워 흐뭇한 미소를 지었다.

'띵똥.'

집에 도착한 지원이는 자기 집인데 초인종을 눌러 달라고 졸랐다. 아빠랑 와서 신이 났는지 김 과장 주위를 뱅글뱅글 돌았다.

"어휴~ 정말…"

현관에 들어오자 지원이는 털썩 주저앉았다. 신발 벗고, 모자 벗고. 양말까지 벗기자 거실로 뛰어 들어간다.

"지원아, 손부터 씻어야지?"

"싫어, 나 뽀로로 볼 거야."

아내가 출장을 가고 집에 없는 날은 김 과장이 '독박육아'를 한다. 평소에는 청소와 세탁은 김 과장이, 식사 준비와 설거지는 아내가 맡는 식으로 적절하게 가사를 분담한다. 아내가 식사 준비할 때 김 과장이 딸아이를 씻기고 돌본다. 그러나 오늘처럼 아내가 없는 상황에서는 '이른 퇴근'이 부담스럽다. 혼자서 집안일과 아이 돌보기를 다 해야 하는 것도 그렇지만 '승진 생각이 없나 봐.' '집에 여윳돈이 많은가 보네.' 하는 주변의 시선도 의식하지 않을 수 없기 때문이다.

지난해 김 과장은 동기들이 차장으로 승진할 때 혼자 '유급'되었다. 김 과장은 아이가 엄마와 보내는 시간이 짧으니 아빠가 그 시간을 보완해야 한다고 생각해 저녁 7시면 퇴근했다. 그러나 밤 10시까지 일하고 상무 눈에 들어 승진한 동기를 보면서 '내가 잘못 살고 있나' 하는 생각이 들었다.

사실 외벌이와 비교할 때 줄줄 새는 비용이 많아 저축은 많이 못하지만, 아내가 벌어오는 수입이 가계에 보탬이 된다. 더구나 예전 직장에서 원치 않게 퇴사를 했던 아내. '조금만 도와줬으면 참고 다녔을 텐데.' 하는 원망 섞인 하소연을 두 번 다시 듣고 싶지 않다. 회사 일도 집안일도 다 잘하려는 건 욕심일까? 가족에게도, 회사에서도 '능력자'일 순 없을까? 이른 퇴근길에 김 과장의 마음은 심란해졌다.

세금을 낮추는 최적의 조합을 찾아라

김 과장과 같은 맞벌이 부부는 가족과 함께 하는 시간이 늘 부족하다. 하지만 외벌이보다 수입이 많다는 장점이 있다. 또한 안정적으로 월급이 들어오므로 자영업자보다 대출받기도 유리하다.

흔히 맞벌이는 '우리가 버는 소득이 얼만데…' 하면서 씀씀이가 쉽게 커질 수 있다. 부부가 동시에 여기저기 지출을 하다 보면 비용 관리에 소홀해져 재무구조가 외벌이보다 더 나빠질 수 있다. 그래서 맞벌이는 혼자 번다고 생각하고 지출관리를 하는 것이 좋다. 연말정산도 따로 신고하기 때문에 절세측면에서도 소홀해지기 쉽다. 그렇다면 맞벌이 월급쟁이를 위한 연말정산 전략은 어떻게 세워야 할까?

맞벌이 부부 연말정산 시 부부의 소득수준과 부양가족 수, 신용카드 사용액에 따라 적절히 배분하여 부부의 과세표준을 함께 낮추는 것이 중요하다. 2014년 이전까지 소득공제 항목이었던 의료비나 교육비, 보험료 등의 세액공제 항목을 활용하여 부부합계 결정세액을 낮추는 최적의 조합을 찾아내는 것이 가장 효과적인 절세전략이다. 이때 소득이 높은 배우자가 기본공제와 부양가족공제를 받으면 유리하다. 또한 가족 카드 등을 이용하여 소득이 많은 배우자에게 신용카드 지출금액을 몰아주면 세금을 절약할 수 있다. 이는 우리나라 근로소득에 관한 세율이 누진세율로 되어 있어 소득수준이 높은 배우자일수록 더 많은 세금을 돌려받을 수 있기 때문이다. 또한 최저한도 사용금액이 정해져 있는 의료비(총급여액 3%)나 신용카드 소득공제(총급여액의 25%)는 소득이 적은 배우자가 공제받는 것이 유리할 수도 있다.

맞벌이 부부가 연말정산 할 때 주의할 사항이 있다. 맞벌이 부부는 배우자의 연간 총급여액이 500만 원 이상이면 배우자 공제를 받을 수 없다. 또한 부양가족이 같으므로 둘 중 한쪽에서만 공제를 받아야 한다. 즉 부모님 또는 배우자의 부모님 모두 부양가족공제가 가능하지만 같은 부양가족을 남편과 아내가 동시에 부양가족으로

● **김 과장 부부의 최적 조합 찾기**

- 김 과장의 총급여: 4,800만 원 (연봉 5,600만 원)
- 부인 총급여: 3,600만 원 (연봉 4,000만 원)
- 부양 가족 : 어머니 63세, 자녀 딸 (20개월), 장모 61세

(예시1) 최적조합을 고려하지 않은 김 과장 부부의 연말정산 (2018년 기준)

항 목		김 과장	부인	비고
1년 총급여액		4,800만 원	3,600만 원	-
근로소득금액		3,585만 원	2,535만 원	총급여액 - 근로소득공제액
인적공제	본인	150만 원	150만 원	김 과장: 본인, 어머니 (2명)
	부양가족	150만 원	300만 원	아내: 본인, 딸, 장모 (3명)
소득공제	연금/건강보험료	371만 원	278만 원	-
	주택자금	144만 원	0만 원	주택임차차입금 원리금상환
	신용카드	300만 원	195만 원	-
과세표준		2,470만 원	1,612만 원	-
(×) 세율		15%	15%	
산출세액		**262만 원**	**133.8만 원**	(과세표준 × 15%) -108만 원
세액공제	근로소득	66만 원	71.6만 원	74 - (300 × 0.008) = 71.6
	퇴직/연금저축	105만 원	60만 원	
	보장성 보험료	12만 원	12만 원	-
	의료비	0만 원	0만 원	장모 의료비 (130만 원) 누락
	자녀	0만 원	15만 원	-
	교육비	0만 원	45만 원	어린이집 (360만 원)
결정세액		**79만 원**	**0만 원**	**부부 소득세 합계 79 만 원**
이미 원천징수로 낸 세금		220만 원	36만 원	-
더 내야 할 (돌려받을) 세금		(133.1) 만 원	(36) 만 원	지방소득세 10% 포함

올릴 수 없다. 동일 자녀에 대해서도 아빠나 엄마 한쪽만 올릴 수 있다. 다만 자녀양육비 공제는 분리하여 받을 수 있다. 예를 들면 유치원에 다니는 딸을 아빠가 부양가족으로 올려 기본공제를 받았다면 엄마가 자녀양육비 공제를 받을 수도 있다.

여기서 김 과장 부부의 최적 조합을 찾아보자.

예시1을 보면 김 과장의 결정소득세는 79만 원이고 매달 원천징수세액은 220만 원으로 약 133만 원을 돌려받는다. 아내는 세금이 0원이므로 원천징수세액 36만 원을 고스란히 돌려받게 된다. 여기서 김 과장 부부의 소득세 합계는 79만 원인데 과연 더 줄일 수 있는지 살펴보자.

김 과장은 김유식 대리에게 부양가족공제와 의료비공제를 누가 받는 것이 유리한지 물어보았다. 김유식 대리는 김 과장이 작성한 부부의 연말정산 공제내역을 살펴보고 김 과장 부부를 위해 연말정산 팁을 주었다.

맞벌이 부부의 연말정산 절세전략의 핵심은 부부합계 결정세액이 최소화되는 인적공제와 각종 소득/세액공제의 조합을 찾는 것이다. 김 과장의 소득이 아내보다 높으므로 자녀를 김 과장의 부양가족공제 대상자에 추가하였다. 깜박 잊고 있었던 장모님 병원비(130만 원)는 최저사용요건을 충족하는 아내 쪽으로 의료비 세액공제를 받도록 했다. 이때 김 과장이 장모님에 대한 기본공제를 받고 장모의 의료비는 아내가 받을 수 없기 때문에 장모님은 아내의 부양가족으로 올리게 했다.

● 김 과장의 소득/세액공제 세부내역 (설계 후)

- 부부합계 결정세액이 최소화되는 조합을 찾은 정산 내역이다.

(예시2) 최적조합을 고려한 김 과장 부부의 연말정산 (2018년 기준) [단위 : 만 원]

항 목		최적조합 설계 전		최적조합 설계 후		비고
		김 과장	아내	김 과장	아내	
1년 총급여액		4,800	3,600	4,800	3,600	
근로소득금액		3,585	2,535	3,585	2,535	
인적공제	본인	150	150	150	150	김 과장: 딸 추가
	부양가족	150	300	300	150	
소득공제	연금/건강보험료	216/155	162/116	216/155	162/116	
	주택자금	144	0	❶ 144	0	
	신용카드	300	195	❷ 300	195	
과세표준		2,470	1,612	2,320	1,762	
(×) 세율		15%	15%	15%	15%	
산출세액		262	133	240	156.3	
세액공제	근로소득	66	71.6	❸ 66	71.6	
	퇴직/연금저축	45/60	60	❹ 45/60	60	
	보장성 보험료	12	12	❺ 12	12	
	의료비	0	0	❻ 0	3	장모 의료비(130)
	자녀	0	15	❼ 15	0	
	교육비	0	45	❽ 45	0	어린이집(360)
	합계	183	203.6	243	146.6	
결정세액		79	0	0	9.7	지방소득세(10%) 제외
부부 소득세 합계액		79만 원		9.7만 원		69.3만 원 절세

그 결과 예시2와 같이 부부합계 결정세액은 79만 원에서 9만 7,000원으로 최소화되었다. 만약 부인의 결정세액을 제로(0)로 만들고 싶다면 부인의 신용카드 사용액(2,200만 원) 중에서 500만 원 정도를 체크카드로 사용한다. 그러면 부인의 결정세액도 영(0)이 되어 김 과장 부부는 원천징수로 낸 세금을 모두 돌려받을 수 있다.

❶ 주택자금 (주택임차차입금 원리금상환액)
  ⇨ 144만 원 = 상환액 (360만 원)×40%
  - 무주택세대주가 국민주택규모의 주택을 임차할 때 은행 등에서 대출받은 금액의 원금과 이자를 상환하는 경우 연 300만 원 한도로 원금과 이자상환금액의 40% 공제

❷ 신용카드 등
  ⇨ 300만 원 = (신용카드 사용액−총급여액의 25%)×15% (30%)
  - 300만 원과 총급여 20% 중 적은 금액을 한도로 공제
  - 375 = (2,300−1,200)×15% + (700×30%) = 165 + 210
  - 신용카드 소득공제는 총급여액의 25%까지는 신용카드를 사용하고 25%를 넘는 금액부터 체크카드를 쓰면 소득공제금액을 높일 수 있다. 다만, 소득구간별로 공제한도를 확인해야 한다.

❸ 근로소득 세액공제
  ⇨ 산출세액, 총급여 수준별로 공제 (최고 74만 원 한도)

❹ 퇴직연금/연금저축
  ⇨ 연금계좌 저축액의 12% (총급여 5,500만 원 이하 15%)
  - 퇴직연금 45 = 300×15%, 연금저축 60 = 400×15%

❺ 보장성 보험료
  ⇨ 보험료 납입금액의 12% (100만 원 한도)
  - 12 = 100×12%

❻ 의료비

⇨ 총급여액의 3%를 초과하는 경우 공제 가능 (3,600×3% = 108만 원)

- 의료비 공제대상금액 (130만 원 – 108만 원)×15% = 3.3만 원

❼ 자녀세액공제

⇨ 기본공제대상자녀 1명 15만 원, 2명 30만 원, 3명 이상 30만 원
 + 2명 초과 1명당 30만 원

❽ 교육비

⇨ 취학 전 아동 교육비 공제대상금액 (300만 원 한도)의 15%

- 어린이집 보육료 360만 원 (300만 원 한도)×15% = 45만 원

고수의 절세 노트 ❷

맞벌이 부부 연말정산 핵심 포인트

연말정산 할 때 말하는 맞벌이 부부란 무엇일까? 앞서 연봉(총소득)에서 비과세소득을 빼면 총급여액이 된다는 것을 이해했다. 총급여액에서 근로소득공제를 차감하면 소득금액이 된다. 여기서 이 '소득금액' 개념이 맞벌이 부부를 정의할 때 활용된다.

연말정산 할 때 맞벌이 부부란 남편과 아내 둘 다 돈을 버는데 1년에 벌어들이는 소득금액이 100만 원 이상인 부부를 말한다. 따라서 부부가 모두 일을 해도 한쪽의 소득금액이 100만 원을 넘지 못하면 다른 한쪽의 부양가족으로 기본공제 대상이 될 수 있다.

또 다른 기준이 있는데 바로 근로소득공제액을 빼주기 전 '총급여액'이다. 만일 부부가 모두 직장인이고 근로소득만 있다면 총급여액이 500만 원을 초과해야만 맞벌이 부부 근로자가 될 수 있다. 그렇지 않으면 소득이 높은 배우자의 부양가족일 뿐이다.

흔히 맞벌이 부부는 연봉이 높은 배우자에게 공제항목을 몰아주면 유리하다고 생각하기 쉽다. 소득이 높을수록 세금을 많이 냈으니 돌려받는 세금도 그만큼 많다고 여기기 때문이다. 그러나 모든 소득공제나 세액공제에 이런 방식이 맞는 건 아니므로 전략을 다르게 세워야 한다.

〈표2-6〉은 맞벌이 부부가 일반적으로 생각할 수 있는 연말정산 전략을 나타낸 것인데 이런 방식이 모든 경우에서 최적 조합을 가져오지는 않는다. 그렇다면 맞벌

이 부부의 합계 세금이 가장 적게 산출되도록 최적의 조합을 손쉽게 찾는 방법은 무엇일까? 다음 두 가지 방법을 이용해 보자.

〈표2-6〉 맞벌이 부부 연말정산 전략

항 목	세테크 전략	확인할 사항
인적공제	• 부부가 연봉수준이 차이가 나면 소득이 높은 배우자가 부양가족공제를 받는다. • 부부 연봉수준이 비슷하면 기본공제대상을 비슷하게 배분한다.	• 기본공제 대상 부양가족에 한해서 자녀세액공제, 보험료, 의료비, 기부금, 신용카드 사용액 공제가능
신용카드 소득공제	• 최저사용금액 조건 때문에 연봉이 낮은 배우자가 공제받는 것이 유리하다. • 부인이 육아휴직 중이면 남편 명의 카드를 사용한다. • 한쪽 배우자가 사업자나 기타소득자라면 월급쟁이 배우자 명의 카드를 사용한다.	• 총급여액의 25% 이상 사용 • 25%까지는 신용카드, 그 후에는 공제율이 2배인 체크(직불)카드 사용 • 연봉차이가 매우 큰 맞벌이 부부는 소득이 높은 배우자 카드를 집중해서 사용 • 형제자매의 신용카드사용액은 기본공제 대상자라해도 공제대상금액에 포함불가

의료비 세액공제	• 최저사용금액이 있기 때문에 소득이 적은 배우자가 공제받도록 한다.
	• 소득이 높은 배우자가 부양가족 공제를 받는 경우 의료비공제 때 최저사용금액에 미달될 수 있으므로 기본공제를 누가 받는 것이 유리한지 최적조합을 찾아야 한다.
		• 총급여액의 3% 이상 사용
		• 나이와 소득에 상관없이 공제 가능
		  – 소득있는 58세 부모님의료비 공제 가능
		  – 소득있는 22세 자녀의료비도 공제 가능
		• 맞벌이 부부 자녀 의료비는 기본공제 받은 쪽이 지출한 것만 공제 가능

❶ 국세청 홈택스 '맞벌이 근로자 절세안내' 서비스 이용하기

국세청 홈택스(www.hometax.go.kr) ⇨ 조회발급 ⇨ 편리한 연말정산 ⇨ 맞벌이 근로자 절세안내에 들어가면 맞벌이 부부에게 가장 유리한 공제방법을 안내해준다. 그러나 이 서비스를 이용하기 위해서는 부부가 각자 공제신고서와 예상세액을 계산하고 배우자가 활용할 수 있도록 '자료제공동의''절차를 선행해야 하는 번거로움이 있다.

❷ 한국납세자연맹 '맞벌이 부부 절세계산기' 이용하기

한국납세자연맹(www.koreatax.org) ⇨ 연말정산 ⇨ 맞벌이 부부 절세 계산기에 들어가면 시뮬레이션을 통해 해당 부부에게 맞는 최적의 절세조합을 찾을 수 있다. 부양가족공제를 누가 받는 것이 유리한지, 신용카드, 의료비, 교육비 등은 어떻게 공제받는 것이 유리한지 맞벌이 부부가 전세 전략을 설계하기 쉽도록 여러 조합을 비교해 보면서 결정할 수 있다.

맞벌이 부부가 서로 배우자 공제를 받거나 부양가족을 중복해서 공제받으면 국세청 전산망에서 바로 적발될 수 있다. 연간 소득금액이 100만 원을 넘는 맞벌이 부부는 각자 배우자 공제를 적용받을 수 없고, 자녀가 있어도 한쪽만 공제받을 수 있다. 자칫 실수 하나가 세금 추징으로 이어질 수 있으니 주의해야 한다. 국세청 홈택스의 편리한 연말정산 서비스나 납세자연맹에서 제공하는 맞벌이 부부 절세계산기를 활용하면 부부 합산 세금을 최소화할 뿐만 아니라 실수로 이중공제해서 받을 수 있는 불이익도 예방할 수 있다.

국세청 홈택스는 부부가 모두 공인인증서를 등록하고 공제신고서도 작성해야 하지만 납세자연맹에서 제공하는 서비스는 부부 중에 한 사람만 가입하면 되고 공인인증서 등록이나 자료제공 동의 절차가 필요 없어서 편리한 측면이 있다.

돈을 부르는 세금 공부

세금공부, 생각보다 쉽다

"유식아, 네 덕분에 이번 연말정산을 하면서 나도 이제부터라도 세금공부 시작해야겠다고 맘먹었어. 근데 세금이란 게 너무 복잡하고 방대하고 어디서부터 어떻게 공부해야 할지 잘 모르겠다."

"처음부터 모든 것을 다 알려고 달려들면 너무 힘들어서 중간에 포기하기 쉬워. 우리나라 세금 종류만 해도 수십 가지나 되는데, 이렇게 다양한 세법을 다 공부하고 매년 개정되는 조문 내용까지 이해하기란 정말 어렵지."

"그래서 난 골치 아픈 세금공부 안 하고 속 편히 살고 싶었는데. 게다가 공부한다고 해서 일상생활에서 늘 따라다니는 세금 문제를 피할 수 있는 게 아니잖아. 그니까, 딱 너만큼만 이해할 수 있도록 방법 좀 알려주라고."

"너 아주 단단히 마음먹은 거 같다. 우선 간단한 아웃라인 정도만 얘기해 줄게. 그 다음은 세금 관련해서 쉬운 책 한 권 빌려줄 테니까 점심시간이나 짬 나는 대로 읽어

봐. 그러다 보면 조금씩 이해할 수 있을 거야. 오늘 아침은 이 표를 이해하는 것으로 시작해서 마치기로 하자. 그러고 나서 커피 한잔하러 갈까?"

"좋지~. 근데 이 표는 우리나라 세금 종류를 그린 것 같은데?"

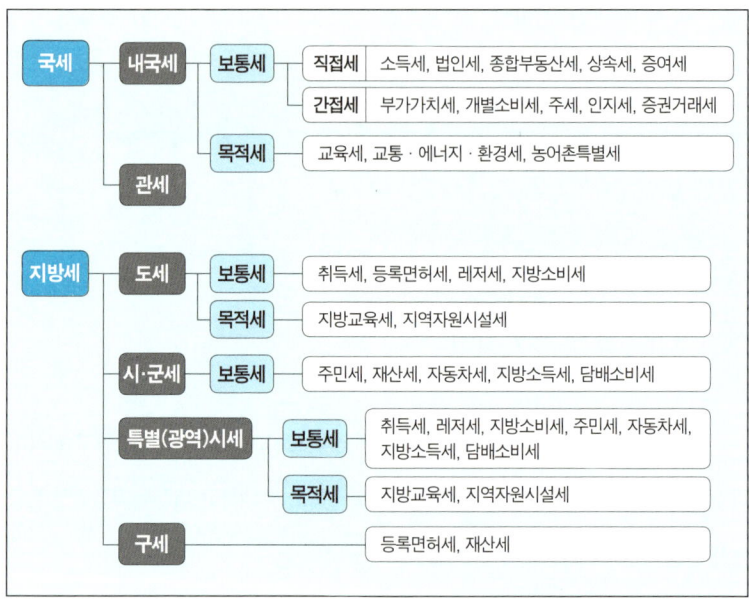

※ 우리나라 세금의 종류 출처 : 조세박물관

"그래 맞아. 너도 알다시피 우리나라 살림은 국가인 중앙정부와 시·도·군과 같은 지방정부의 살림으로 나뉘어 있잖아. 따라서 우리가 내는 세금도 크게 중앙정부에 내는 '국세'와 지방자치단체에 내는 '지방세'로 나눌 수 있지."

국세와 지방세, 세금과 요금의 차이

"중앙정부인 국가가 걷는 세금을 '국세'라고 하는데 별도의 통관절차가 있어야 하는지에 따라 '내국세'와 '관세'로 구분할 수 있어. 관세는 물품을 외국으로부터 수입하거나 외국에 수출할 때 내는 세금이고. 관세를 빼면 모두 내국세라고 할 수 있지. 내국세는 우리나라 안에서 사람이나 물품에 부과하는데 국세청에서 담당하고 관세는 관세청에서 담당하고 있어."

"응, 그렇구나. 관세가 국세에 속하는지 이제야 알았다. 그런데 여기 직접세와 간접세는 뭐냐? 직접세는 직접 내는 세금? 간접세는 간접적으로 내는 세금을 말하는 건가?"

"하하, 비슷해. 직접세는 세금을 실질적으로 내야 할 사람이 내는 세금을 말하는 것이고, 간접세는 세금을 내야 할 당사자가 내지 않고 다른 사람한테 전가해서 내는 세금을 말해. 즉, 납세의무자와 조세부담자가 일치하지 않는 세금이야. 직접세의 대표적인 예는 소득세, 법인세, 상속세 같은 세금이고, 간접세는 부가가치세, 주세, 특별소비세 등이 있어."

"야~ 역시, 네가 이 표를 보면서 설명을 해 주니까 머리에 쏙쏙 들어온다야. 내가 수업료를 내는 의미에서 모닝커피 한잔 살게. 아니 그럴 게 아니라, 우리가 보통 8시면 회사에 출근하니까 이번 주 모닝커피는 내가 다 살게."

"세금 공부 시작하더니 신났구나, 너!"

"좋아, 좋아! 근데 유식아, 여기 표를 보면 전기세나 수도세는 없는데, 그건 왜 빠져 있는 거야?"

"세금의 특성 중 하나가 반대급부 없이 국민들에게서 거둬들인다는 점이야. 즉 국가가 일방적으로 개인에게서 받아가지만 그에 대한 대가를 지급하는 게 없어. 하지만 요금은 전기나 수도를 사용하고 내는 돈이잖아. 사실 네가 말한 전기세나, 수도세의 올바른 표현은 전기요금, 수도요금이라고 해야 맞겠지."

"아하, 그렇구나. 근데 이 표는 뭐냐? 아, 맞다. 이거 세금 매길 때 참고하는 세율표 잖아!"

〈표3-1〉 2018 종합소득세율표

과세표준	세율	산출세액
1,200만 원 이하	6%	과세표준 × 6%
1,200만 원 초과~4,600만 원 이하	15%	72만 원 + 1,200만 원 초과 × 15%
4,600만 원 초과~8,800만 원 이하	24%	582만 원 + 4,600만 원 초과 × 24%
8,800만 원 초과~1억 5,000만 원 이하	35%	1,590만 원 + 8,800만 원 초과 × 35%
1억 5,000만 원 초과~3억 원 이하	38%	3,760만 원 + 1억 5,000만 원 초과 × 38%
3억 원 초과~5억 원 이하	40%	9,460만 원 + 3억 원 초과 × 40%
5억 원 초과	42%	17,460만 원 + 5억 원 초과 × 42%

"응, 이걸 '종합소득세율표'라고 하는데, 이 표를 기준으로 우리가 버는 연봉에 세금을 매길 수 있지. 과표 3억 원 이상 고액연봉자들은 2018년부터 소득세율이 2% 인상되었어."

"가만있자, 나는 연봉이 4,500만 원이니까, 세율이 15% 적용되네? 그럼 내 1년 세금은 675만 원이야?"

"하하하, 그렇지는 않아. 이 표에 있는 과세표준이 1년 치 연봉을 의미하는 것이 아니야. 과세표준은 연봉에서 인적공제니 소득공제니 하는 여러 공제금액을 차감하고 난 금액을 말하는 거야. 그 금액에 해당하는 구간의 세율이 적용되기 때문에 너나 나나 같은 연봉이지만 적용되는 세율은 다를 수 있지."

"와! 그럼 이런저런 공제를 못 하면 난 15% 세율로 매겨지고 소득공제 혜택을 받으면 6% 세율로 매겨질 수 있다는 말이야?"

소득은 올라도 내는 세금이 없다!

"연봉은 같아도 월급쟁이마다 개인적인 특성을 반영해서 소득공제액이 결정되기 때문에 적용되는 한계세율이 다르고 따라서 내는 세금도 달라질 수 있다는 뜻이야."

"한계세율? 그건 또 뭐냐? 경제학 수업시간에 배운 그 한계효용 체감의 법칙에서 말하는 그 한계?"

"비슷한데, 예를 들어 볼게. 만약 너의 한계세율이 24%라면 과세표준이 100만 원 올라갈 때마다 너는 24만 원의 세금을 더 내게 되는데 이때 24%가 너의 한계세율이야. 내 경우로 치면 6%가 한계세율이지."

"와, 이 세금공부도 은근히 여러 이론이 섞여 있구나. 그럼 소득이 올라갈 때마다 무조건 세금을 한계세율만큼 낸다고 보면 되네?"

"킥킥, 단순하긴. 꼭 그렇지만은 않아. 물론 소득이 있는 곳에 세금이 있다는 말은 맞지만 모든 소득에 세금을 매기는 것은 아니거든. 세금을 내지 않아도 되는 '비과세 소득'이란 것도 있어."

"어? 그런 소득도 있어?"

"무식이 너도 매달 받잖아?"

"그게 뭔데?"

"매달 식대 10만 원씩 받잖아. 그리고 교통비 180만 원까지 모두 비과세소득이야."

"와 그럼 우리 사장님이 직원들 월급 올려줄 때 세법상 비과세 되는 소득만 골라서 주면 우리 월급은 올라가고 그 뭐냐, 한계세율만큼 세금은 굳어서 좋네?"

"역시 빠르네. 물론 그런 장점이 있긴 하지만, 비과세소득은 지급목적이 정해져 있고 일정금액을 초과하면 세금을 매기게 되어 있어서 무턱대고 큰 금액을 세금 없이 준다는 건 불가능해. 세금을 매기지 않는 만큼 요건이 까다롭거든.

"무식아, 오늘 과외는 여기까지 하자."

"어 그래. 나도 아침부터 안 하던 세금공부에 머리 좀 굴렸더니, 갑자기 당이 훅 떨어진다. 달콤한 카페모카에 생크림까지 듬뿍 얹어 한 잔 마셔야겠다."

세금 없는 비과세 근로소득

월급쟁이들은 자신이 받는 연봉에 관심을 많이 두지만 그 연봉이 얼마의 과세표준에 해당하는지, 자신의 한계세율은 몇 퍼센트인지에 대해서는 연봉만큼 관심을 갖는 경우가 적다. 돈을 한 푼이라도 벌고 있는 사람이라면 자신의 소득에 얼마큼의 세금이 나가고 몇 퍼센트의 연금보험과 건강보험이 나가는지 알고 있어야 한다.

앞에서 본 김 대리와 박 대리 사례처럼 같은 연봉을 받아도 내는 세금은 다를 수 있다. 같은 연봉을 받아도 소득공제액이 많은 김 대리와 소득공제액이 적은 박 대리는 벌써 산출된 세금부터 100만 원 가까이 차이가 났다.

연봉에서 각종 소득공제항목을 반영하면 과세표준이 나오는데 과세표준에 따라 정해지는 것이 세율이다. 현재 소득세율은 7단계다. 과세표준 구간이 올라갈 때마다 세율이 올라가는 초과누진세율이 적용된다. 따라서 자신의 한계세율이 높으면 높을수록 최종 결정되는 세금도 높아진다. 그렇다면 소득이 증가하면서 세율도 높아지는 누진세율을 기초로 할 때 세금을 줄일 방법으로 '비과세소득'이 있다.

앞서 살펴본 종합소득세율은 월급쟁이와 자영업자에게 동일하게 적용된다. 법인사업자와 프리랜서는 별도의 세율을 적용받는데 이에 대해서는 나중에 설명하기로 한다. 자영업을 하는 사장님은 매월 직원들의 급여를 지급할 때 세금을 원천징수한다. 따라서 직원들이 내는 세금은 줄이면서 월급을 늘릴 수 있는 작은 방편으로도 이 비과세소득을 고려해 볼 수 있다.

그러나 비과세소득은 사용 목적과 금액에 한계가 정해져 있기 때문에 지급할 때는 반드시 확인할 필요가 있다. 비과세되는 소득을 정확하게 알지 못해 세금을 적게 냈다가 나중에 더 많은 세금을 '토해' 내야 하는 일이 생길 수 있기 때문이다.

〈표3-2〉는 비과세되는 소득을 정리한 것으로 연말정산 시 연봉에서 제외한다.

〈표3-2〉 비과세 근로소득

항목	금액	확인 사항
식사 또는 식대	월 10만 원까지 비과세 처리	• 현물식사(급식 등)를 제공받지 않아야 한다.
자가운전보조금	월 20만 원까지 비과세 처리	• 직원 자기 소유 차량으로 업무수행에 이용한다. • 미리 정한 사규 등에 의해 지급되어야 한다. • 시내 출장비 등을 동시에 지급받으면 안 된다.
출산 · 보육 수당	월 10만 원까지 비과세	• 회사 육아보조비 지원규정에 따라 지급한다.
육아휴직수당	-	• 육아휴직급여, 출산 전후 휴가 급여 • 공무원의 육아휴직수당, 육아근로시간 단축급여
연구활동비	월 20만 원까지 비과세	• 교원 및 연구활동 종사자가 받는 연구보조비
실비변상적 급여	-	예) 일직료, 숙직료, 여비교통비, 일비
생산직근로자 시간외근무수당	연간 240만 원까지 비과세	• 직전 연도 총급여액이 2,500만 원 이하이고 • 매월 급여가 150만 원 이하인 근로자 • 연장근로, 야간 및 휴일 근무한 급여로서 통상 급여에 추가로 받는 경우이다.
취재수당	월 20만 원까지 비과세	• 방송이나 뉴스, 신문 등 취재기자가 받는 수당
국외 근로소득	월 100만 원까지 비과세	• 외국에서 일하고 받는 급여 (북한지역 포함)
	월 300만 원까지 비과세	• 원양어선, 외국항행선박, 외국의 건설현장에서 일하고 받는 급여
기타	-	• 장해보상금, 유족보상금, 통상 수준의 경조사비

증빙 필요 없는 월급쟁이 필요경비, 근로소득공제

자영업을 하는 사장님들은 사업소득금액을 산출할 때 총수입금액에서 장사하면서 지출한 필요경비를 차감하여 계산한다. 이처럼 월급쟁이들도 총급여액에서 기본적으로 생활에 필요한 경비를 공제해 주는데 사업자처럼 수입금액에 대응하는 지출경비를 하나하나 입증하기가 어렵다. 따라서 세법은 근로자가 일정한 소득을 얻기 위해 지출했으리라 추측되는 필요경비를 인정해 주고 있는데 이를 '근로소득공제'라 한다.

```
   사업 소득금액              근로 소득금액
        ↓                         ↓
  총수입금액 − 필요경비      총급여액 − 근로소득공제
```

〈표3-3〉 소득세법 제47조 근로소득공제

총급여액	근로소득공제금액	비고
500만 원 이하	총급여액의 70%	-
500만 원 초과 ~ 1,500만 원 이하	350만 원+500만 원을 초과하는 금액의 40%	①
1,500만 원 초과 ~ 4,500만 원 이하	750만 원+1,500만 원을 초과하는 금액의 15%	②
4,500만 원 초과 ~ 1억 원 이하	1,200만 원+4,500만 원을 초과하는 금액의 5%	③
1억 원 초과	1,475만 원+1억 원을 초과하는 금액의 2%	④

그렇다면 근로소득공제표에 따라 소득이 적은 사람부터 고소득 연봉자까지 근로소득 금액을 계산해 보면 아래와 같다.

① 총급여액이 1,000만 원인 경우

근로소득공제액 = 350만 원 + (1,000만 원 − 500만 원) × 40% = 550만 원
근로소득금액 = 1,000만 원 − 550만 원 = 450만 원

② 총급여액이 4,000만 원인 경우

근로소득공제액 = 750만 원 + (4,000만 원 − 1,500만 원) × 15% = 1,125만 원
근로소득금액 = 4,000만 원 − 1,125만 원 = 2,875만 원

③ 총급여액 9,000만 원인 경우

근로소득공제액 = 1,200만 원 + (9,000만 원 − 4,500만 원) × 5% = 1,425만 원
근로소득금액 = 9,000만 원 − 1,425만 원 = 7,575만 원

④ 총급여액 2억 5,000만 원인 경우

근로소득공제액 = 1,475만 원 + (2억 5,000만 원 − 1억 원) × 2% = **1,775만 원**
근로소득금액 = 2억 5,000만 원 − 1,775만 원 = 2억 3,225만 원

총급여액 1,000만 원을 받는 사람의 공제액은 550만 원으로 공제율이 55%에 달하지만, 총급여액 2억 5,000만 원을 받는 고액 연봉자의 경우 근로소득공제율은 7% 수준이다. 따라서 연봉이 높을수록 근로소득공제는 낮아진다는 것을 알 수 있다.

여기서 우리가 쉽게 생각할 수 있는 것은 돈을 벌기 위해서는 일정한 비용이 발생한다는 것인데 이것을 세법은 '필요경비'라고 한다. 그렇다면 모든 소득에 대해서 세법은 필요경비를 인정해 줄까? 그렇지 않다. 세법은 소득을 크게 종합소득, 퇴직소득, 양도소득 세 가지로 나눈다. 여기서 종합소득은 여러 가지 소득을 종합한 것으로 월급쟁이의 근로소득, 사장님의 사업소득을 포함하며 아래와 같이 소득금액을 계산할 수 있다.

〈표3-4〉 소득별 필요경비

구 분	필요경비 내역	비고
이자 소득	필요경비는 '0' 즉, 없다고 본다	총수입 = 이자소득금액
배당 소득	필요경비는 '0' 즉, 없다고 본다	총수입 = 배당소득금액
사업 소득	장사를 하면서 지출한 비용으로 장부에 기록해야 하고 비용 인정받기 위해 영수증 같은 증빙서류가 필요하다	총수입 − 필요경비 = 사업소득금액
근로 소득	근로소득공제표	총급여액 − 근로소득공제 = 근로소득금액
연금 소득	연금소득공제표	총연금액 − 연금소득공제 = 연금소득금액
기타 소득	증빙서류 없이 총수입금액의 70%를 비용으로 인정한다 (2019년부터는 60%로 더 낮아질 예정이다)	총수입금액 − 필요경비 = 기타소득금액

⬇ 종합소득

⬇ 종합소득금액

부업으로 생긴 소득, 어떻게 신고할까?

"이번 정류장은 역삼역, 역삼역입니다."

버스 안 알림방송이 졸고 있는 김 부장을 깨웠다. 순간 김 부장은 얼른 좌우를 살피고 자리에서 일어나 버스에서 내렸다. 오늘은 5부제에 걸려 차를 두고 출근했다. 정류장 앞 스타벅스에 들러 아메리카노 한 잔을 주문하고 연말에 출간될 책의 원고 한 꼭지를 쓰기 시작했다.

그때 팝업창이 뜨며 "카톡" 소리가 들렸다. 노트북 바탕화면에 깔아둔 카톡앱의 메시지 알림이었다. 글을 쓰다 궁금해서 자판 두드리는 것을 멈추고 앱을 열었다.

'김 부장, 저녁에 시간되면 맥주 한잔하지?'

황 부장이다. 요즘 심경에 무슨 변화가 있는지 카톡 '프사(프로필 사진)'와 '상메(상태 메시지)'가 바뀌었다. 그러고 보니 회사에서 함께 점심을 먹은 지도 오래다.

'시간을 내서라도 봐야지. 오늘 저녁 굿플레이스에서 볼까?'

'좋아. 난 7시쯤 도착할 것 같네.'

'오케이.'

카톡앱을 내리고 다시 글을 쓰기 시작했다. 흐름이 끊겼지만 곧 몰입해서 A4 두 장을 금방 써 내려갔다. '딩딩딩' 갑자기 알람이 울렸다. 8시 10분. 이제 사무실에 들어가야 할 시간. 김 부장이 직장을 다니면서 책을 쓰기 시작한 지 벌써 2년이 지났다. 취미로 시작한 일인데 어느덧 반복적인 일상이 되었다.

사무실에 출근한 김 부장은 밤새 쌓인 이메일을 열었다. 제목부터 빠르게 스크린하면서 급한 일과 중요한 일, 급하면서도 중요한 일, 중요하지만 급하지 않은 일을 분류했다. 우선순위를 정하고 나서 메일을 다시 읽었다. 즉시 회신할 것과 참고만 할 것, 회신해야 하지만 상부에 보고가 필요한 것들을 필터링했다.

9시 10분. 부서 회의 시간. 김 부장은 팀장으로부터 맡은 일에 대한 보고를 받고 피드백을 주었다. 업무에 필요한 전문지식을 알려주고 관련 서적을 추천하는 친절한 멘토링도 빠뜨리지 않았다.

점심을 먹고 오후 3시 임원 보고. 김 부장은 핵심내용 위주로 간단하게 끝냈다. 저녁에 한잔하자고 하는 임원의 제안에도 입사 동기 황 부장과 저녁 약속이 떠올라 가뿐하게 사양했다. 상사의 저녁 제안을 거절하다니, 일 잘하는 김 부장은 뒤탈이 두렵지 않나 보다.

순식간에 일과가 지나갔다. 약속장소에 도착하니 황 부장이 먼저 도착해 있었다. 직장생활 25년 차인 황 부장은 완벽주의에 실패를 모르고 승승장구했지만 요즘 들어 의욕도 없고 짜증만 난다. 작년부터 진행한 프로젝트는 이렇다 할 성과가 나오지 않아 고민이었다.

"황 경수. 일찍 왔네. 오래 기다렸나?"

"아니, 나도 방금 왔어."

"갑자기 무슨 일이야?"

"응, 실은 나 부업을 좀 해보려고 해. 우리 둘째까지 대학을 보내다 보니 경제적으로 보탬이라도 될까 하고."

"다른 이유가 있는 거 아니고?"

"자네 눈치챘나? 사실 요즘처럼 무기력해 보긴 처음이라네. 어디 부업이라도 뛰면 정신이 번쩍 나지 않을까? 물론 돈도 버니까 좋고. 참, 자네는 와이프가 주택임대사업이랑 공부방도 하지?"

"사업이랄 게 있나? 어쩌다보니 아파트 두 채 있는 게 와이프 이름으로 되어 있어.

한 채는 우리가 살고 나머지 한 채를 주택임대사업 등록한 거지. 공부방은 예전에 교사생활 했던 경험을 살려 차린 거고."

"주택임대 사업소득에 대해 좀 말해주게. 자네가 해보니 어떤가?"

"주택임대사업자의 소득은 크게 계산이 쉬운 월세액과 전세금 때문에 생기는 간주임대료가 있는데, 간주임대료를 포함한 수입금액이 2,000만 원이 넘으면 5월에 근로소득과 합산해서 종합소득세 신고를 해야 하고 2,000만 원을 넘지 않더라도 2019년부터는 소득세가 과세될 걸세."

"부가가치세 신고는 어떻게 하면 되나?"

"공부방이나 주택임대사업자 경우는 부가가치세 면세사업자라서 2월에 사업장 현황신고만 하면 되네. 사업장현황 신고할 때는 작년 한 해 동안 수입액과 지출액을 신고하는데 확정한 수입액은 5월 종합소득세 신고할 때 누락하면 안 되네."

"아무렴 매출누락을 하면 안 되지. 자네가 와이프 대신 홈택스에 들어가 종합소득세랑 사업자현황 신고를 다 하겠구먼."

"허허, 그렇지 뭐. 주택임대사업자는 세무사한테 기장서비스를 맡길 필요는 없으니까."

요즘은 외벌이 월급만으로는 전월세, 주거비, 자녀교육비 등에 많은 돈이 들어가 살기가 힘들다고 한다. 그래서 많은 월급쟁이들이 본업 외에 부업을 한다. 부업으로 발생할 수 있는 소득의 종류는 여러 가지가 있다. 소득세법에서 정하는 구분을 살펴보면 '근로소득과 사업소득' 그리고 '사업소득과 기타소득'이 있다.

① 사업소득 vs 근로소득

사업소득과 근로소득을 구분하는 기준은 '고용관계'이다. 근로를 제공하는 사람이 작업을 거부할 수 있고 시간과 장소, 출퇴근의 제약을 받지 않으며 사용자로부터 업무를 할 때 구체적인 지휘를 받지 않으면 사업소득으로 본다. 일반적으로 근로계약서를 작성했으면 고용관계가 있다고 봐서 근로소득으로 판단한다.

② 사업소득 vs 기타소득

사업소득과 기타소득의 구분은 반복해서 계속적으로 일을 하면 사업소득, 일시적이고 우발적으로 발생하면 기타소득으로 본다. 먼저 사업소득인지 따져보고 사업소득에 해당하지 않으면 소득세법에 열거된 기타소득인지를 검토하게 된다. 둘은 구분해서 세금도 다르게 부과한다. 원천징수세율은 사업소득이 3.3%, 기타소득이 6.6%이다.(기타소득 원천징수세율 2017년 4.4%, 2018년 6.6%, 2019년 8.8%)

예시1 2017년 연말에 김 부장은 오랫동안 공부하고 투자했던 부동산에 대한 책을 한 권 냈다. 여기서 발생한 인세수입은 총 200만 원이었다. 이때 김 부장이 원천징수로 떼는 세금은 얼마일까?

김 부장이 직장생활을 하면서 책을 냈고 그 책에서 벌어들인 인세는 일시적인 소득이다. 따라서 원천징수되는 세금은 기타소득세 8만 8,000원(지방소득세 포함)이다.

기타소득에 대한 원천징수세액 계산: 200만 원×4.4%= 8만 8,000원

- 기타소득세 ⇨ 200만 원 - 필요경비 160만 원(200만 원×80%) = 40만 원× 세율 20% = 8만 원
- 지방소득세 ⇨ 8만 원×10% = 8,000원

예시2 취미삼아 글을 쓰던 김 부장은 2018년에 책을 두 권 더 냈다. 이때 발생한 인세수입은 총 300만 원이다. 취미가 사업이 되어 매년 책을 쓰고 낸다면 반복적으로 발생한 소득이므로 김 부장의 인세수입은 사업소득으로 본다. 따라서 원천징수로 떼는 세금은 9만 9,000원이다.

사업소득에 대한 원천징수세액 계산: 300만 원×3.3% = 9만 9,000원

③ 세금부담은 기타소득보다 사업소득이 더 크다

기타소득은 소득금액에 20% 세율을 적용한다. 반면 사업소득(인적용역)세율은 3%이므로 얼핏 보면 기타소득세율이 훨씬 높아 보인다. 그러나 기타소득은 소득의 70%를 비용으로 인정해서 과세대상에서 빼준다. 따라서 실제 세율은 6%가 되는데 여기에 지방소득세까지 합하면 기타소득의 원천징수세율은 6.6%이다.(원고료, 강연료, 자문료 등에 대한 기타소득 필요경비율 2017년 80%, 2018년 70%, 2019년 60%)

무엇보다도 기타소득은 1년 소득에서 필요경비를 공제한 후 기타소득금액이 300만 원 이하이면 다음 해 5월 종합소득세 신고할

때 합산하지 않고 원천징수한 것으로 끝난다. 참고로 기타소득금액이 300만 원이라면 자문료의 경우, 70%를 필요경비로 공제하므로 실제 자문료는 1,500만 원이다. **그러나 사업소득은 무조건 다른 소득과 합산하여 신고해야 하는데, 누진세율체계에서 소득이 합산되면 6~42% 세율로 과세되기 때문에 세금부담은 기타소득보다 사업소득이 더 크다.** 앞서 김 부장이 2018년에 벌어들인 인세수입 300만 원은 사업소득에 해당하므로 근로소득과 합산하여 다음 해 5월에 종합소득세 신고를 해야 한다. 김 부장의 종합소득세율이 35%라고 가정하면, 사업소득 300만 원으로 내야 할 세금은 원천징수세율 3.3%를 적용했을 때보다 더 많아진다.

고수의 절세 노트 ❸

퇴직소득세, 일시금보다 퇴직연금이 나을까?

손정년 씨는 올봄에 정년퇴직하여 연말까지 다른 직장을 구하지 않았다. 퇴직 후 맞벌이하는 아들 내외의 부탁으로 낮 동안에 손주를 돌보고 있다. 아들이 용돈을 두둑이 주려고 했지만 손 씨는 살림에나 보태라며 굳이 받으려 하지 않았다. 사실 대기업에서 27년간 일하면서 임원까지 지낸 사람이 집에서 계속 놀자니 좀이 쑤시던 터였다. 할아버지를 꼭 닮고 말도 곧잘 듣는 손주 녀석 재롱에 시간 가는 줄도 모르고 오히려 이 녀석 없었으면 이 시간을 어떻게 견뎠을까 싶은 생각에 그저 감사할 따름이다.

Q 2018년 손 씨가 퇴직하면서 받게 될 퇴직소득세를 줄이기 위해 취할 방법은 무엇일까?

A 손정년 씨처럼 월급쟁이가 회사에서 일정기간 일하고 퇴직하게 되는 경우 회사로부터 퇴직금을 받는다. 회사가 정한 퇴직금 지급규정에 따라 받는 퇴직금이든, 퇴직위로금이든 모두 퇴직소득으로 세금을 피해 갈 수 없다. 퇴직소득에 대한 세금은 근로소득에 비해 적은 편인데, 앞으로는 뚜렷한 직장도, 벌이도 없이 살아야 할 것이므로 칼날 같은 세금제도라도 융통성은 있는가 싶다. 하지만 퇴직소득세가 관대한 이유는 다른 데 있다.

퇴직소득세가 관대한 이유

매년 1월부터 12월까지 발생한 이자·배당·부동산임대·사업·근로·연금 소득 그리고 여기에 포함되지 않은 기타소득 중에서 비과세되거나 분리과세로 납세의무가 끝나는 소득을 제외하고는 다음 해 5월 집 근처 세무서에서 종합소득세 확정 신고를 해야 한다.

그런데 퇴직소득과 양도소득은 6가지 종합소득과 합치지 않고 따로 분류하여 신고를 하는데 이것을 "분류과세"라고 한다. 퇴직소득과 양도소득은 왜 분류해서 세금을 매기는 것일까?

그 이유는 ① 소득을 형성하는 기간이 장기간이며, ② 그렇게 장기간 형성된 소득을 한꺼번에 한 해의 소득으로 신고할 경우 그해에는 세금부담이 매우 커지기 때문이다. 이것을 "결집효과(Bunching Effect)"라고 하는데 퇴직소득이나 양도소득과 같이 몇 년에 걸쳐서 결집된 소득효과를 방지하기 위해 종합과세방식과 별도로 분류하는 것이다.

예를 들면, 손정년 씨는 1988년 4월 1일 입사해서, 2018년 03월 31일 퇴직하면서 퇴직금 5억 4,000만 원을 수령했는데, 이 돈을 2018년 근로소득과 합쳐 세율 42%를 적용하면 한 해 세금이 너무 과하게 매겨지므로 분류과세 되는 것이다.

퇴직소득은 오래 근무할수록 세금을 적게 내도록 설계되었다. 2016년부터 퇴직

〈표3-5〉 손정년 씨의 2015 종전규정과 2016 개정규정의 퇴직소득세 비교

퇴직연도	근속연수	퇴직소득 (a)	소득세	지방소득세	합계 (b)	실효세율 (b/a)
2015년	30년 (1985-2015)	540,000,000원	19,512,000원	1,951,200원	21,463,200원	4 %
2018년	30년 (1988-2018)	540,000,000원	36,134,165원	3,613,416원	39,747,581원	7 %

소득세 계산방법이 5년 단위 연분연승법(年分年乘法)에서 12년 단위로 바뀌었는데 2020년까지 단계적으로 증가될 것이다. 연분연승법이란, 오랜 재직기간 쌓인 퇴직소득의 결집효과를 없애기 위해서 재직기간 연수로 나눠서(연분;年分), 1년 치 소득에 대한 세금을 구한 다음 다시 재직기간을 곱해서(연승;年乘) 퇴직소득세액을 구하는 방법이다. 2016년부터는 5년 단위 연분연승법을 12년 단위로 변경하여 고액 연봉자에 대한 퇴직소득세 부담을 강화했다.

따라서 2020년에 퇴직을 하게 되면 퇴직소득세가 기존 3~10%에서 2~20%로 평균 2배 이상 증가할 것으로 전망되어 퇴직금을 통한 절세 효과를 종전보다 기대하기가 어려워졌다.

그럼에도 일시퇴직금 대신 연금으로 수령하면 절세효과가 있는데 일시금을 연금으로 받으면 30% 세금이 줄어든다.

예를 들면 퇴직금 2억 원, 실효세율이 3.5%라고 가정했을 때 일시금 수령 시 700만 원의 소득세를 내야 하지만 10년간 연금으로 수령하면 700만 원 × 70% = 490만 원을 10년간 나눠서 49만 원만 내면 된다. 이러한 절세측면과 과세이연 효과 때문에 퇴직금을 개인의 퇴직연금인 IRP계좌로 이체해서 노후에 연금으로 받도록 권장하고 있다. 일각에서는 이러한 세법개정을 연금소득을 유도하기 위한 반강제적 노후대책이라는 논란이 있기도 하다.

Q 손정년 씨는 15년 전 큰아들 유학자금을 마련하기 위해 퇴직금을 중간에 정산한 사실이 있다. 2018년 손 씨가 퇴직하면서 내게 될 퇴직소득세를 줄이기 위한 절세법은 무엇일까?

A 퇴직소득세는 근속연수가 짧을수록 세금이 증가하는 특징이 있다. 과거에 중간정산 경험이 있는 손 씨는 퇴직할 때 목돈을 받으면 중간정산 이후 근속연수가 적용되므로 퇴직소득세 부담이 커진다. 따라서 근속연수를 늘릴 방안을 찾아야 한다.

이런 경우 퇴직할 때 받은 퇴직금과 중간정산으로 받았던 퇴직금을 합산하여 퇴직소득세를 계산하는 '퇴직소득 세액정산 특례'를 신청하면 된다. 금액이 커지므로 소득세도 늘어날 것 같지만 그렇지 않다. 퇴직소득세 계산을 할 때 근속연수를 중간정산 이전의 기간을 합산해서 산출하므로 실효세율이 낮아지고 중간정산 때 이미 납부한 세금은 빼 주기 때문이다.

이러한 '퇴직소득 세액정산 특례'를 적용받으려면 과거 원천징수 의무자(손정년 씨가 재직한 회사 사업주)가 국세청에 신고한 '퇴직소득 원천징수영수증'을 제출하면 된다. 전산으로 신고한 경우에는 회사 주소지 관할 세무서 민원봉사실에 방문하면 당시 제출한 중간정산 내역에 대한 열람이 가능하다.

4장

미리 챙겨보는 월급쟁이 연말정산

김 대리가 사표 대신 세금 공부를 시작한 이유

"프리타타랑 따뜻한 커피 한 잔 주세요."

퇴근 후 김 대리는 회사 앞 카페에 왔다. 저녁으로 이탈리안식 오믈렛과 커피를 주문했다. 자리에 앉아 책을 펴고 노트북을 켰다.

"김 대리님?"

"어? 박신입. 웬일이야?"

"제 여자친구가 이 건물 5층에서 일하거든요. 잠깐 얼굴 보고 가는 길이예요. 근데 김 대리님 여기서 뭐 하세요?"

"응, 재무제표 보는 법과 주식이랑 펀드 관련 책 좀 보고 있어."

"김 과장님 말씀이 김 대리님께서 세금 박사라고 하시던데. 이렇게 꾸준히 공부하고 계셨군요. 이제야 그 이유를 알 것 같네요. 저는 퇴근하면 집에 가자마자 TV 보다가 자는데, 힘들지 않으세요?"

"나도 사실 회사 생활이 너무 힘들고 고통스러웠던 시기가 있었는데 그때를 지혜롭게 견디기 위해 세금공부를 시작했어. 카페에 와서 두세 시간 공부하면 회사가 주는 고통을 잊을 수가 있었거든."

"네에? 회사가 주는 고통이요?"

"응. 3년 전 내가 입사했을 때 회사에서 '상꼰대'라고 불리는 선배와 일하게 되었는데 업무적으로는 배울 점이 있었지만 사소하고 개인적인 일에도 간섭하고 해서 일하기 힘든 적이 있었어."

"직장 내 계급 갑질은 어딜 가나 문제군요. 실은 저도 요즘 팀장님 때문에 스트레스가 이만저만이 아니거든요."

"내가 대리 승진을 할 무렵, 그 선배가 팀장이 되어 직속상관이 되었지 뭐야. 에고, 나한테 무슨 안 좋은 감정이 있었는지 중요한 업무에서 배제시키고 팀 내 허드렛일만 시켰어. 팀장의 막말이나 업무지시에 불만이 많았지만 회사 생활은 내가 통제할 수 없는 영역이니까 살아남기 위해선 그저 묵묵히 참는 쪽을 택했었지. 그리고 내가 통제할 수 있는 영역을 찾아 새로운 에너지를 얻으려고 노력했어"

"그래서 공부를 시작하신 거군요?"

"공부를 통해 자기계발을 하고 토요일 오전에는 마음 맞는 친구들과 독서모임을 만들어 다양한 주제로 토론하는 시간을 가졌지."

"일하면서 자기계발을 어떻게 하셨는지 궁금해요."

"응, 출퇴근 시간에는 영어 공부하고 퇴근 후에는 카페에서 '계독'하고 소감문 써."

"계독요?"

"응, 한 가지 주제를 정해서 그 분야의 책을 많이 읽는 거야. 내가 처음 계독한 분야가 세금인데, 세금 관련 서적만 50권 이상 읽었던 것 같아. 책을 읽으면 반드시 요약해서 책 내용을 숙지했어. 그러면 세금에 대해서는 준전문가 수준이 될 수 있어."

"요즘 계독하는 분야는 재테크 쪽이네요."

"응. 중간에 부동산 관련 서적 봤고 지금은 재무제표를 분석해서 가치주를 찾는 법을 공부하고 있지. 회사 투자주식 업무를 맡게 되면서 일을 잘하려고 이 공부를 시작했는데 하다 보니 재미있어서 계속하고 있어."

"김 대리님은 힘든 회사생활이지만 끊임없이 공부하시면서 실력을 키우시는군요."

"회사 생활에서 가장 중요한 것 중 하나가 실력을 갖추는 거라고 생각해. 공부하지 않고 사내 정치로 버틴 사람은 오래 못 가더라고. 결국은 실력이야."

"요즘 스트레스 때문에 몸도 마음도 지쳐 있었는데 덕분에 위로가 되었어요. 저도 세금공부 시작하고 싶은데 쉬운 책 몇 권 추천해 주세요. 당장 시작해야겠어요."

"좋은 생각이야. 월급쟁이가 알아야 할 기초적인 세금 서적은 내가 선물로 줄게."

"와! 정말요? 감사해요."

"이왕이면 곧 연말정산을 해야 하는 시즌이니 월급쟁이 연말정산 흐름에 대해 쉽게 알 수 있는 책도 부탁드려요. 나중에 제가 치맥 한번 쏘겠습니다."

한눈에 보는 연말정산 흐름

월급쟁이들이 받는 연봉을 흔히 '유리 지갑'이라 하는 이유는 연봉이 고스란히 공개되기 때문이다. 회사가 매달 지급하는 급여는 회사 입장에서 보면 인건비에 해당하기 때문에 전액 빠짐없이 신고

해서 비용으로 인정받아야만 회사의 세금을 줄일 수가 있다.

회사가 매달 급여를 지급하면서 차감하는 원천징수 세금은 대략적인 금액만을 계산한 것이다. 따라서 다음 해 1월에 정확하게 계산한 연간 근로소득세와 비교하여 그 차이를 조정하는 정산과정이 필요하다. 이것을 '연말정산'이라 하는데 회사가 내년도 2월분 급여를 지급할 때 연말정산으로 확정된 세금보다 1년간 원천징수한 세금이 더 많을 때는 세금을 돌려주고 반대로 확정된 세금보다 원천징수 세금이 더 적은 경우에는 추가로 세금을 더 내도록 한다.

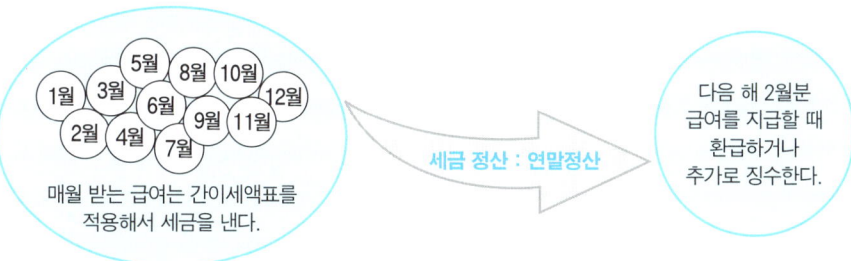

여기서 반드시 기억해야 할 사항이 있다. 회사는 결코 당신을 위한 '맞춤형 연말정산'을 설계해 주지 않는다는 것이다. 회사는 근로자가 얼마의 세금을 돌려받아야 하는지 또는 얼마의 세금을 더 내야 하는지에 관해서는 관심이 없다. 그저 연말정산과 관련해서 근로자의 월급에서 매월 원천징수한 세금을 신고하고 근로자가 제출한 연말정산 신고서와 증빙서류를 잘 정리해서 국세청에 제출할 뿐이다.

따라서 세금에 관해 관심을 갖고 절세를 바라는 월급쟁이들은 매년 연말정산 시즌에는 반드시 국세청 홈택스(www.hometax.go.kr)를 방문하도록 하자. 여기서 '연말정산' 아이콘을 클릭하면 시뮬레이션을 통해 나만을 위한 맞춤형 세금을 설계할 수 있다.

연말정산 결과 환급액이 발생하는 것은 당신이 내야 할 세금보다 더 많이 원천징수되었기 때문이다. 그런데 이것을 공짜 돈을 받은 것처럼 좋아하는 어리석음을 범하게 된다. 그래서 돈을 벌고 있다면 세금 공부는 더는 선택이 아닌 필수인 것이다. 우선 간단하게 정리한 연말정산 세액계산 흐름을 살펴보자.

앞서 우리는 연봉에서 비과세소득을 빼면 총급여액이 계산되고, 여기서 근로소득공제액을 차감하면 근로소득금액이 산출되는 것을 여러 가지 예를 들어 살펴보았다. 여기에 인적공제와 특별소득공제 금액을 차감하면 세금 계산의 기준이 되는 과세표준을 구할 수 있다. 과세표준 구간에 해당하는 세율을 찾아 곱하면 산출세액이 나오고, 여기에 각종 세액공제금액을 적용하면 최종 결정세액이 나온다.

그러나 이렇게 설명을 하면 연말정산에 쓰이는 용어가 생소하여 선뜻 이해하기가 쉽지 않다. 따라서 연말정산에 사용되는 용어부터 익숙해질 필요가 있다.

〈표4-1〉 연말정산 세액계산 흐름 보기

	항목	금액	비고
I	연봉	40,000,000원	
	비과세소득(-)	1,200,000원	• 월 10만 원 이하 식사대 • 자녀출산 및 보육 수당 (월 10만 원 한도) • 생산직근로자 시간외근무수당 (연 240만 원 한도)
II	**❶ 총급여액**	**38,800,000원**	
	❷ 근로소득공제(-)	11,070,000원	• 소득세법에서 정한 근로소득 구간별로 공제
III	**❸ 근로소득금액**	**27,730,000원**	
	종합소득공제(-)	6,900,000원	
	❹ 인적공제	1,500,000원	• 기본공제 (1명당 연 150만 원 공제)
	❺ 연금보험료공제	2,400,000원	• 국민연금보험료 전액공제
	❻ 특별소득공제	2,000,000원	• 보험료, 주택자금 공제
	❼ 그 밖의 소득공제	1,000,000원	• 조세특례제한법상 소득공제로 신용카드, 장기펀드소득공제
IV	**❽ 과세표준**	**20,830,000원**	
	기본세율(×)	15%	• 7단계 초과 누진세율 (6%~42%)
	❾ 산출세액(=)	3,124,500원	
	❿ 세액공제(-)	2,243,600원	
	근로소득세액공제	693,600원	• 산출세액과 총급여에 따라 공제한도가 다름 (최고 74만 원 한도)
	특별세액공제	400,000원	• 보험료, 의료비, 기부금 등
	연금계좌세액공제	550,000원	• 한도 내 지출액 12% (연봉 5,500만 원 이하는 15%)
	월세액공제	600,000원	• 한도 내 지출의 10% (연봉 5,500만 원 이하는 12%)
V	**결정세액**	**880,900원**	
	(-) 기납부 세액	1,200,000원	• 매월 근로소득 간이세액표에 따라 원천징수한 세금의 합계
VI	**납부(환급)세액**	**(319,100) 원**	• 국세청 홈택스 '연말정산 간소화 서비스' 활용

❶ **총급여액** : 연봉 − 비과세소득. 총급여액은 신용카드 소득공제와 의료비 세액공제 적용할 때도 활용된다.

❷ **근로소득공제** : 총급여액에 따라 법에서 정한 금액을 필요경비로 인정해 주는데 '근로소득공제표'에 따라 공제한다.

❸ **근로소득금액** : 총급여액 − 근로소득공제. 근로소득금액은 기부금 소득공제 한도를 계산할 때 활용되기도 한다.

❹ **인적공제** : 인적공제는 기본공제와 추가공제로 나뉜다. 기본공제는 본인, 배우자 및 부양가족에 대해서 1인당 150만 원씩 공제하는데 연간 소득금액 100만 원(근로소득만 있으면 총급여액 500만 원) 이하여야 하고 부모는 60세 이상, 자녀는 20세 이하 등 나이 제한이 있다. 추가공제는 기본공제 대상자가 70세 이상인 경우 경로우대자 공제 100만 원, 장애인인 경우 200만 원, 부녀자이면 50만 원, 한 부모인 경우 100만 원을 추가 공제받을 수 있다.

❺ **연금보험료 공제** : 공적연금인 국민연금, 공무원연금, 군인연금, 사립학교교직원연금, 별정우체국연금의 근로자 본인이 부담한 금액은 전액 공제된다.

❻ **특별소득공제** : 보험료와 주택자금공제로 나뉘는데, 근로자 본인이 부담한 건강보험료, 고용보험료, 노인장기 요양보험료 전액이 공제된다. 주택자금공제는 주택임차차입금은 원리금 상환액의 40% 공제, 장기주택 저당차입금은 이자상환액을 공제한다.

❼ **그 밖의 소득공제** : 개인연금저축, 소기업·소상공인 공제부금, 주택마련저축 소득공제, 신용카드 등 사용액, 우리사주조합출연금 소득공제 등이 해당한다.

❽ **과세표준** : 근로소득금액 − 인적공제 − 연금보험료공제 − 특별소득공제 − 그밖의 소득공제 + 소득공제 종합한도 초과액*

* 소득공제 종합한도 초과액이란, 특별소득공제와 그 밖의 소득공제 중에서 종합한도에 포함되는 소득공제액이 2,500만 원을 초과하는 금액으로서 그 초과액은 과세표준에 합산한다.

❾ **산출세액** : 과세표준 구간에 해당하는 기본세율을 곱하여 계산한다.

❿ **세액감면과 세액공제** : 세액감면은 조세특례제한법 제30조에 따라 중소기업 취업자 소득세 감면이 해당하며, 세액공제는 근로소득 세액공제, 자녀 세액공제, 연금계좌 세액공제 및 특별세액공제인 보장성 보험료·의료비·교육비·기부금 세액공제가 있다. 또한 주택자금차입금 이자 세액공제와 외국납부세액공제, 월세액 세액공제가 있다. 항목별 내용은 뒤에서 자세히 설명하기로 한다.

올해 박 대리가 낼 세금은 얼마일까?

출근하자마자 아메리카노 두 잔을 손에 들고 김 대리를 찾아온 박 대리. 한 잔을 책상에 내려놓기가 무섭게 김 대리 옆에 착 붙어 앉아 물었다.

"유식아, 아침부터 뭘 그렇게 열심히 해?"

"어, 이거. 국세청 홈택스에 있는 '편리한 연말정산' 시스템인데, 연말정산을 쉽고 빠르게 할 수 있어. 몇 가지 항목만 입력하면 내야 할 세금까지 다 계산해 주거든."

"그래? 그거 어떻게 하는 건데?"

"여기 홈택스 홈페이지에 공인인증서를 등록하고 로그인해서 들어가면 연말정산 아이콘이 있거든, 클릭해서 편리한 연말정산 메뉴로 들어가면 돼. 먼저 공제신고서류를 채우고, 총급여액과 이미 납부한 소득세 등을 확인해서 추가로 입력하면 연말정산 예상세액도 자동으로 계산되게 되어 있어. 국세청 홈페이지에 작성법에 대한 동영상과 매뉴얼까지 올려놔서 그대로 보고 따라 하면 어렵지 않아."

"오~ 이거 정말 편리한 연말정산 시스템이다. 보험료, 의료비, 신용카드 같은 증명서류도 한 번에 내려받을 수 있으니 일일이 종이서류를 챙길 필요도 없잖아."

"꼭 그렇지만은 않아. 기부금 영수증이나 안경 맞춘 것, 교복구입비용처럼 연말정산 간소화 서비스에서 조회되지 않는 서류들은 네가 직접 발급받아야 해."

"연초에 13월의 보너스를 맛볼 수 있다면 그 정도 수고는 해 드리지."

"연말정산의 묘미는 세금을 돌려받는 건데, 네가 원하는 13월의 보너스를 받으려면 연말정산을 미리미리 챙겨서 공제항목을 풍성하게 하는 수밖에 없어. 그러기 위해서는 평소에 소득공제나 세액공제를 효율적으로 구성해서 소득규모를 줄여줘야 해."

매년 개정되는 세법 내용을 보면 연말정산이 예전과 같지 않아서 소득금액을 줄일 수 있는 운신의 폭이 점점 좁아지고 있다. 따라서 평소에 세금을 알고 지출을 관리하면서 소득공제나 세액공제 항목을 미리 챙겨둘 필요가 있다.

최근에 국세청은 근로자와 회사가 연말정산을 더 쉽고 빠르고 편리하게 할 수 있도록 '편리한 연말정산' 시스템을 마련했다. 회원가입 후 공인인증서로 로그인하면 자동으로 소득공제와 세액공제 내역이 조회되는데, 이것을 보고 공제신고서를 작성해서 회사에 제출하면 된다. '편리한 연말정산' 사용법은 **국세청 홈페이지(www.nts.go.kr)** ⇨ **성실신고지원** ⇨ **원천징수(연말정산) 안내** ⇨ '**편리한 연말정산 이용방법**'에 들어가면 근로자를 위한 연말정산 책자와 동영상을 볼 수 있다. 게다가 맞벌이 부부를 위한 절세방법과 예상(환급)세액까지 조회할 수 있다. 그러나 이 시스템은 연말정산을 하는 시기인 1월에만 이용할 수 있다.

월급쟁이로 숨 가쁘게 살다 보니 자신도 모르게 새어 나가는 세금이나 연말정산에 크게 신경을 쓰지 않아 돌려받을 수 있는 세금을 놓치고 있는 직장인이 많다. 벌어들인 소득에 따라 예상되는 세금을 계산해 보고 소득공제와 세액공제 항목으로 세금을 줄일 방법을 알아보자.

예상세금 알고 줄여보기

해마다 소득이 조금씩 증가한다면 세금도 더 늘어날 것이다. 먼저 올해 소득에다 작년 연말정산 때 받은 소득공제액이나 세액공제액을 적용해서 예상되는 세금을 구해보자. 사실 '세금'하면 막연한 거리감이나 두려움 때문에 국세청 홈페이지에 한 번도 안 들어가 본 사람이 많다. 이번 기회에 들어가 보자.

Step 1 인터넷 주소창에 'hometax.go.kr'을 입력한다.

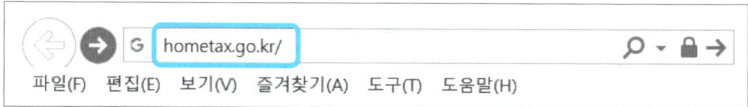

Step 2 주소 입력 후 엔터를 치면 아래와 같이 홈택스 초기화면이 뜬다. 하단에 보이는 '**조회/발급**' 아이콘을 클릭한다.

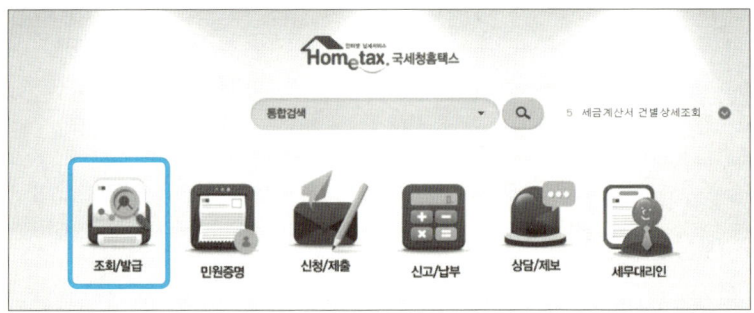

Step 3 '**조회/발급**'을 클릭하면 아래와 같이 초기화면이 보이는데 '**연말정산 간소화**'를 클릭하면 작년에 연말정산에 사용한 소득·세액 공제 자료(간소화 자료)를 조회할 수 있다. 참고로 아래에 있는 '**편리한 연말정산**'은 연말정산 시즌에만 한시적으로 오픈한다.

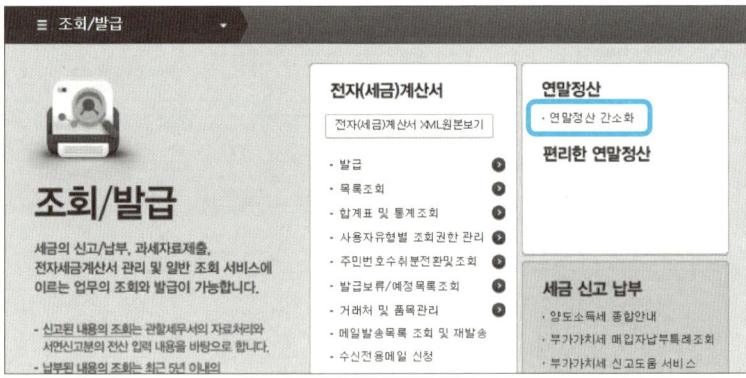

Step 4 아래 '연말정산 간소화' 화면에서 ①간소화 자료 조회를 클릭하면, 아래와 같이 ②로그인 정보가 없다는 팝업창이 뜬다. 연말정산 간소화 자료를 조회하려면 먼저 회원가입 후 공인인증서를 등록하고 로그인을 해야 한다.

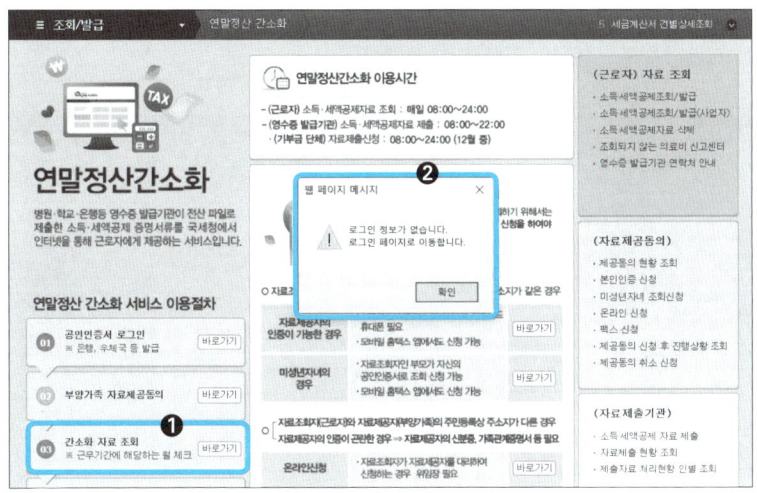

Step 5 공인인증서 로그인하고 들어가면 '소득·세액 공제 자료(간소화 자료)'를 조회할 수 있다. '소득·세액 공제 자료 조회' 항목별 돋보기를 클릭하면, 본인의 소득공제 또는 세액공제 대상금액을 확인할 수 있다. 연중에 입사했거나 퇴사했다면 근무 월만 선택하여 조회할 수 있다.

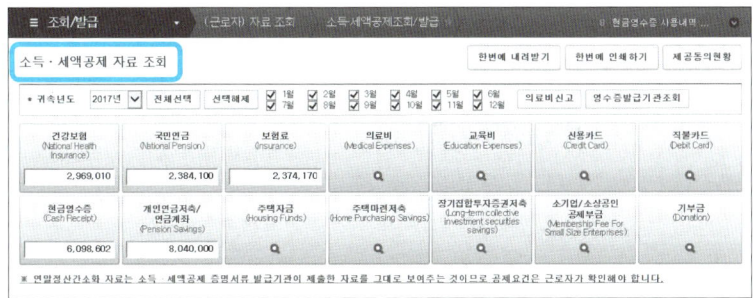

Step 6 올해 총급여액에 예상되는 세금을 구하려면 간소화 자료가 필요하다. 필요한 간소화 자료를 선택한 후 화면 상단에 보이는 ①**한번에 내려받기** 버튼을 클릭하고 ②**내려받기**한다. 주의할 사항은 '연말정산 간소화' 시스템에서 제공하는 자료는 개인별 공제요건을 검증해서 제공된 자료가 아니다. 공제요건을 충족했는지 여부는 본인이 직접 확인해야 한다.

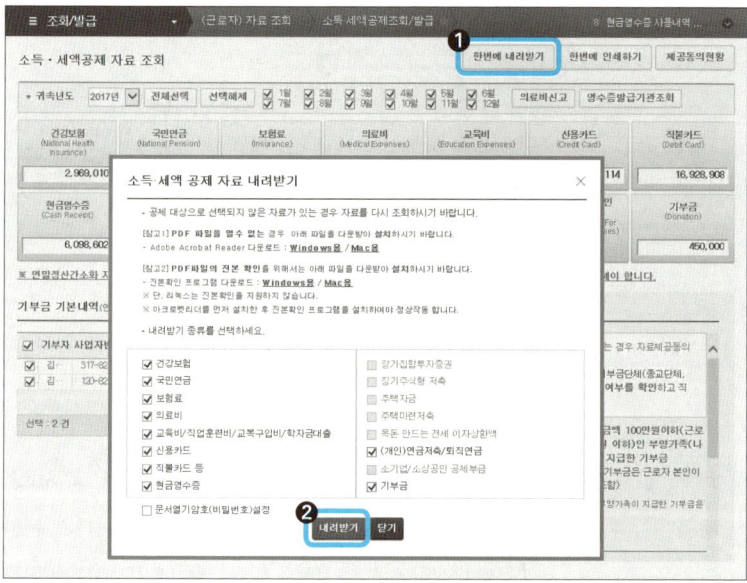

예를 들어, 주택자금에서 '장기주택 저당차입금 이자상환액'을 소득공제 받으려면 취득 당시 무주택세대주이며, 주택의 기준시가가 4억 원 이하여야 한다는 공제요건을 충족해야 한다. 그렇지 못했을 때는 다음 그림에서와같이 ①**주택자금 기본내역**에서 ②**체크(☑)**를 해제하여 ③**주택자금 공제금액을 영(0)**으로 바꿔줘야 한다.

이렇듯 소득공제나 세액공제는 관련 세법이 해마다 바뀌므로 반드시 공제요건을 확인해야 한다. 이제 '간소화 자료'를 다운 받아 PDF 파일로 저장해 둔다.

다음은 올해 총급여액을 기준으로 예상되는 세금을 계산해 보자. 홈택스 초기화면으로 다시 가서 **'모의계산'**을 클릭한다. **참고로 '모의계산'은 공인인증서 로그인을 할 필요가 없다.**

Step 7 '모의계산' 아이콘을 클릭하면, 아래와 같은 화면이 보인다. 먼저 ①**연말정산 자동계산**을 클릭하면 과거 연도의 세법에 따라 연말정산 세금을 계산할 수 있는데, 가장 ②**최근 연도**를 클릭한다.

Step 8 '급여 및 예상세액' 입력 화면이 보이면 '**총급여·기납부세액 수정**'을 클릭한다.

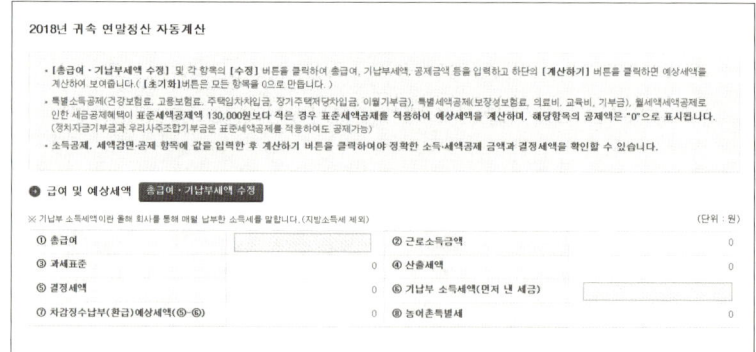

Step 9 '총급여·기납부세액 수정' 화면에서 ①**총급여**를 입력하고 ②**계산하기**를 클릭하면 근로소득금액이 자동으로 계산된다. 매달 원친징수되는 소득세에 12를 곱하여 ③**소득세 기납부세액**을 넣고 ④**적용하기**를 누른다.

Step 10 아래와 같이 '**급여 및 예상세액**' 항목이 모두 채워졌다.

Step 11 다음은 '**소득공제**' 항목이다. 본인에 대한 기본공제금액 150만 원은 자동으로 채워져 있다. 먼저 인적공제부터 입력해 보자. ①⊕**수정** 버튼을 클릭해서 ②**부양가족 수를 넣고** 아래 적용하기를 클릭하면 ③**인적공제 금액**을 확인할 수 있다.

● 소득공제 계산하기

※ +를 클릭하면 그룹별 상세항목이 펼쳐지며, 공제항목명을 클릭하면 오른쪽에 도움말이 나타납니다.

(단위 : 원)

공제항목명		사용(납입)금액	소득공제액 (①)	공제한도 (②)	한도미달액 (②-①)
⊟ 인적공제	❶ ⊕수정	-	1,500,000	-	-
- 기본공제		-	1,500,000	-	-
- 추가공제		-	0	-	-
연금보험료공제	⊕수정	0	0		
⊟ 특별소득공제		0	0		
- 건강보험료 등	⊕수정	0	0		
⊟ 주택자금	⊕수정	0	0		

· 기본공제   기본공제설명 펼치기

- 거주자, 배우자, 생계를 같이하는 부양가족은 1명당 연 150만원 공제
- 배우자, 부양가족의 경우 연간 소득금액 합계액이 100만원 이하(근로소득만 있는 경우에는 총급여 500만원 이하)인 경우에만 공제 가능
- 부양가족이 기본공제대상에 포함되기 위해서는 일반적으로 나이 제한을 적용 받으나 소득세법에 따른 장애인에 해당하는 경우에는 나이 제한을 적용하지 아니함

(단위 : 원)

항목	금액
본인기본공제	1,500,000
배우자공제	○ 예 ⦿ 아니오
부양가족공제 직계존속	1 명 ❷
부양가족공제 직계비속 자녀 입양자	▮ 명
부양가족공제 직계비속 그외	0 명
형제자매	0 명
부양가족공제 수급자	0 명
부양가족공제 위탁아동	0 명

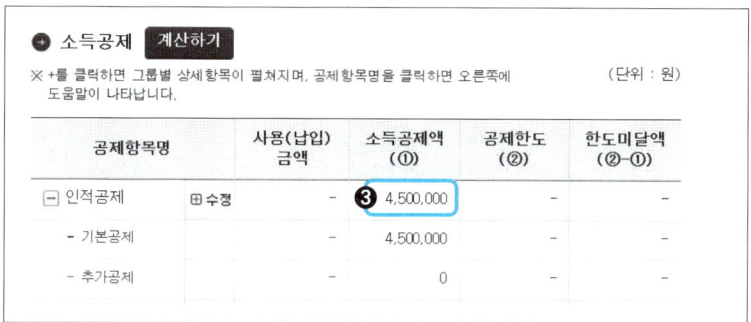

마찬가지로, 연금보험료를 입력하려면 연금보험료공제 옆 ⊞**수정** 버튼을 클릭한다. 상세자료를 입력하라는 팝업창이 보이면 PDF 파일로 저장해 둔 '간소화 자료' ①**연금보험료 금액**을 입력하고 ②**적용하기**를 누른다.

아래와 같이 수정된 연금보험료 소득공제 금액을 확인할 수 있다.

공제항목명		사용(납입)금액	소득공제액 (①)	공제한도 (②)	한도미달액 (②-①)
☐ 인적공제	⊞ 수정	-	4,500,000	-	-
- 기본공제		-	4,500,000	-	-
- 추가공제		-	0	-	-
연금보험료공제	⊞ 수정	2,384,100	0	-	-

같은 방법으로 **건강보험료** 옆의 ⊞**수정** 버튼을 눌러 아래와 같이 팝업창이 뜨면 건강보험료 소득공제금액을 입력하고 적용하기를 클릭한다.

수정된 건강보험료 등 소득공제액을 확인할 수 있다.

주택자금처럼 복잡한 소득공제 항목은 충족요건을 반드시 확인해야 한다. '**도움정보**' 아래에 있는 '**도움말**'을 클릭하면 공제항목별 충족요건을 확인할 수 있다.

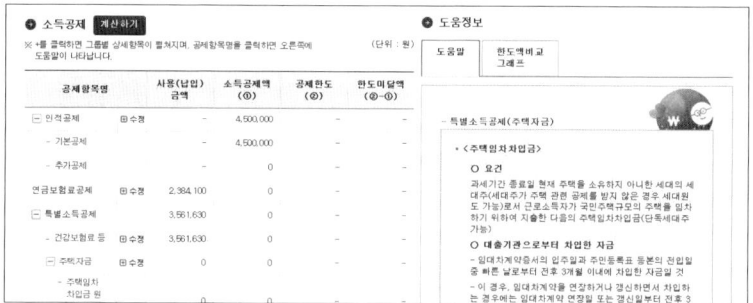

소득공제 항목별로 금액을 모두 입력하면 아래와 같다.

(단위 : 원)

공제항목명		사용(납입)금액	소득공제액 (①)	공제한도 (②)	한도미달액 (②-①)
⊟ 인적공제	⊕ 수정	-	4,500,000	-	-
- 기본공제		-	4,500,000	-	-
- 추가공제		-	0	-	-
연금보험료공제	⊕ 수정	2,384,100	0	-	-
⊟ 특별소득공제		-	4,761,630	-	-
- 건강보험료 등	⊕ 수정	3,561,630	0	-	-
⊞ 주택자금	⊕ 수정	1,200,000	0	-	-
- 기부금(이월분)	⊕ 수정	0	0	-	-
⊟ 그 밖의 소득공제		-	52,724,022	0	-
개인연금저축	⊕ 수정	2,400,000	0	720,000	720,000
- 소기업 소상공인 공제부금	⊕ 수정	0	0	3,000,000	3,000,000
- 주택마련저축	⊕ 수정	0	0	-	-
- 투자조합출자 등	⊕ 수정	0	0	37,100,256	37,100,256
- 신용카드	⊕ 수정	46,324,022	0	2,500,000	2,500,000
- 우리사주조합 출연금	⊕ 수정	4,000,000	0	15,000,000	15,000,000
- 고용유지 중소기업 근로자	⊕ 수정	0	0	10,000,000	10,000,000
- 장기집합투자증권저축	⊕ 수정	0	0	2,400,000	2,400,000
소계		-	4,500,000	-	-

4장 | 미리 챙겨보는 월급쟁이 연말정산

Step 12 소득공제 항목별로 사용(납입)금액을 모두 입력하고 '**소득공제**' ①**계산하기**를 클릭하면 화면 아래처럼 ②**소득공제액**을 확인할 수 있다.

● 소득공제 [계산하기] ❶

※ +를 클릭하면 그룹별 상세항목이 펼쳐지며, 공제항목명을 클릭하면 오른쪽에 도움말이 나타납니다.

(단위 : 원)

공제항목명		사용(납입)금액	소득공제액 (①)	공제한도 (②)	한도미달액 (②-①)
⊟ 인적공제	⊞ 수정	-	4,500,000	-	-
- 기본공제		-	4,500,000	-	-
- 추가공제		-	0	-	-
연금보험료공제	⊞ 수정	2,384,100	2,384,100	-	-
⊟ 특별소득공제		4,761,630	4,761,630	-	-
- 건강보험료 등	⊞ 수정	3,561,630	3,561,630	-	-
⊞ 주택자금	⊞ 수정	1,200,000	1,200,000	-	-
- 기부금(이월분)	⊞ 수정	0	0	-	-
⊟ 그 밖의 소득공제		52,724,022	7,798,420	-	-
개인연금저축	⊞ 수정	2,400,000			0
- 소기업 소상공인 공제부금	⊞ 수정	0			3,000,000
- 주택마련저축	⊞ 수정	0			-
- 투자조합출자 등	⊞ 수정	0			37,100,256
- 신용카드	⊞ 수정	46,324,022			1,421,580
- 우리사주조합 출연금	⊞ 수정	4,000,000			11,000,000
- 고용유지 중소기업 근로자	⊞ 수정	0	0	10,000,000	10,000,000
- 장기집합투자 증권저축	⊞ 수정	0	0	2,400,000	2,400,000
소계		-	❷ 19,444,150	-	-

웹 페이지 메시지 ✕

⚠ 계산되었습니다.

[확인]

Step 13 다음은 '**세액공제**' **항목**을 채워보자. 앞서 소득공제금액을 입력한 방식으로 ⊕**수정** 버튼을 클릭해서 연말정산 '**간소화 자료**'에 있는 **세액공제 항목별로 사용(납입)금액**을 입력하고 적용하기 버튼을 누르면 아래와 같이 숫자가 반영된다.

● 세액 감면 · 세액 공제 (단위 : 원)

공제항목명		사용(납입) 금액	세액공제액 (①)	공제한도 (②)	한도미달액 (②-①)
세액감면	⊕수정	-	0	-	-
근로소득		-	500,000	-	-
⊟ 자녀	⊕수정	-	150,000	-	-
- 자녀		-	150,000	-	-
- 출생입양		-	0	-	-
⊟ 연금계좌	⊕수정	7,000,000	0	-	-
- 퇴직연금계좌		3,000,000	0	-	-
- 연금저축계좌		4,000,000	0	-	-
⊟ 특별세액공제		9,535,480	0	-	-
- 보장성보험료	⊕수정	1,532,660	0	270,000	270,000
- 의료비	⊕수정	6,115,020	0	-	-
- 교육비	⊕수정	1,437,800	0	-	-
- 기부금	⊕수정	450,000	0	-	-
- 표준세액공제		-	130,000	-	-
납세조합공제	⊕수정	0	0	-	-
주택차입금	⊕수정	0	0	-	-
외국납부세액	⊕수정	0	0	-	-
월세액	⊕수정	0	0	0	0
소계		-	780,000	-	-

Step 14 소득공제와 세액공제 대상금액을 모두 입력했다면 하단의 ①**계산하기** 버튼을 클릭하여 세액공제액을 확인한다. 총급여액이나 원천징수 소득세, 소득·세액 공제 대상금액은 모두 변경하여 다시 계산할 수 있다. ②**계산결과 상세보기**를 클릭하면 올해의 예상세금을 추정할 수 있다.

● 세액 감면 · 세액공제 (단위 : 원)

공제항목명		사용(납입)금액	세액공제액 (①)	공제한도 (②)	한도미달액 (②-①)
세액감면	⊕ 수정	-	0	-	-
근로소득		-	500,000	-	-
⊟ 자녀	⊕ 수정		150,000		
- 자녀			150,000		
- 출생입양		-	0		
⊟ 연금계좌	⊕ 수정	7,000,000	840,000		
- 퇴직연금계좌		3,000,000	360,000		
- 연금저축계좌		4,000,000	480,000		
⊟ 특별세액공제		9,535,480	922,762	-	-
- 보장성보험료	⊕ 수정	1,532,660	120,000	270,000	150,000
- 의료비	⊕ 수정	6,115,020	519,592		
- 교육비	⊕ 수정	1,437,800	215,670		
- 기부금	⊕ 수정	450,000	67,500		
- 표준세액공제		-	0		
납세조합공제	⊕ 수정	0	0		
주택차입금	⊕ 수정	0	0		
외국납부세액	⊕ 수정	0	0		
월세액	⊕ 수정			0	0
소계		-	2,412,762	-	-

❶ 계산하기 ❷ 계산결과상세보기 초기화

Step 15 '세액계산 결과' 화면에서 ①**결정세액** 아래의 차감징수세액이 ②**마이너스**(-)면 돌려받게 된다. 세금을 추가로 내야 한다면 소득공제나 세액공제 대상 금액을 변경하면서 다시 계산해 보자. 세금이 어떻게 변하는지 살피면서 **늘려야 할 소득공제나 세액공제 항목을 재조정하고 효율적인 지출로 연결하면 연말정산 할 때 세금을 돌려받을 수 있다.**

'**모의계산**'에서 소득공제나 세액공제 대상금액을 작년 기준으로 입력했으므로 지출규모가 작년과 비슷하더라도 올해 급여가 많이 올랐다면 **결정세액**이 증가할 것이다. 또한 연말에 세법이 개정되면 '**모의계산**' 시스템 로직도 변경되므로 결정세액도 바뀔 수 있다.

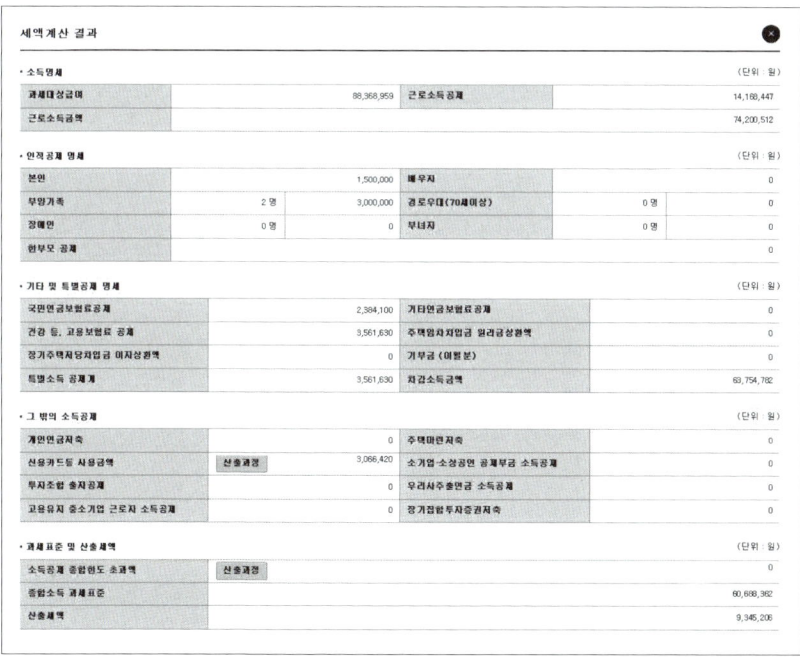

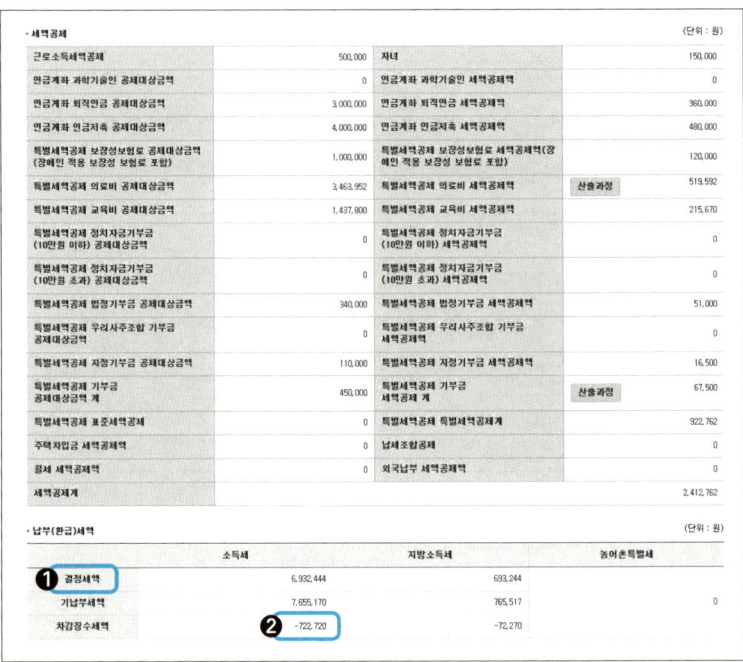

지금까지 국세청 홈택스에서 제공하는 '모의계산'을 사용하여 예상세액을 계산해 보았다. 공제요건을 충족하기 위해서는 평소에 미리미리 공제항목을 챙겨야 하는데, 지금부터 항목별로 자세한 내용을 알아보자.

숨어 있는 부양가족을 찾아라

"유식아, 난 지금까지 부모님과 함께 살지 않으면 부양가족으로 올릴 수 없다고 생각했어. 매달 용돈을 드리고 있긴 하지만 사실 생활비라고 보기엔 부족하거든."

"원칙적으로 부양가족공제는 생계를 같이하고 나이와 소득요건을 모두 충족해야 하지만 부모님과 함께 살고 있지 않더라도 연세가 60세 이상, 연간 소득금액이 100만 원 이하면 부양가족공제를 적용받을 수 있어. 부양하고 있는 사실을 입증하기 위해서는 은행 계좌로 생활비를 송금해 드리면 더 좋고."

"그렇지 않아도 예전엔 집에 갈 때마다 드리곤 했는데, 요즘엔 일부러 은행에서 송금하고 있어. 싱글이라 매년 연말정산 때면 세금을 더 냈었는데 이번 연말정산에서는 부모님을 부양가족으로 올리니까 오히려 돌려받게 됐어. 부모님에 대한 기본공제와 추가공제, 그리고 부모님이 사용하시는 신용카드 소득공제와 의료비 세액공제 혜택까지 봤지 뭐야. 이게 다 유식이 네 덕분이다."

"그래, 잘 아는 것 같지만 너 같은 경우가 허다해. 암튼 그렇게 절세로 아낀 돈을 치맥으로 날리지 말고 부모님 용돈을 더 얹어 드리든지 아니면 저축이라도 하나 더 들어. 세금혜택이 있는 저축으로"

"와~ 너 꼰대가 따로 없다. 내가 말을 말아야지."

"하하하~."

세법에서는 근로자 본인과 배우자, 함께 사는 부양가족에 대해서 근로자의 생계비를 고려하여 기본공제와 추가공제 혜택을 두고 있는데 이를 '인적공제'라고 부른다. 쉽게 말하면 월급쟁이가 본인과

〈표4-2〉 인적공제와 공제요건

인적공제	내 용	공제요건
① 기본공제	본인, 배우자, 부양가족에 대해 1명당 150만 원 공제	☑ 연간 소득금액이 100만 원 이하 ☑ 근로소득만 있으면 총급여액 500만 원 이하 ☑ 직계존속(만 60세 이상), 직계비속(만 20세 이하) 형제자매(만 20세 이하, 만 60세 이상)
② 추가공제	• 경로우대자 1명당 100만 원 공제	☑ 기본공제 대상자 중 만 70세 이상
	• 장애인 1명당 200만 원 공제	☑ 기본공제 대상자가 장애인(나이요건 없음)
	• 부녀자 공제: 50만 원	☑ 근로소득금액 3,000만 원 이하 근로자로 - 배우자가 있는 여성근로자 - 기본공제대상자 있는 여성근로자 세대주
	• 한 부모 공제: 100만 원	☑ 배우자가 없는 자로 기본공제 직계비속이 있는 경우(부녀자 공제와 중복은 안 된다)

가족을 부양하는 데 필요한 최소한으로 들어가는 비용을 공제해 주는 것이라고 할 수 있다.

인적공제 중에서 기본공제는 근로자 본인의 부양가족 수에 따라 1인당 150만 원을 근로소득금액에서 빼준다. 기본공제는 생계유지에 들어가는 최소한의 비용이므로 세금을 계산할 때 소득으로 보지 않겠다는 의미이다.

이 기본공제 대상자 중에서 추가공제를 받을 수 있다. 만 70세 이상이면 경로우대자로 1인당 100만 원, 장애인이면 1인당 200만 원을 공제한다. 연간 종합소득금액이 3,000만 원 이하인 배우자를 둔

여성근로자나 부양가족이 있는 여성근로자 세대주는 부녀자공제 50만 원을 받을 수 있다. 만일 배우자가 없고 기본공제 대상자로 자녀나 입양자가 있으면 한 부모 공제 100만 원을 받을 수 있다.

쉽게 설명하면 연말정산 할 때 인적공제를 받을 수 있는 대상은 ①소득이 없고 ②나이가 만 60세 이상이거나 만 20세 이하이면 된다. 실제로 부양하고 있는지는 중요치 않다. 다만, 부모님에 대하여 다른 형제가 중복해서 이중 공제를 받지 않아야 한다. 소득요건과 나이요건만 충족되면 장인, 장모와 미성년 처제, 처남까지 부양가족으로 공제받을 수 있다.

> **알아두면 좋은 Tip – 인적공제 잘못된 사례**
> - 연도 중에 퇴직(실직)한 배우자의 연간 소득금액이 100만 원이 넘었는데도 배우자 공제를 받았다.
> - 부모님 부양가족공제를 장남과 차남이 모두 받았다.
> - 양품점을 하면서 사업소득이 있는 부모님을 부양가족으로 공제받았다.
> - 농사를 지어 농업소득이 있는 부모님께 생활비를 보내드리고 있음에도 부양가족으로 공제받지 않았다.
> - 맞벌이 부부가 한 자녀를 각각 공제받았다.
> - 결혼하고 연말까지 혼인신고를 하지 않아 법적으로 부부가 아닌데도 배우자 공제를 받았다.
> - 백혈병이나 암, 중풍 등 장기간 치료가 필요한 중병에 걸린 부양가족이 있음에도 장애인 공제를 받지 않았다.
> - 5월 30일 자로 만 21세가 되는 자녀를 부양가족공제에서 제외하였다.
> - 근로소득금액이 3,200만 원인 배우자가 있는 여성근로자가 부녀자공제를 받았다.
> - 해외에 이주해 사는 부모님을 부양가족으로 공제받았다.
>
> ※ 기본공제대상자는 매년 12월 31일 기준으로 공제대상인지 판단하지만, 부양가족은 연도 중에 나이요건이 충족되는 날을 포함하면 공제대상이다.

하수들은 잘 모르는 소득공제와 세액공제 차이

세금공부를 시작한 지 2주일째 접어들고 있는 박무식 대리. 오늘도 출근하자마자 김유식 대리를 찾아가 다짜고짜 질문부터 던진다. 양손에 커피는 보이지 않는다.

"유식아, 소득공제와 세액공제 차이가 뭐냐?"

"아침 일찍부터 갑자기 그게 궁금해? 쉽게 말하면 소득공제는 월급에서 처음부터 없는 소득이라고 보고 세금을 계산하기 전에 소득에서 빼는 거고, 반면에 세액공제는 세금을 계산하고 난 후에 공제금액만큼 세금을 돌려주는 거야."

"세액공제는 세금을 계산한 후에 빼주기 때문에 세금이 얼마가 줄어드는지 바로 알겠는데, 소득공제는 얼마나 줄어드는지 그 효과를 잘 모르겠어. 계산도 복잡하고."

"총급여액에서 근로소득공제와 인적공제, 그리고 소득공제금액을 모두 빼고 남는 금액이 과세표준액인데 이 과세표준액이 적으면 세율도 낮으니까 세금이 적고, 결국 소득공제는 과세표준액을 깎는 과정이라 할 수 있어. 즉 소득공제와 세액공제의 차이는 과세표준액을 줄이느냐, 세금을 줄이느냐 그 차이야."

"아하! 소득공제는 내가 과세표준금액 어느 구간에 있느냐에 따라 세금이 달라지니까 개인별 소득 수준에 따라 공제효과가 달라지고 세액공제는 계산한 세금에서 바로 빼주기 때문에 누구나 똑같은 금액이 절약되는 거구나."

"그래 맞아. 하나를 알려주면 둘, 셋을 아는구나! 이러다 세금 박사 되는 거 아냐?"

"워워~ 비행기 그만 태우고, 커피나 마시러 가자."

월급쟁이들이 연말정산 하면서 많이 놓치는 항목이기도 하지만 조금만 신경 쓰면 세금을 크게 돌려받을 수 있는 항목이 바로 소득공제와 세액공제이다. 소득에서 공제하는 항목을 서류 한 장으로 증명하면 내가 낸 세금을 돌려받을 수 있는데 때로는 귀찮아서, 때로는 몰라서 그 기회를 놓치는 경우가 많다. 소득공제는 고액 연봉자에게 유리하지만 세액공제는 저소득자가 상대적으로 유리하다. 왜 그럴까? 소득공제와 세액공제의 차이를 다음 표로 알아보자.

〈표4-3〉 소득공제 vs 세액공제의 효과 비교 (단위: 만 원)

구 분	소득공제 건강보험료 100만 원		세액공제 의료비(100만 원×15%)	
	고액 연봉자	저소득자	고액 연봉자	저소득자
근로소득금액	10,000	2,000	10,000	2,000
소득공제	100	100	0	0
과세표준	9,900	1,900	10,000	2,000
세율	24%	6%	24%	6%
산출세액	2,376	114	2,400	120
세액공제	0	0	15	15
결정세액	2,376	114	2,385	105

먼저 소득공제와 세액공제는 계산방식에서 차이가 있다. 소득공제는 근로소득금액에서 '공제금액'을 빼고 세율을 곱하지만 세액공제는 과세표준과 세율을 곱하여 산출한 세금에서 '공제금액'을 뺀다. 즉 '세율을 곱하기 전에 공제하느냐, 세율을 곱한 후에 공제하느냐'가 가장 큰 차이점이라고 할 수 있다. 〈표4-3〉에서 건강보험

료 100만 원을 세율 24% 구간에 있는 월급쟁이가 소득공제 적용받을 경우 24만 원의 세금을 아낄 수 있다. 그러나 세율이 6%인 근로자는 단지 6만 원(100×6%) 세금절약 효과가 있다.

소득공제는 소득수준에 따라 다른 세율이 적용되지만, 세액공제는 소득에 상관없이 같은 공제율을 적용한다. 앞의 〈표4-3〉에서 고액 연봉자는 자신의 소득수준에 관계없이 의료비 100만 원 중 세액공제율 15%를 적용해서 15만 원을 환급받게 된다. 또한 저소득자도 동일한 공제율이 적용되어 15만 원의 절세효과가 있는데 소득공제였다면 어땠을까? 세율 6%를 적용해서 6만 원만 환급받았을 것이다. 이와 같이 세액공제는 저소득자일수록 유리하다.

알수록 많이 돌려받는 소득공제

월급에서 최저 생계를 보장하기 위해 부양가족 수에 따라 인적공제가 끝나면 국민연금 등 공적연금과 건강보험료, 고용보험료, 주택자금 및 신용카드 등 사용액들을 근로소득 과세표준을 계산하는 과정에서 빼주는데 이를 '소득공제'라 한다. 소득공제는 공제요건과 한도금액에 제한이 있기 때문에 항목별로 적용가능 여부를 잘 살펴보아야 한다. 또한 소득공제는 총합계액이 2,500만 원을 넘을 수 없고 만일 넘게 되면 그 초과액은 과세표준에 다시 더해줘야 한다.(표4-4 참조)

〈표4-4〉 소득공제와 공제요건

구 분	내 용	공제요건
① 연금보험료	본인이 낸 보험료 전액 공제	☑ 근로자가 국민연금, 공무원연금 등 공적연금 관련법에 따라 낸 금액
② 보험료	• 건강보험료: 전액 공제 • 고용보험료: 전액 공제 • 노인장기 요양보험료: 전액 공제	☑ 근로자 본인이 낸 건강보험료 ☑ 근로자 본인의 고용보험료 ☑ 근로자가 낸 노인장기 요양보험료
③ 주택자금	• 주택마련저축 소득공제	☑ 주택마련저축 납입금액의 40% 공제 – 무주택세대주, 총급여액 7,000만 원 이하
	• 주택임차입금 원리금 상환액	☑ 원리금 상환액의 40% 공제 – 주택마련저축과 합해서 연 300만 원 한도
	• 장기주택 저당차입금 이자 상환액	☑ 이자상환액(연 300만 원~1,800만 원) 공제 – 무주택세대주, 4억 원 이하 주택 취득 시 저당권을 설정하고 금융기관에서 차입 ※ 공제한도 |	상환기간 15년 이상 ||| 상환기간 10년 이상 | | 고정금리이고 비거치 | 고정금리 또는 비거치 | 기타 | 고정금리 또는 비거치 | | 1,800만 원 | 1,500만 원 | 500만 원 | 300만 원 |
④ 신용카드 등	• 신용카드: 사용금액의 15% 공제 • 현금영수증: 사용액의 30% 공제 • 직불·체크카드: 사용액의 30% • 전통시장과 대중교통사용: 40%	☑ 신용카드 소득공제는 최저사용금액 있음 – 총급여액의 25%를 초과하여 사용한 금액 – 최저사용금액 초과분의 15%(30%) 공제 ☑ 연 300만 원 한도 – 총급여 1억 2,000만 원 초과자는 200만 원 ☑ 전통시장과 대중교통에 사용한 금액은 100만 원까지 추가로 공제함
⑤ 우리사주 출연금	• 출연금액의 400만 원까지 공제	☑ 본인이 우리사주조합원으로서 우리사주 취득을 위해서 사용한 금액
⑥ 소득공제 종합한도 초과금액	• 위 소득공제금액이 2,500만 원을 초과할 경우 인정하지 않음	☑ 초과 시 아래 소득공제액은 과세표준에 합산 – **적용대상**: 주택자금공제, 주택마련저축, 소기업·소상공인 공제부금, 투자조합출자 등(2015년 이후 벤처기업 직접투자분 제외), 신용카드 등 사용금액, 우리사주조합 출연금, 장기집합 투자증권저축

※ 국세청 홈페이지 〉 연말정산 〉 연말정산 발간책자 〉 2018 근로자를 위한 연말정산 신고안내 참조

모르면 나만 손해, 세금 먹는 영리한 대출

무주택세대주가 기준시가 4억 원 이하의 주택을 구입할 때 새로 산 집을 담보로 금융기관에서 대출을 받고 이자를 내면 상환방식에 따라 300만 원에서 1,800만 원까지 주택마련 소득공제 혜택을 준다. 대출을 잘 활용하면 월급쟁이 연말정산에 많은 세금을 절약할 수 있다.

목돈이 없는 사람이 월세를 택하는 경우가 많은데, 저금리 시대에는 소득공제 혜택이 있는 대출을 받아서 월세를 전세로 전환하는 것이 좋다. 월세이자율이 통상 10~12% 정도라고 보면 대출이자율과의 차이만큼 이익인 동시에 소득공제를 받아 세금까지 줄일 수 있으므로 빚을 이용하여 돈을 버는 효과가 있다.

주택을 구입하려면, 우선 본인이 상환할 수 있는 금액 범위를 알고 적정수준의 대출액을 정해야 한다. 통제할 수 있는 범위에서의 주택구입 대출은 강제 저축효과가 있어서 영리하게 이용하면 좋은 저축방법일 수 있다. 또한 소득공제 혜택까지 더하면 결과적으로 대출이자비용을 낮추는 효과가 있다. 그러나 이미 언급했듯이 주택자금 소득공제는 적용요건이 매년 바뀌고 까다롭기 때문에 대출을 받기 전에 미리 확인하고 연말정산 할 때 소득공제 적용대상 여부를 체크해야 한다. 그러지 않으면 소득공제 받은 부분에 대해서 추징당할 수 있으므로 주의한다.

한편 청약저축이나 주택청약종합저축과 같은 주택마련저축은 총급여 7,000만 원 이하 근로자가 무주택 세대주인 경우 납입금액의 40%까지 공제받을 수 있다. 주택마련저축은 전세자금대출 상환금액에 대한 소득공제와 합쳐서 총 300만 원까지 소득공제 혜택을 받을 수 있다.

  예를 들어 총급여액 4,000만 원에 15% 세율을 적용받는 급여생활자가 주택마련저축과 주택임차차입금 원리금 상환액을 합해서 300만 원의 40%인 120만 원 모두 소득공제 받는다면 세금 19만 8,000원(지방소득세 포함)을 돌려받을 수 있다.

신용카드와 체크카드, 사용량을 나눠라

  신용카드 등 사용금액은 신용카드 외에 직불카드나 선불카드 또는 현금영수증 지출금액을 포함한다. 신용카드 등 사용금액에 대한 소득공제는 총급여액의 25% 이상 사용해야 하는 최저 사용금액 제한이 있다. 이 금액을 초과하면, 초과한 금액에서 신용카드 사용액은 15%, 현금영수증이나 체크카드 등은 30% 공제해준다.

  따라서 신용카드와 체크(직불, 선불)카드 및 현금영수증 사용액 비율을 적절하게 배분해야만 최대의 절세효과를 얻을 수 있다. 가장 좋은 방법은 총급여액의 25%만큼은 신용카드를 사용하면서 포인트나 여러 할인 혜택을 활용하고, 그 이상 지출은 체크카드나 현금을 사용하는 것이다. 전통시장 사용액과 대중교통 이용액은 각각

100만 원씩 추가로 공제한다.

신용카드로 사용한 모든 지출금액이 공제되는 것은 아니다. 아래와 같은 지출은 신용카드 등 사용금액의 소득공제 대상에서 제외되므로 주의한다.

> **신용카드 등 사용금액 소득공제에서 제외되는 지출**
> - 보험료, 리스료(자동차 포함), 국가나 지자체 등에 지급하는 사용료나 수수료
> - 교육비(취학 전 아동 학원비는 제외), 아파트관리비, 고속도로통행료 등 제세공과금
> - 상품권 등 구입비, 증권거래수수료 등 금융·보험 용역 관련 지급액, 보증료 및 수수료
> - 세액공제 적용받는 월세
>
> ※ 단, 의료비를 신용카드로 결제한 경우 의료비 세액공제와 신용카드 소득공제 둘 다 받을 수 있다.

신용카드를 사용하다 보면 당장에 사고 싶은 욕구를 이기지 못해 어리석은 소비를 하는 경우가 많다. 수중에 있는 현금이 나가는 것이 아니므로 그 유혹을 뿌리치기가 쉽지 않다. 또한 신용카드를 일정금액 이상 사용해야 소득공제를 받을 수 있다는 생각에 신용카드를 열심히 쓰는 사람도 있다.

그러나 신용카드 소득공제로 세금을 돌려받기 위해 카드사용금액을 늘리는 것은 현명하지 않다. 신용카드 몇백만 원을 써서 세금 몇십만 원 돌려받느니 차라리 신용카드 사용액을 얼마라도 줄이는 것이 훨씬 큰 도움이 된다.

> **알아두면 좋은 Tip – 소득공제 잘못 적용한 사례**
> - 올해 총급여액 7,100만 원인 무주택세대주 근로자가 주택청약종합저축 납입액의 40%를 공제받았다.
>   ※ 총급여액 7,000만 원 이하 대상
> - 맞벌이 부부 남편이 아내 명의 신용카드 등 사용액을 합쳐서 자신이 공제받았다.
>   ※ 맞벌이 부부는 각각 자기명의 신용카드 사용금액에 대해서만 공제
> - 근로자 A는 기본공제 대상자인 남동생이 사용한 신용카드 사용금액을 공제받았다.
>   ※ 형제자매가 사용한 신용카드 등 사용액은 공제대상 아님
> - 취득 당시 기준시가 4억 5,000만 원 주택에 대하여 장기주택 저당차입금 이자 상환액을 공제받았다.
>   ※ 기준시가 4억 원을 초과한 주택은 공제대상 아님
> - 집주인에게 월세를 송금하고 현금영수증 신고를 하였고, 신용카드 등 사용액 소득공제를 받았는데, 월세 세액공제 12%까지 받았다.
>   ※ 현금영수증 소득공제와 월세 세액공제는 중복해서 받을 수 없다. 둘 중 어느 쪽이 유리할지 본인의 신용카드 등 사용액, 소득공제 합계금액, 한계세율 등을 고려하여 선택 적용하는 것이 좋다.

알 듯 말 듯 헷갈리는 세액공제

"유식아, 점심시간 다 되었는데, 밥 먹으러 가자. 오늘 점심은 내가 모실게."

"뭐 좋은 일 있어?"

"집주인한테 매월 60만 원씩 송금한 1년 월세가 720만 원인데, 현금영수증 활용해서 신용카드 등 사용액 소득공제를 받을까 아니면 세액공제에 넣을까 생각 중이야."

"오~ 이제 세테크까지. 진도가 참 빠른데! 뭘 고민하고 그래? 소득공제랑 세액공제 각각 적용해 보고 더 많이 절세되는 항목에 넣으면 되지. 내가 딱 봐도 세액공제

쪽이 더 유리할 것 같은데."

"야, 넌 그게 딱 보면 척 하고 나오냐?"

"세액공제는 산출세액에서 직접 세금을 공제하기 때문에 소득이 많든 적든 세액공제금액만큼 바로 세금이 줄어들지."

"좀 더 자세히 설명을 해주라."

"네가 집주인한테 송금한 월세 720만 원을 현금영수증으로 신용카드 등 소득공제에 적용했을 때 소득공제 대상금액은 최대 720만 원의 30%인 216만 원이 되겠지. 여기에 네 세율 15%를 곱하면 세금 절감액은 32만 4,000원 정도 되겠다. 월세세액공제에 720만 원을 넣으면 총급여 5,500만 원 이하 근로자한테는 750만 원 한도까지 12% 세액공제를 해 주니까 월세세액공제로 네가 돌려받는 세금은 86만 4,000원이야."

"우와! 세액공제 쪽이 54만 원이나 더 받네?"

"좋아하긴. 툭 까놓고 말한다면 네가 고소득자는 결코 아니란 의미야. 저소득자는 비과세 대상이거나, 생활에 보탬이 되라고 국가가 세금을 많이 돌려주는 편인데, 사실 소득공제는 고소득자한테 더 유리해. 만일 고액 연봉자가 월세 낸 것을 소득공제 해준다고 가정해 볼까? 한계세율이 42%인 초고소득자한테 216만 원의 42%를 적용하면 90만 7,000원 돌려받게 되거든. 너보다 43,000원을 더 많이 받게 되지."

"말도 안 돼. 세율 42%면 연봉이 몇억일 텐데 나보다 많은 세금을 돌려받는다고?"

"고소득자가 더 많은 세금을 줄일 수 있는 것은 근로소득에 대한 세율이 누진체계로 되어 있기 때문인데 전문용어로 '세부담의 역진성'이라고 해. 역진성은 많이 벌수록 더 많은 세금을 내야 한다는 조세부담의 수직적 공평성을 훼손하게 되지. 그래서 2014년부터 의료비나 보험료, 연금저축 같은 소득공제의 일부 항목들이 세액공제로 바뀌게 되었어."

"아, 그렇구나! 그렇다면 세액공제 항목들은 어떤 것들이 있어?"

"얘기하면서 오니 금방 도착했다. 무식아, 주문부터 하자."

"어, 우리 항상 먹던 거로 예약해 놨어. 매콤 낙지 철판볶음."

세액공제는 계산된 세금에서 직접 빼주기 때문에 연봉의 많고 적음에 상관없이 항목별 세액공제만큼 세금이 줄어들게 된다. 공제받는 금액이 동일해도 연봉 수준이 다르면 혜택받는 금액에 대한 체감 정도가 달라질 수 있다. 세액공제는 소득공제보다 계산하기가 비교적 쉽고 경우에 따라서는 공제효과도 크다.

또한 세액공제는 근로소득 외에도 사업소득, 기타소득 등을 모두

〈표4-5〉 세액공제 종류와 적용대상

세액공제	적용대상
자녀세액공제	종합소득자
연금계좌세액공제 (연금저축, 퇴직연금)	종합소득자
정치자금기부금 (10만 원 이하)	종합소득자
근로소득세액공제	**근로소득자**
특별세액공제 (보험료, 의료비, 교육비, 기부금)	**근로소득자**
월세액 세액공제	**근로소득자**
성실사업자 의료비, 교육비	종합소득자
배당소득공제	배당소득자
기장세액공제, 재해손실세액공제	사업소득자
외국납부세액공제	국외원천소득자

합친 종합소득자에게 적용되는 항목과 근로소득만 있는 월급쟁이에게 적용되는 항목이 다르다.

특별세액공제 항목 중에 '표준세액공제'가 있다. 앞서 박 대리처럼 의료비 지출도 없고 교육비 지출도 없는 월급쟁이는 표준세액공제를 받을 수 있다. 이것은 특별세액 공제항목이 없거나 특별세액 공제금액이 13만 원이 채 안 되는 경우에 적용할 수 있다. 〈표4-6〉을 보면 세액공제 항목과 공제요건을 자세히 알 수 있다.

① 자녀세액공제

총급여 4,000만 원인 월급쟁이가 올해 첫아이를 낳았다면 연말정산으로 누릴 수 있는 세금혜택은 얼마일까? 또는 셋째 아이를 출산했다면 자녀세액공제 세금혜택은 어떻게 될까?

자녀세액공제	기본공제대상 자녀	1인당 15만 원, 셋째부터 30만 원 공제 * 2019년부터 만 6세부터 적용, 만 6세 미만 적용 폐지
	출산·입양	첫째 30만 원, 둘째 50만 원, 셋째부터 70만 원

올해 첫아이를 낳았다면 기본공제 15만 원, 출산·입양 공제 30만 원으로 총 45만 원의 세금혜택이 있다. 만일 셋째를 출산한 경우에는 자녀공제 60만 원(15+15+30), 셋째 아이 출산·입양공제 70만 원으로 총 130만 원의 자녀세액공제를 받을 수 있다.

〈표4-6〉 세액공제 항목과 공제요건

항목	공제요건
① 자녀세액공제	☑ 인적공제대상 자녀에 대해 세액공제 적용(입양, 위탁아동도 포함) * 2019년부터 6세 이상만 적용함
② 연금계좌 세액공제	☑ 근로자 본인이 낸 퇴직연금/연금저축 납입금액 * 세액공제대상 연금계좌에 납입한 금액의 12%(15%)
③ 특별세액공제 • 보험료	☑ 세액공제대상 보험료로 세액공제 대상금액의 12%(15%)
③ 특별세액공제 • 의료비	☑ 세액공제대상 의료비로서 부양가족은 700만 원 한도, 본인과 장애인, 65세 이상자, 중증질환자, 난임시술비는 한도 없음 * 공제제외 의료비: 미용·성형수술비, 외국의료기관 지출의료비 보험회사에서 받은 보험금으로 지출한 의료비
③ 특별세액공제 • 교육비	☑ 세액공제대상 교육비로서 기본공제 대상자를 위해 지출해야 함
③ 특별세액공제 • 기부금	☑ 소득세법에 따라 법정, 지정, 비지정기부금으로 나눔 (아래 표 참조)
③ 특별세액공제 • 표준세액공제	☑ 특별소득공제, 특별세액공제 및 월세액 세액공제를 신청하지 않았거나 13만 원 미만인 경우 산출세액에서 13만 원 공제

구분	공제한도	세금혜택	비고
① 법정기부금	(소득금액-⑤)×100%	1,000만 원 이하 15% 1,000만 원 초과 30%	이월공제 10년
② 우리사주조합	(소득금액-⑤-①)×30%		
③ 지정기부금 (종교 외)	(소득금액-⑤-①-②)×30%		
④ 지정기부금 (종교단체)	(소득금액-⑤-①-②-③)×10%		
⑤ 정치자금 10만 원 이하	소득금액 100%	100%	이월 안 됨
⑤ 정치자금 10만 원 초과	3,000만 원 이하	15%	
	3,000만 원 초과	25%	

* 지정기부금 한도 10% ⇨ 30%, 이월공제 5년 ⇨ 10년 (2019.1.1 신고분), 세제혜택 2,000만 원 ⇨ 1,000만 원 (2019년도 기부금액부터 적용)

④ 월세액 세액공제	☑ 총급여 7,000만 원 이하 무주택자인 세대주에게 적용 ☑ 종합소득금액이 6,000만 원을 초과하면 공제가 제외됨 　- 750만 원 한도로 월세지출액의 10% 공제(총급여 5,500만 원 이하는 12%)
⑤ 근로소득 세액공제	☑ 근로소득 산출세액에 따라 일정한 금액을 세액공제 　- 130만 원 이하면 산출세액의 55%, 　- 130만 원 초과이면 71.5만 원 + (산출세액-130만 원)×30% ☑ 총급여액의 한도에 따라 74만 원, 66만 원, 50만 원 공제액에 제한을 둠 　(3,300만 원 이하, 3,300만 원 초과~7,000만 원 이하, 7,000만 원 초과)
⑥ 외국납부 세액공제	☑ 외국에서 벌어들인 소득을 국내에서 번 소득과 합쳐서 신고 시 외국에 　납부한 세금은 산출세액에서 공제함 ＊ 외국에 납부할 때 받은 세금영수증 등 증빙서류를 제출해야 함

※ 국세청 홈페이지 〉 연말정산 〉 연말정산 발간책자 〉 2018 근로자를 위한 연말정산 신고안내 참조

② 연금계좌 세액공제

개인이 연금저축을 들면 2013년까지 소득공제, 2014년부터는 세액공제 혜택이 있다. 연금저축계좌나 DC형 퇴직연금 또는 개인형 퇴직연금(IRP)에 근로자가 저축한 금액은 연말정산에서 세액공제 대상이다. 지방소득세를 포함하면 약 92만 원에서 115만 원이라는 적지 않은 돈을 돌려받을 수 있다. 단, 본인이 계약자인 동시에 피보험자인 경우에만 세액공제 혜택을 받을 수 있다.

만 55세 이후에 연금소득을 수령할 때 과거 소득공제나 세액공제를 받은 원금과 이를 운용하여 얻은 소득에 대해 세금을 내야 한다. 연금소득으로 받을 경우 3.3~5.5%를 원천징수하고 지급된다. 국민연금을 포함하여 총연금소득이 1,200만 원을 넘으면 다음 해 5월에 종합소득세 신고를 해야 한다. 연금소득 외 근로소득이나 사업소득, 이자나 배당소득이 있다면 합산해 신고하는데 다른 소득이

많을수록 세율이 높아져 본인이 받은 세액공제액보다 세금을 더 내는 경우도 있다.

세액공제 혜택을 받은 연금저축을 가입 중간에 해지하는 경우 기타소득으로 보아 16.5%(소득세 15%, 지방소득세 1.5%) 세율로 기타소득세가 원천징수 되는 불이익이 있다. 더구나 저축 가입일로부터 5년이 되기 전에 해약하면 해지가산세로 저축납입액의 5%를 내야 한다. 연금저축은 장기간 상품이므로 중간에 해지하면 불이익을 받을 가능성이 높다. 따라서 가입 도중에 해지하는 일이 없도록 특별한 관리가 필요하다.

퇴직연금은 일시불 또는 연금으로 받을 수 있다. 다른 연금과 달리 퇴직연금은 합산과세를 하지 않아 세부담이 적다. 연금으로 받으면 퇴직소득세 30% 감면까지 받을 수 있어 일시금보다는 연금으로 받는 것이 유리하다.

아래 표는 월급쟁이들의 노후생활 보장을 위한 연금소득의 원천인 연금저축계좌와 퇴직연금 납입액에 대한 세액공제 혜택을 나타낸 것이다.

연금계좌 세액공제	퇴직연금	DC형 퇴직연금, 개인형 퇴직연금(IRP) 납입액	연금계좌에 납입한 금액 700만 원까지 12% 공제 - 총급여 5,500만 원 이하자 15% 세액공제
	연금저축	연금저축계좌에 본인이 납입한 금액 - 총급여 1억 2,000만 원 이하 근로자는 400만 원 - 총급여 1억 2,000만 원 초과 근로자는 300만 원	

Q 총급여액이 5,000만 원인 월급쟁이가 월 50만 원씩 연금저축에 납입한다면 5년 동안 연말정산에서 세액공제로 받는 혜택은 얼마일까?

A 총급여액 5,500만 원 이하 근로자가 연금저축에 매달 50만 원씩 내면 400만 원까지 15%를 공제받아 매년 60만 원씩, 5년 동안 **300만 원**을 세액공제로 돌려받을 수 있다.

Q 5년이 지나서 부득이하게 해지하여 3,200만 원을 받았다. 중도해약 시 기타소득으로 과세하는 금액은 얼마일까?

A 연금저축 가입일로부터 5년이 지나 중도해지하면 해지가산세는 없다. 그러나 세액공제 받은 납입원금 2,000만 원(400만 원×5년)과 운용수익(200만 원)에 대해서는 과세한다. 따라서 기타소득세가 부과되어 **363만 원**(2,200만 원×16.5%)이 원천징수된다.

③ 특별세액공제

연말정산에서 특별세액공제는 근로소득자에게만 해당하는데 〈표4-7〉에 해당하는 지출이 있으면 지출한 금액에 세액공제율을 곱해서 나온 금액을 세금(산출세액)에서 빼준다.

소득공제와 세액공제 항목은 매년 세법개정으로 공제요건이나 한도금액이 바뀐다. 국세청 홈페이지에서는 공제 항목별로 변경되는 내용을 쉽게 알 수 있도록 자세히 안내하고 있다. 잘못된 연말정산은 오히려 세금을 추징당할 수 있으므로 연말정산 시즌이 되면 국세청 홈페이지를 방문하여 사전에 확인하는 것이 좋다.

〈표4-7〉 **특별세액공제와 공제율** (2018년 기준)

구분	공제 내용	세액공제율
① 보험료 세액공제	• 보장성 보험료: 연간 100만 원 한도 • 장애인 전용 보장성 보험료: 연간 100만 원 한도	☑ 12% ☑ 15%

② 의료비 세액공제	• 본인과 기본공제대상자의 의료비로 지출한 금액
	  – 총급여액의 3%를 초과한 금액
	  – 기본공제대상자의 나이 요건과 소득 요건은 불문
		☑ 15%
		☑ 난임시술비 20%

③ 교육비 세액공제	• 본인 교육비는 전액 • 기본공제대상자는 대학생 900만 원, 초·중·고생과 취학 전 아동은 1명당 300만 원 한도 – 기본공제대상자 판정 시 나이 요건 불문	☑ 15%

④ 기부금 세액공제	• 각 기부금 개별한도 내 기부한 금액
	  – 정치자금기부금, 법정기부금, 지정기부금
	  – 종교단체기부금, 우리사주조합기부금
		☑ 15%
		☑ 2,000만 원 초과분 30%

⑤ 표준세액공제	• 근로자가 특별소득공제, 특별세액공제, 월세액 세액공제를 신청하지 않은 경우에 적용한다.	☑ 연간 13만 원

④ 월세액 세액공제

연말정산 시 월세액에 대한 세액공제를 받기 위해서는 12월 31일 기준으로 아래의 요건을 충족하는지 확인한 후 공제에 필요한 서류를 회사에 제출해야 한다.

> **월세액 세액공제를 받기 위한 요건**
>
> • 월세로 살고 있는 주택이 국민주택규모($85m^2$/25.7평) 이하여야 한다.
> • 연간 총급여액이 7,000만 원 이하, 무주택세대주여야 한다.
> • 근로자 본인 명의로 임대차 계약서를 작성해야 한다.
> • 임대차 계약서상 주소와 주민등록등본의 주소가 같아야 한다(실제 거주해야 함).

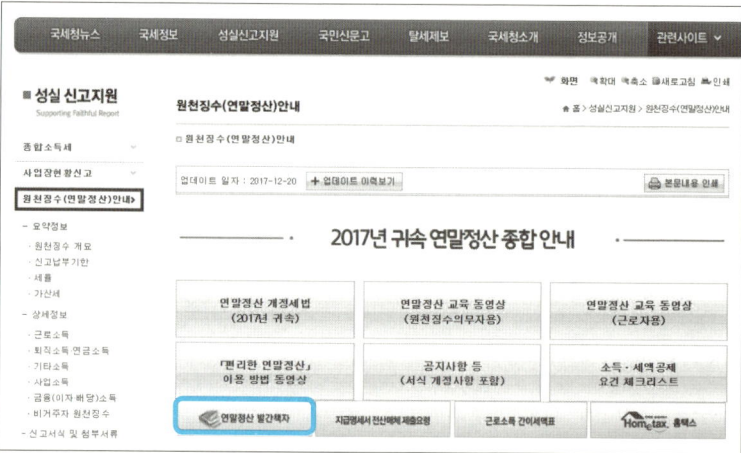

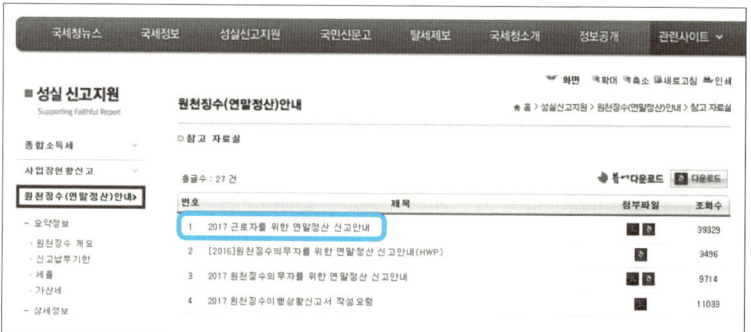

총급여 7,000만 원(종합소득금액 6,000만 원) 이하 월급쟁이 무주택자가 전입신고일 이후 집주인에게 지급한 월세액은 연간 750만 원까지 10% '무주택 월세 세액공제'를 받을 수 있다. 총급여액이 5,500만 원(종합소득금액 4,000만 원) 이하이면 공제율은 12%이다. 예를 들어, 총급여가 6,500만 원인 사람이 현재 34평 아파트에 반전세로 살고 있다. 매월 60만 원씩 월세를 내는 경우 세액공제 혜택은 얼마나 될까?

연간 총급여 7,000만 원 이하 무주택 근로자는 월세금액 750만 원 한도로 세액공제를 받을 수 있다. 그러나 월세로 살고 있는 주택이 국민주택규모 85m^2보다 크므로 세액공제 혜택을 받을 수 없다. 이때 주택은 주거용 오피스텔이나 고시원도 포함한다.

주택을 소유하지 않은 세대의 세대원이 월세 세액공제를 신청하려면 세대주가 월세 세액공제를 받지 않아야 하고 세대원이 공제요건을 모두 충족해야 한다. 월세액 세액공제를 받기 위해서 갖춰야 할 서류는 다음과 같다.

월세액 세액공제를 받기 위해 필요한 서류
- 주민등록표등본
- 임대차(월세) 계약서 사본
- 주택 임대인에게 월세를 지급하였음을 증명하는 서류
  ※ 예를 들면 현금영수증, 이체내역서, 무통장입금증 등이다.

월세 세액공제를 받기 어려운 경우 국세청에서 집주인에게 송금한 월세액의 현금영수증을 발급받아 신용카드 등 사용액 공제를 받을 수 있다. 월세 세액공제와 현금영수증을 활용한 소득공제를 이중으로 받을 수는 없다.

월세 현금영수증 발급받는 방법

월세 지급일로부터 3년 이내에 '현금거래 확인신청서'와 '월세계약서 사본'을 제출하면 월세 계약이 종료되는 시점까지 월세 지급일에 매월 현금영수증이 자동으로 발행된다. 신고하는 방법은 국세청 홈택스, 세무서 직접 방문, 우편 접수 중에서 선택할 수 있다.

- **국세청 홈택스**
  국세청 홈택스 ⇨ 상담/제보 ⇨ 현금영수증 민원신고 ⇨ 현금영수증, 신용카드, 주택임차료 민원신고 ⇨ 주택 임차료(월세) 신고하기

- **세무서 직접 방문**
  가까운 세무서, 월셋집 관할 세무서. 민원실에 신고양식이 준비되어 있다.

- **우편으로 서면 접수**
  가까운 세무서, 월셋집 관할 세무서, 지방국세청, 국세청에 우편 송부한다.
  국세청 홈택스 ⇨ 통합검색 ⇨ '현금거래' 검색 ⇨ 서식 ⇨
  '현금거래 확인신청·현금영수증 발급 거부 등 신고서' 양식을 출력해 사용한다.

귀차니스트가 놓치기 쉬운 서류들

매년 국세청에서 '연말정산 간소화' 서비스를 통해 공제서류를 자동으로 통보해 주므로 근로자는 제공된 자료의 내용만 확인하면 된다. 그러나 아래와 같이 근로자가 직접 준비해야 하는 서류도 있다.

> **연말정산을 위해 근로자가 직접 챙겨야 하는 공제 자료**
>
> ☑ **교육비 세액공제**: 초·중·고생의 방과 후 수업료, 교복(체육복) 구입비용, 국외교육비 납입증명서(재학증명서), 미취학 아동의 학원비
>
> ☑ **의료비 세액공제**: 시력보정용 안경(콘택트렌즈) 구입 영수증, 한약(치료용) 구입비, 재활이나 경로우대를 위한 지출비(휠체어, 목발, 보청기, 지팡이 등)
>
> ☑ **월세 세액공제**: 주민등록등본, 임대차계약서 사본, 월세 계좌이체 영수증
>   * 집주인 허락이나 동의 없이도 월세 세액공제를 받을 수 있다.
>
> ☑ **기부금 세액공제**: 종교단체나 자선단체, 정치자금 기부 영수증

고수들이 챙겨 보는 공제요건

국세청에서 제공하는 자료를 반영하기 전에 소득공제나 세액공제가 가능한지, 대상요건에 대한 충족 여부를 본인이 직접 확인해야 한다. 특히 주택자금 같은 경우는 금융회사에서 제공한 저축금액과 원금·이자 상환금액을 보여주기만 하므로 구체적인 공제요건은 근로자가 직접 확인하고 신청해야만 불이익을 받지 않을 수 있다.

예를 들어, 집을 사면서 은행에서 대출을 받았거나 전세로 입주하면서 전세자금 대출을 받았다고 하자. 집 살 때 은행 대출에 대하여는 '장기주택 저당차입금 이자상환액' 소득공제를, 전세 대출은 '주택임차차입금 원리금 상환액' 소득공제를 받을 수 있다.

집을 구하기 전에 공제 요건을 모두 충족하여 대출을 받았더라

도 공제받을 수 있는 주택 가격이 공시가 6억 원 이하에서 4억 원 이하로 낮아지는 등 매년 관련 세법이 바뀌기 때문에, 개정사항에 대해서는 사전에 꼭 확인해야 한다. '장기주택 저당차입금 이자상환액'에 대한 소득공제 요건은 다음과 같다.

주택자금 소득공제 - 장기주택 저당차입금 이자상환액

☑ **공제요건**:
① 대출기간은 **총 15년** 이상이어야 한다.
② 채무자가 주택의 **소유자**여야 한다.
③ 무주택세대주이거나 과세기간 종료일 현재 1주택자여야 한다.(14년 이후)
④ 취득 당시 주택의 공시가격이 **4억 원 이하**여야 한다.
⑤ 주택 소유권이전 등기 또는 보존등기일로부터 **3개월 이내** 차입해야 한다.

놓친 세금 돌려받는 경정청구

박무식 대리는 출근하는 길에 회사 앞 빵집에 들렀다. 늘 먹던 마늘 바게트에 김 대리에게 줄 커피까지 주문하고 '픽업' 줄에서 기다렸다. 석 달째 계속되는 세무조사로 박 대리는 피곤하다. 어제 김 조사관이 요청한 자료를 모아서 제출하고 새로운 목록을 받아 또 챙길 생각을 하면 더 우울하다. 사무실에 도착하니, 김유식 대리는 뭔가 부지런히 입력하고 있다.

"유식아, 아침부터 뭘 그리 바쁘게 하고 있어? 자 커피. 오늘 수업료다."

"무식아 잠깐만, 이것 좀 저장하고."

"뭘 하는데?"

"어~ 이번에 연말정산 하면서 알게 된 건데 예전에 지방 근무할 때 주택구입자금 대출받고 상환한 원리금을 당시 연말정산 때 공제항목에서 누락했거든. 2013년부터 2016년까지 원금과 이자를 냈는데, 2017년에 서울로 발령받아 올라오면서 집을 팔아서 남은 대출금은 모두 상환했지."

"그걸 지금 와서 어쩌겠다고?"

"연말정산 경정청구를 하면 그때 냈던 이자는 주택자금 소득공제 혜택을 받아 세금을 돌려받을 수 있어. 물론 몇 가지 공제요건을 충족해야 하지만."

"무슨 청구라고?"

"경정청구. 말 나온 김에 오늘은 연말정산 잘못했을 때 돈 돌려받는 방법에 대해서 공부하자. 내야 할 세금보다 많이 낸 경우는 경정청구하면 되고 세금을 적게 낸 경우에는 수정신고를 하면 돼"

"경정청구? 수정신고? 난 놓친 세금은 그걸로 끝이라고 생각했지. 그럼 지금 네가 세금 돌려받는 그 뭐냐? 경정청구라는 것을 하고 있다는 말이지?"

"그래, 난 지금 국세청 홈택스에서 경정청구서를 작성하고 있는데, 한국납세자연맹이라는 사이트에서도 경정청구하는 것을 도와주고 있어."

"유식아, 나도 경정청구하는 방법 좀 알려주라. 월세액 세액공제 못 받은 거 경정청구해서 공제받으면 세금을 돌려받을 수 있을 테니까."

"그래, 마침 김 조사관도 오후에 나온다니까 오전에는 수감장 갈 일도 없고."

"김 조사관 생각만 해도 짜증 난다. 가만, 내가 입사하면서 월세를 살았으니까, 3년 치 돌려받으면 그게 얼마냐? 유식아, 오랜만에 저녁에 치맥이랑 족발 어때?"

"난 저녁에 바쁘다. 더구나 의미 없이 마시는 술은 사양할래. 그 돈으로 새로 나온 책이나 사주라."

"어이구, 내가 말을 말아야지."

바쁜 직장생활에 쫓겨 숨 가쁘게 지내다 보면 어느덧 연말정산 시즌이 된다. 연말연시 모임은 또 얼마나 많은가. 여차하면 소득공제나 세액공제 항목을 챙기지 못하게 된다. 또 나름대로 챙긴다고 해도 세법을 잘 몰라서 공제받을 수 있는 항목을 놓치는 경우도 있다. 이렇게 회사가 정한 기간에 연말정산을 제대로 못 한 경우에는 5월 종합소득세 확정신고 기간을 활용하여 신고하면 된다.

적게 냈으면 수정신고, 많이 냈으면 경정청구

① **올해 소득**: 다음 해 5월 1일부터 5월 31일까지 종합소득세 신고기간에 환급 신청한다.
② **과거 소득**: 주소지 관할 세무서에 경정청구 하는데 5년 이내 소득까지 가능하다.

세금은 '제때' '제대로' 신고하는 것이 좋다. 세금을 잘못 신고한 경우 세법에서는 제대로 신고할 수 있도록 기회를 준다. 적게 냈으면 수정신고를 통해서, 많이 냈다면 경정청구를 통해서 고칠 수 있다. 다만 이러한 기회는 모두에게 주어지는 것이 아니다. 먼저 법에서 정한 신고기한에 신고해야 한다. 연말정산도 경정청구할 수 있으려면 먼저 신고 기한 내에 과세표준신고서를 세무서에 제출해야 한다. 수정신고 시, 부당하게 많이 공제해서 세금을 적게 신고했을 경우, 최대 40% 가산세를 추징당할 수 있으므로 주의해야 한다.

소득세의 10%, 지방소득세까지 돌려받기

① 세무서에서 5월 종합소득세 확정신고를 통하여 세금을 돌려받았어도 지방소득세(소득세의 10%)는 원칙적으로 세무서에서 환급하지 않는다. ② 따라서 2015년에 소득세를 환급받았다면 주소지 관할 지자체에서 환급받아야 한다. ③ 그러나 2016년 이후 소득세를 환급받았다면 주소지 관할 지자체(시청, 군청, 구청)에서 7~8월 사이에 소득세 환급받는 계좌로 입금해준다.

국세청 홈택스를 이용해서 연말정산 경정청구하기

- 국세청 홈택스 ⇨ 편리한 연말정산 ⇨ 경정청구서 클릭

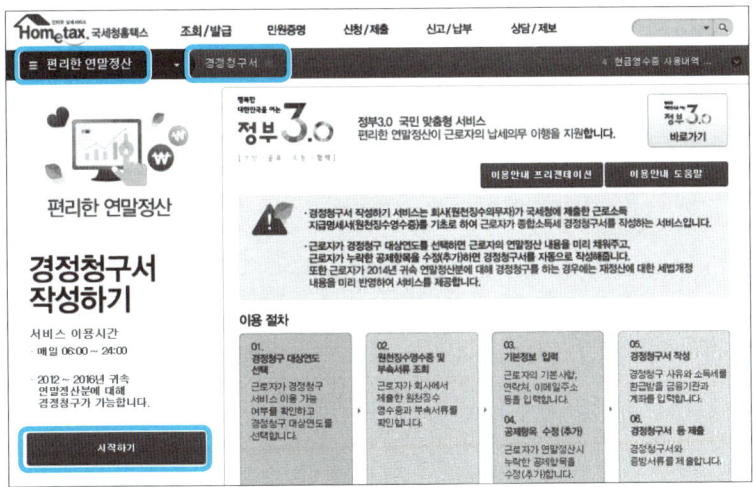

한국납세자연맹에서 연말정산 환급신청하기

- 한국납세자연맹 ⇨ 연말정산 ⇨ 2013년~2017년 연말정산 환급 신청하기

고수의 절세 노트 ❹

이직자와 퇴직자를 위한 조언

❶ 무모한 퇴사는 후회만 남긴다

요즘 박 대리는 스트레스가 이만저만이 아니다. 회사에 들어와 보니 자신이 기대했던 것과 아주 달랐다. 박 대리는 넓은 세상에 나가서 가슴 뛰는 일을 하고 싶었다. 어느 날 점심시간, 휴게실에 앉아 한숨을 내쉬고 있는데 지나가던 김 부장이 다가왔다.

"박 대리, 여기서 혼자 뭐 해요?"

"부장님 안녕하세요?"

김 부장은 사내에서 실력도 알아주지만 따뜻하고 덕망이 있는 관리자로 직원들 사이에서 손꼽힌다.

"음, 고민이 있는 것 같네요. 커피 하려던 참인데, 같이 갈래요? 이야기도 좀 나누고."

"네 감사합니다."

회사 앞 카페에서 김 부장은 박 대리와 마주 앉아 창밖을 무심히 바라보았다.

'드르르르'

마침 주문한 커피가 준비되었다는 알람이 울렸다. 박 대리가 벌떡 일어나 픽업대에서 커피를 가져왔다.

"부장님, 요즘 SNS나 방송에서는 가슴 뛰는 삶을 찾아 새로운 도전을 하라고 합니다. 저도 열정을 쫓아 후회하지 않을 30대를 보내고 싶습니다. 철없는 소리로 들릴 수 있겠지만, 여기서 보고서 쓰고 엑셀 작업하고, 서류 복사 뜨면서 기계적으로 반복하는 일들이 즐

겁지도 않고 의미도 찾지 못하겠습니다."

"박 대리는 올해 입사한 지 얼마나 되었나요?"

"이제 4년 차입니다."

"음, 직장 생활을 하다가 내가 생각했던 곳과 달라서 다른 꿈을 찾고 싶은 마음이 들수 있어요. 그런 생각을 하는 것은 이상한 일이 아니에요. 그러나 반드시 명심해야 할 것은 냅다 사표부터 내지 말라는 거예요."

"부장님. 사실은 제가 퇴사를 고민하고 있습니다."

"무모한 사표는 그야말로 후회만 남아요. 많은 직장인이 회사 그만두고 후회하는 경우가 허다해요. 그리고 무계획으로 뭔가에 뛰어드는 것은 결코 열정이라 할 수 없어요. 열정은 내가 원하는 것을 지속적으로 할 수 있는 힘인데, 무모함과 열정은 구별해야 합니다. 미안한 말이지만 가슴 뛰는 일? 그런 것은 없어요."

"글쎄요, 저는 찾으면 있다고 생각합니다."

"가슴 뛰는 일을 직업으로 삼는 사람은 거의 극소수죠."

"부장님, 그러면 제가 어떻게 해야 할까요?"

"가장 좋은 방법은 직장생활 잘하면서 관심 분야에 대한 공부를 하거나 취미로 하고자 하는 일을 시작해 보세요. 그렇게 열정을 찾은 다음에 그 일이 업業이 되도록 하는 것이죠. 막상 해보면 생각했던 것과 아주 달라서 아니다 싶을 때도 있을 겁니다. 그러면 다시 마음잡고 직장을 잘 다니면 돼요. 아무 일도 없었다는 듯이."

"부장님, 만약 하고 싶은 일이 직장과 겸해서 할 수 없다면 어떻게 하지요?"

"그러면 적어도 3년 정도는 나중에 경제적인 걱정이나 어려움을 겪지 않도록 저축을 해서 돈을 모아야 해요. 사표부터 던지면 멋질 것 같지만 실상 현실은 아주 달라요. 어떤 일을 준비할 때는 금전적 압박을 덜 받는 게 중요합니다. 경제적으로 궁해지면 돈 걱정과 불안감 때문에 인지 능력이 저하되어서 하는 일에 집중력을 떨어뜨려요. 그래서 직장을 계획 없이 그만두고 성공한 사람보다는 실패한 사람이 훨씬 많은 것입니다."

"부장님, 저도 나름대로 생각한 바가 있어 계획이 없지는 않습니다."

"물론 그렇겠지요. 하지만 직장을 다니다가 다른 꿈을 꿀 때는 플랜 A가 있어도, 플랜 B와 플랜 C도 세워야 합니다. 어쩌다 운이 좋아 성공한 것을 마치 자신의 열정과 용기로 가장하는 경우도 있습니다. 실제로 성공확률이 낮기 때문에 처음에는 무조건 '양다리'를 걸치는 게 좋다고 봐요."

❷ 퇴사할 때 챙겨야 할 세금상식

누구나 퇴사를 꿈꾸며 사직서를 품고 직장을 다니는 경우가 많다. 계획된 퇴사를 준비하는 월급쟁이라면 세금도 당연히 챙겨야 한다. 세금을 고려하지 않고 무작정 사표를 냈다가 내지 않아도 될 세금을 낼 수 있기 때문이다. 어렵지 않다. 몇 가지 서류만 챙기면 절세까지 가능하다.

원천징수영수증 챙기기

근로소득세는 연말정산을 통해 확정된다. 연도 중에 다니던 직장을 퇴사하고 재취업한 경우 이전 직장에서 받은 원천징수영수증을 새로 다니는 직장에 제출하면 연간 근로소득을 합산해서 현재 회사가 다음 해 2월에 연말정산을 해준다. 만일 종전에 근무했던 회사에서 근로소득 원천징수영수증을 챙기지 못했거나 퇴직 후 실직인 상태로 있는 경우에는 다음 해 5월 종합소득세 신고 때 연말정산 절차와 동일한 방법으로 근로소득금액을 정산해야 한다.

IRP(개인형 퇴직연금) 계좌로 퇴직소득세 줄이기

퇴직금은 근로소득과 별도로 분류하여 과세하는데 개인형 IRP 계좌를 이용하면 세금을 절세할 수 있다. 퇴직할 때 300만 원 이하의 퇴직금은 세금을 떼고 바로 개인계좌로 입금이 된다. 그러나 300만 원을 초과하면 개인형 IRP 계좌로 받아야 한다. 개인형 IRP 계좌에는 두 종류가 있다. 퇴직용 계좌는 퇴직금을 받으면 퇴직소득세를 내고 바로 쓸 수 있고 적립용 계좌는 만 55세 이후에 노후자금으로 사용할 목적으로 연금으로 받는 것이다. 적립용 계좌로 퇴직금을 받으면 퇴직소득세를 더 아낄 수 있다. IRP는 재직 시 연금저축과 합쳐서 700만 원까지 세액공제를 받을 수 있다.

의료보험 피부양자로 등록하기

월급쟁이는 매달 본인과 회사가 월급의 3.12%씩 건강보험료를 납부하지만 직장을 퇴사하면 직장 가입자격을 잃게 되어 지역가입자로 변경되는데 절반만 내던 보험료를 혼자서 감당해야 하고 주택이나 자동차 등 자산 소유 여부로 건강보험료를 계산하기 때문에 오르는 경우가 많다. 따라서 퇴사일로부터 90일 이내에 필요서류를 건강보험공단에 제출해서 건강보험료를 내는 가족의 피부양자로 등록해야 한다. 과거에 가족 중 피부양자였던 이력이 있으면 자동으로 등록된다.

❸ 초보 이직자가 저지르는 실수

"부장님, 여기에 계셨네요. 안녕하세요? 이번에 경력직으로 입사한 나경력 과장입니다."

"아! 반갑습니다. 가만있자 우리 부서 출근은 내일부터라고 들었는데…."

"네. 주변도 둘러보고 부장님께 인사드리려고 미리 왔습니다. 실력 있고 인품도 좋은 분이라고 들었습니다. 또 대학 선배님이라고 하셔서 더 뵙고 싶었습니다."

"실력이야 요즘 젊은 직원을 따라갈 수 있나요. 참, 여기는 박무식 대리예요."

"안녕하세요? 함께 일하게 되어 반갑습니다."

"듣기로 전에 있던 회사에서 나 과장은 아주 탁월한 성과를 냈다고 들었습니다. 이따 저녁에 식사나 함께할까요? 박 대리도 시간 되면 함께 가지요? 나 과장의 이직 이야기를 듣는 것도 고민 해결에 도움이 될 것 같아요."

"네. 알겠습니다. 부장님."

김 부장은 과거 자신이 경력직으로 입사할 때 공채 위주 조직문화에 잘 적응할 수 있도록 코치해 준 노 전무가 생각났다. 대학 후배라며 직접 찾아온 나경력 과장에게 굳이 저녁 시간까지 내준 이유는 그때 진 빚을 갚을 요량이다. 퇴근하자마자 김 부장은 나 과장과 약속한 식당으로 향했다. 나 과장은 먼저 식당에 도착해서 김 부장을 기다리고 있었다. 그러나 박 대리는 보이지 않았다.

"내가 좀 늦었나요?"

"아닙니다. 부장님. 저도 방금 왔습니다. 식사는 어떻게 시킬까요?"

"이 집에 잘하는 메뉴가 있어요. 음식 가리는 것 있나요?"

"아닙니다. 뭐든지 잘 먹습니다."

"사람 참…, 너무 그러지 말고 편하게 해요. 사장님, 여기 대구탕 2인분 주세요."

"부장님, 세계적으로 잘 나가는 대기업이라고 해도 신입으로 들어오지 않으면 임원이 될 수 없다고 생각합니다. 4차 산업혁명, 우주 시대에 아직도 공채나 경력을 차별하며 성골, 진골, 6두품을 따지고 있는 것이 우습지만 현실입니다. 여기는 어떻습니까?"

"우리 회사는 실력이 있으면 어느 정도까지 올라갈 수 있어요. 무엇보다 좋은 관리자가 된다는 것이 매우 어렵죠. 실력은 기본이고 참을성도 많고 끈기도 있어야 하니까요."

김 부장은 계속해서 말을 이어갔다.

"나 과장 호구조사는 차차 하기로 하고, 내가 얘기하고 싶은 것은 두 가지예요. 나름대로 버틸 수 있는 능력이 있고 본인이 없으면 조직이 힘들어질 정도로 대체 불가능한 존재로 입지를 다지세요. 그러면 콘크리트 천장도 무너뜨릴 수 있다고 봅니다. 실력이 있으면 아무리 감추려고 해도 눈에 띌 수밖에 없어요."

그사이 주문한 대구탕이 나왔다.

"자 식사해요. 음식 앞에 두고 입맛만 다시면 안 되니까."

"네. 잘 먹겠습니다. 첫 번째는 실력, 두 번째는 무엇입니까?"

"실력 있는 경력자라도 유독 약한 부분이 사회성입니다. 인간관계도 좋아야 해요. 좋은 사람이라는 평판을 얘기하는 것이 아닙니다. 사람을 다룰 줄 알아야 합니다. 나 과장이 부하직원이지만 때로는 팀장을 쥐락펴락할 수 있어야 해요. 그리고 동료 직원을 배려해야 합니다. 예를 들면 점심시간은 식사 후 독서나 가벼운 산책, 운동 또는 쉴 수 있는 시간이 되어야만 기분이 리프레시 되어서 오후 업무의 집중도가 향상됩니다. '꼰대'나 '지랄' 상사는 자신을 호위하여 매일같이 식사 때 시중들기를 원하죠. 또 부하 직원 붙들고 시시콜콜 잡담이나 하고."

"그런데 부장님, 인간관계보다 실력이 먼저인 이유가 있습니까?"

"사내에서 대체불가능한 실력자는 인간관계가 약해도 버틸 수 있기 때문이지요. 그러나 인간관계는 매우 중요합니다. 좋은 인간관계를 맺으려면 다른 사람의 필요와 이익을 나의 필요와 이익보다 우선하면 됩니다. 간단해 보이지만 쉽지 않지요. 그리고 이직해서 뭔가 달라질 것을 기대하기보다는 존재하는 스트레스를 어떻게 감소시킬 것인지 고민하는 편이 나아요."

'드르르르'. 그때 갑자기 김 부장의 핸드폰 진동이 울렸다. 화면에 '박무식'이 떴다.

"박 대리, 급한 일은 해결했나요? 음~ 다행이군요. 괜찮습니다. 여기 오면 너무 늦어질 것 같네요. 그래요? 잘 생각했어요. 그렇게 시간을 두고 준비를 해요."

오늘 박 대리의 아버지가 갑자기 병원에 입원하셨다. 연금과 약간의 상가 임대수익으로 사시는 박 대리 부모님께는 박 대리가 드리는 생활비 30만 원이 적잖이 도움이 되었다. 김 부장의 충고를 들은 박 대리는 당장 쓰려던 사표를 미뤘다. 스스로 생각하기에도 충분한 준비 없이 경솔했다는 생각이 들었기 때문이다.

❹ 이직자가 주의할 세금

수많은 월급쟁이가 사회 환경의 변화와 직장에 대한 불안감으로 더 나은 조건을 찾아 새로운 직장으로 이직과 퇴직을 반복한다. 회사를 옮긴 이직자에게도 세금은 늘 챙겨야 하는 절차이다. 단 이직과 퇴직 이후에 어떤 일을 하느냐에 따라 연말정산 절차에 약간의 차이가 있을 뿐이다.

중도 퇴직하고 다른 회사에 입사한 경우

다니던 회사를 그만두고 그해에 바로 다른 직장에 취업한 경우이다. 전에 다닌 직장에서 받은 '근로소득원천징수 영수증'을 새로 취직한 회사에 제출하면 된다. 이전 직장에서 받은 근로소득과 현재 다니고 있는 회사의 연봉을 합산해서 연말정산을 다시 해야 한다. 중도에 퇴사하고 다른 직장에 입사한 경우는 실직한 상태로 계속 있는 근로자보다 간단한 편이다.

중도 퇴직하고 그 후 계속 실직 상태인 경우

전에 다녔던 직장을 퇴사할 때 국세청 연말정산 서비스가 오픈되는 시즌이 아니라면(통상 연말정산 서비스는 1월 15일경 오픈된다) 각종 소득공제나 세액공제 혜택을 받기가 어렵다. 그래서 중도 퇴사할 때는 약식으로 연말정산을 받고 나오는 경우가 흔하다.

퇴사 후 재취업하지 않고 이후로도 실직상태로 한해가 넘어갔다면 다음 연도 5월 종합소득세 신고기간에 집 근처 세무서를 찾아가 공제자료를 제출하고 '확정신고'를 할 수 있다. 대부분 중도퇴사자는 총급여가 많지 않으므로 '근로소득원천징수 영수증'에 세금이 '0'인 경우가 많다. 돌려받을 세금이 없다면 굳이 다음 해 5월에 확정신고를 할 필요는 없다.

중도 퇴사하고 자영업을 하는 경우

퇴사 이후 같은 해에 사업을 새로 시작한 경우에는 근로소득과 사업소득이라는 두 종류의 소득이 존재한다. 이 경우는 다음 해 5월에 종합소득세 신고를 해야 한다. 전에 다닌 직장에서 약식으로 받은 '근로소득원천징수 영수증'에 퇴사 당시 미처 받지 못한 특별소득·세액공제 자료를 첨부해서 주소지 관할 세무서에 퇴사 후 사업으로 벌어들인 소득과 합산하여 신고하면 된다.

2부

소소한 절세 원칙을 지켜라

자영업자 편

5장
창업하시려고요?

반퇴半退 시대, 준비하지 못한 자의 후회

"봄비가 와서 그런지 하늘이 시리도록 파랗구나!"

황 부장은 하늘을 올려다보며 회사를 나섰다. 오늘 같은 날은 비라도 좀 내려주면 좋겠구먼. 25년 10개월을 회사에 헌신했건만 퇴직 절차는 단 2시간 만에 끝났다. 집으로 향하는 발걸음은 무겁기만 하다. 갈 길 잃은 강아지처럼 도로변을 따라 무작정 걷는다.

"이제 무슨 일을 해서 먹고 살지? 작년에 제대한 큰놈이 대학을 졸업하려면 아직 1년이 남았고, 둘째 딸아이는 이제 대학 2학년인데…."

당장 자식들 대학등록금부터 걱정이다. 연금을 받으려면 아직 5년이나 남았다. 이런저런 명목으로 퇴직금을 제법 받긴 했지만, 은행에 넣어두고 곶감 빼 먹듯 쓸 수는 없는 노릇이다. 26년을 마케팅 부서에서 근무하면서 많은 고객을 만났지만 변변한 노후대책 하나 세워놓지 못했다는 생각에 후회가 밀려왔다.

'이러려고 그리 열심히 일했던가…'

퇴직은 남의 일이라고 여겼는데 이제는 몸소 실감하는 현실이 되었다. 이런저런 생각에 빠져 무작정 걷다 보니 어느덧 집 근처 커피집이다. 아내는 커피를 참 좋아한다. 그러고 보니 아내가 바리스타 학원에 다닌 지 꽤 된 것 같다. 커피 전문점을 내 볼까 하는 생각이 순간 머리를 스친다.

평생 월급쟁이로 살다가 사업을 하려면 어디서부터 어떻게 시작해야 할까? 이 나이에 창업했다가 퇴직금만 날리는 건 아닐까? 뜬금없이 든 장사 생각에 머릿속이 복잡해졌다.

"일단 한 달만 쉬자. 26년 동안 쉴 새 없이 일했는데, 좀 쉬고 고민하자."

준비한 자의 미련 없는 선택

퇴직을 해도 은퇴하지 못하고 생계를 위해 돈을 벌어야 하는 '반퇴 시대'다. 은퇴 이후 행복한 삶을 위해서는 건강과 경제적 여유, 자녀의 독립, 취미가 필수 조건이라고 말한다.

중견기업에서 30년 동안 샐러리맨으로만 살아온 김상진 사장은 재작년 55세가 되었을 때 미련 없이 퇴직했다. 겉보기에는 남들과 다름없는 퇴직이었지만 마흔다섯을 넘어서면서부터 퇴직에 대해 고민을 했다. 조직의 부품으로 살다가 조직이 없어지면 스스로를 책임지고 운영할 수 있을까? 혼자서 뭘 할 수 있을까?

미래에 대한 불안감 때문에 김 사장은 퇴직 후를 차근차근 준비했다. 굳이 임원이 돼서 회사를 먼저 떠날 필요는 없겠다 싶어 임원진급을 포기했다. 후배가 임원이 되어 자신의 상사로 오게 됐을 때도 '사표를 낼까?' 갈등했지만 몇 년을 꾹 참고 견뎠다.

김 사장은 10년, 5년, 1년 단위로 은퇴설계를 했고 퇴직 1년 전부터 사설 퇴사프로그램을 수강하며 오픈하고 싶은 레스토랑에 대한 상권조사, 메뉴, 인테리어공사, 서비스 교육까지 집중적으로 훈련받았다. 개별창업을 할 건지, 프랜차이즈로 할 건지를 정하고 시장성, 입지선정, 가게 디자인, 메뉴개발 등 세세한 준비를 했다. 외부 전문가들로부터 홍보나 마케팅에 대한 조언도 받았다. 회사에서 오랫동안 자금업무를 했기 때문에 금융권의 인맥을 활용하여 싼 이자로 대출까지 확보해 두었다. 무엇보다도 김 사장은 레스토랑이 '음식장사'라서 맛이 가장 중요하다고 생각했다. 주말마다 아르바이트를 하며 파스타, 고기, 치즈 등 이탈리안 특유의 식재료를 이용한 요리를 배우고 양식조리사 자격증도 준비했다.

퇴직 후 김 사장은 이탈리안 레스토랑을 운영하고 있다. 초보 자영업자 대부분이 1년을 못 버티고 빚더미에 올라앉거나, 폐업한다고 하는데 김 사장의 레스토랑은 3년째 매출이 계속 오르고 있다. 직장을 떠나기 전에 은퇴설계에 따라 단계별로 상황을 체크하며 치밀하게 창업을 준비한 덕분이다. 국민연금과 개인연금으로 매달 250만 원을 받고 아파트 두 채에서 월세가 200만 원씩 나온다. 김 사장의 노후는 경제적으로 여유 있고 단단해 보였다. 은퇴는 먼 미래의 일이고, 그때 가면 어떻게 되겠지 라는 막연함으로 하루하루를 보냈던 황 부장과 확연히 달랐다.

사장님, 세금을 모르면 돈이 새요

　퇴직 후 황 부장은 이런저런 모임을 만들어 그동안 소원했던 친구들과 만나 골프도 치고 삼겹살에 소주 한잔하면서 보냈다. 시간이 흐르면서 매주 골프비용을 쓰는 것에 아내 눈치가 보이자 그것도 그만뒀다. 그 사이 황 부장의 아내는 바리스타가 되어 카페에서 일하고 있다. 일해야 하는 이유가 꼭 돈 때문은 아니다. 황 부장은 온종일 멍하니 있다 다시 자리에 누웠다. 일하던 몸을 가만히 놔두니 기분이 우울해지고 몸도 늙는 것만 같았다. 취미생활만 하면서 노년을 보낼 수는 없다. 집에서 이 책 저 책 뒤적이며 궁리하다가 조그만 커피숍을 해보기로 마음먹었다.

　오늘 저녁에는 오랜만에 고등학교 동창을 만나기로 했다. 30년간 중견기업에 있다가 재작년에 퇴직하고 이탈리안 가정식 레스토랑을 운영하고 있다. 주변 자영업자 대부분이 1년을 못 버티고 줄폐업을 하는데 그는 3년째 안정적으로 꾸려가고 있다. 황 부장은 약속장소에 조금 일찍 도착해서 창가 조용한 테이블에 자리를 잡았다. 양곱창과 소주를 주문하고 시계를 보니 7시 40분! 약속시간이 지났지만 친구 상진의 모습은 보이지 않았다. 괜스레 출입문 쪽에 자꾸 시선이 갔다.

　"어이! 황경수. 오랜만이야!"

　반가운 표정으로 한 남자가 손을 흔들면서 들어왔다.

　"야~ 김 사장, 오랜만이야. 이쪽으로 어서 앉지."

"내가 좀 늦었지? 나오는데 식당에 갑자기 일이 생겨서…."

"나야 뭐 시간이 남아돌고 자네는 바쁜 거 다 아는데 미안할 게 뭐 있나. 바쁜 사람 부른 내가 잘못이지."

"오늘 저녁은 내가 쏠 테니까, 부담 없이 들어."

"아니야. 내가 이런저런 얘기 좀 들으려고 불렀는데, 내가 사야지."

"참, 자네 요새 좀 어떤가? 그래, 장사를 해보겠다고? 심사숙고한 거야, 자네? 내가 시작부터 초 치는 것 같아 이런 말 하기 뭐 하지만 자영업자 대부분이 1년 이내에 망하는 건 알지?"

"그래서 내가 자네를 모신 게 아닌가? 사실 나도 여간 망설여지는 게 아니라네."

"경수, 자네 자영업자들이 왜 그렇게 망하는지 알고 있는가? 사업을 하려면 진입장벽이 높은 사업을 하든지, 스스로 진입장벽을 높이든지 해야 하는데 초짜 자영업자 대부분이 누구나 쉽게 할 수 있는 커피숍, 피자집, 편의점이나 식당을 시작해. 그리고 이들은 대부분 1년을 버티지 못하고 엄청난 빚더미에 앉아 문을 닫는 게 현실이지."

커피숍이란 말에 황 부장은 뜨끔했다.

"난 사실 마누라하고 커피숍을 하나 시작해 보려고 해."

"경수, 웬만하면 자영업은 하지 말게. 순진한 사람들이 무작정 열심히 하면 되겠지 생각하고 시작하는데 안 되는 건 안 되는 거야. 창업해서 망하는 사람들도 적어도 1~2년은 준비하고 시작한 거야. 아무렴 자신의 전 재산을 투자하는데 누가 쉽게 시작하고 망하고 싶겠는가."

"아니, 자네는 지금 잘하고 있지 않나?"

"지금 가게가 있는 상가는 제수씨 명의로 되어 있는데, 사실 난 임대료 부담이 거의 없네. 자영업에서 승부를 보려면 시작하기 전에 고정비용을 잘 따져 봐야 해. 높은 임대료, 각종 세금이랑 공과금을 생각하면 답이 안 나오는 경우가 많아. 몇억 말아먹는 건 순식간이고 또 어쩌다 그럭저럭 운영해 나간다고 해도 자영업 사장은 노예만도 못한 생활을 하는 경우가 많지. 주말도 없이 하루 12시간 이상 일하면서 적자 나면 그때마다 빚을 내고 심지어 사채까지 끌어다 쓰고, 그러다가 개인회생이나 파산신청하게 되는 게 현실이야."

김 사장의 조언은 참으로 냉정했다. 되기는 쉽지만 유지하기 가장 어려운 직업 중 하나가 사장이라지만 시작도 하기 전에 말리기부터 하다니.

예비창업자가 알아야 할 기초 세금상식

김 사장은 양곱창 한 점을 먹고 소주잔을 기울이며 말을 이었다.

"황 부장, 조금 구체적으로 얘길 하지. 창업에 성공하려면 업종에 따른 상권, 물론 주말 상권도 포함해서, 그리고 유동인구, 매출의 연속성까지 고려해야 하네. 비수기와 성수기가 너무 차이나는 업종이면 곤란하니까. 또 인건비, 재료비, 임대료, 지역정보, 로열티, 노하우 전수 등 많은 것을 확인하고 꼼꼼하게 살펴서 생각해야 하네."

"자네 말을 들으니까, 내가 너무 만만하게 보는 건 아닐까 걱정이 되네. 내 계획은 말이야, 내 동생 경호가 서점을 하는데 그 서점 한쪽 공간을 빌려서 커피숍을 차릴까 해. 동네 서점이긴 해도 근처 학원가도 있고 목이 좋아서 서점은 잘되는 편이네. 임대료는 매출이 발생하기 시작하면 매출액의 5%를 주기로 했어. 그 외에 전기요금이나 수도요금 같은 고정비 나가는 것은 없고. 서점 안에 독서 테이블이 있어서 별도 테이블을 놓을 필요도 없어. 어차피 바리스타는 집사람이 맡고 주문이랑 계산은 내가 하면 되니까 아르바이트생을 쓸 필요도 없을 것 같아."

"음~ 그렇다면 자네 커피숍은 고정비가 크게 문제 되지 않는다는 얘긴데, 원두랑 음료 재료비만 생각하면 된다 이거로군? 광고비는? 장사하려면 어느 정도의 광고비도 고려해야 하네. 그리고 자네가 신경 쓸 중요한 것 한 가지가 더 있네."

"중요한 것? 그게 뭔가?"

"사업자는 세금 문제를 중요하게 여기고 세심하게 처리해야 해. 세금스케줄을 짜서 납부시기에 맞춰 잘 내야 추징으로 세금폭탄 터지는 일 같은 걸 면할 수 있어"

"세금? 그거야 뭐 아는 세무사한테 맡기면 되지 않나?"

"아닐세, 세금은 자영업자라면 사업시작 전에 어느 정도 알고 있어야 하네. 뭘 알아야 남한테 일을 맡기든 말든 할 것이 아니겠나. 특히 자네처럼 영세한 소규모 자영업자가 활용할 수 있는 세금혜택이 많기 때문에 공부 좀 해서 제도적 장치를 이용하면 절세도 하고 여러모로 비용까지 줄일 수가 있네."

학창시절에 황 부장보다 공부를 못했던 김상진 사장이 오히려 황 부장에게 세금공부를 하라고 충고했다. 속이 좀 쓰렸지만 황 부장은 솔직히 상진이 대단해 보였다.

'딩딩딩'

갑자기 핸드폰 화면에 '마누라' 사진이 뜨면서 전화벨이 울렸다. 시계를 보니 벌써 10시가 넘었다. 집사람 전화를 눈치챈 김 사장은 먼저 일어나며 말했다.

"경수, 이번 주말에는 자영업자가 알아야 할 세금 종류에 대해 공부해 보게."

"그래야겠네. 궁금한 것은 자네한테 물어보겠네. 오랜만에 만나서 이런 신세까지 지게 될 줄 누가 알았겠나."

사업을 시작하기 전 반드시 알아야 할 중요한 것 중에서 세금을 빼놓을 수가 없다. 사업을 하면서 세금을 모르고 그럭저럭 운영했다가 창업 초기 비용을 제대로 환급받지 못해 손해 보기도 하고, 시작부터 장사가 잘된다고 회수된 자금으로 투자를 계속하다가 1년이 지나 세금 낼 돈이 없어 발을 동동 구르는 경우도 있다.

소규모 자영업을 하더라도 사업과 관련된 세금 종류와 세금별로 신고납부 일정 정도는 알고 있어야 한다. 사업은 돈의 흐름이 가장 중요한데 그 흐름을 결정하는 핵심 요소로 세금을 빼놓을 수 없기 때문이다. 성공해야 하는 사업일수록 꼭 세금부터 알아야 한다.

창업자가 반드시 알아야 할 세금은 크게 세 가지다. 첫째는 부가가치세, 둘째는 종합소득세, 셋째로 원천징수 되는 세금이다. 이 세 가지는 창업 이후에도 지속적인 관심을 가져야 한다.

손해를 봐도 내야 하는 부가가치세

종합소득세는 수입에서 비용을 뺀 순이익에 대해서 내는 세금이므로 소득이 있을 때만 세금을 낸다. 그러나 부가가치세는 제품이 생산, 유통되는 모든 단계에서 새로 만들어 내는 가치인 부가가치에 세금을 매기는 것이다. 봉이 김선달이 대동강 물을 퍼서 예쁜 유리병에 담음으로써 강물의 가치를 높였다. 이때 물에 부가된 가치에 매긴 세금은 물값에 포함되어 최종 소비자가 부담한다. 그러나 이 세금을 직접 내는 사람은 유통 단계의 사업자들이다.

예를 들어, 커피숍을 운영하는 황 사장이 주스를 팔려고 3,300원을 주고 생과일주스를 샀다고 하자. 그는 이때 부가가치세 10%를 함께 지급한다. 지급총액을 11로 나눈 300원이 부가가치세이다. 부가가치세를 서로 주고받았다는 표시로 사업자 간에 세금계산서를 발행한다. 생과일주스를 판매한 사람은 부가가치세를 줬다는 의미이고 생과일주스를 구매한 황 사장은 세금을 받았다는 의미이다. 주스를 준 사람은 매출을 했으므로 매출세금계산서를, 주스를 산 사람은 매입을 한 것이므로 매입세금계산서를 발급받는다. 그래서 세금계산서는 두 장이다.

황 사장이 3,000원짜리 생과일주스를 3,300원을 주고 사서 5,500원에 판다면 이때 500원은 황 사장의 돈이 아니다. 소비자한테서 부가가치세를 대신 받은 것이므로 세무서에 낼 돈이다. 하지만 생과일주스를 사 올 때 300원을 냈기 때문에 부가가치세는 200원만 더 내면 된다.

이처럼 사업자가 낼 부가가치세는 물건을 팔 때 받은 매출세액에서 물건을 사 올 때 낸 물건가격의 10%에 해당하는 매입세액을

〈표5-1〉 유통단계별 부가가치세

	주스 제조자		주스 판매자		최종 소비자
		3,300 → ← 300		5,500 → ← 500	
매출세액		300		500	
(−) 매입세액		0		(300)	
부가가치세		300	+	200	= 500

뺀 금액이다.

부가가치세를 조금만 내고 싶다면 매출세액은 작게, 매입세액은 크게 하면 된다. 그래서 사람들은 세금을 줄이려고 편법으로 매출을 누락시킨다. 그러나 국세청은 여러 기관으로부터 다양한 방법을 통해 거래정보를 받아 빅 데이터 분석을 하고 이렇게 분석한 사업자들의 과세자료를 수년간 축적하고 있다. 따라서 지속적으로 매출을 누락시켜 거래 사실을 은폐하는 것은 사실상 불가능하다. 이러한 사업자는 나중에 혹독한 세무조사를 받게 된다.

물건이나 서비스를 공급하지 않고 허위로 발급한 자료(세금계산서)를 수수료를 받고 파는 사람을 '자료상'이라고 부른다. 자료상으로부터 가짜 세금계산서를 사서 실제로 매입도 안 했는데 매입한 것처럼 허위로 매입세액을 부풀리는 경우가 있다. 탈세 유혹에 빠져 가공경비를 기록한 사업자는 결국 국세청에 적발되어 몇 배의 세금을 추징당하고 처벌까지 받게 된다.

돈을 벌면 내는 세금, 종합소득세

소득세란 벌어들인 소득에 대한 세금이다. 소득은 8가지로 구분되는데, 이자소득, 배당소득, 사업소득, 근로소득, 연금소득, 기타소득, 퇴직소득, 양도소득이 있다. 퇴직소득과 양도소득은 장기간에 걸쳐 형성된 소득이므로 세금을 따로 분류해서 계산한다. 퇴직소득과 양도소득을 제외한 나머지 6가지 소득을 합쳐 종합소득세를 산출한다. 이자나 배당소득을 금융소득이라 하는데, 연간 2,000만 원이 넘는 금융소득은 종합소득에 포함해서 신고해야 한다. 사업소득은 문자 그대로 사업을 하면서 발생한 소득이다. 2010년부터 부동산임대소득도 사업소득으로 통합되었다.

　이자나 배당소득은 소득이 얼마인지 금방 알 수 있는 반면, 사업소득은 소득이 얼마냐 라고 묻는다면 선뜻 대답하기가 쉽지 않다. 사업소득은 일·월·분기·연도별 소득이 다르다. 소득세는 연간 기준으로 매년 1월 1일부터 12월 31일까지의 소득을 합산해서 다음 해 5월 종합소득세 신고기간에 낸다. 상반기에 직장에서 월급쟁이로 일하고 하반기에 퇴직해서 소규모 음식점을 차렸다면 다음 해 5월에는 작년 상반기 근로소득과 하반기 사업소득을 합산하여 종합소득세 신고를 해야 한다.

　소득세는 들어온 수입에서 필요경비를 뺀 금액에 일정 세율을 곱하여 산출한다. 여기서 총수입은 앞서 설명한 부가가치세를 신고할 때 신고한 매출액이다. 또한 부가가치세 매입액이 경비가 된다. 따라서 부가가치세 신고를 잘하면 사업소득세까지 연결되어 종합소득세 산출이 쉽다. 주의할 사항은 부가가치세 신고가 안 되는 경비도 있다는 것이다. 대표적인 것이 인건비와 이자 비용, 간이영수증으로 산 소액경비다. 이러한 경비들은 다른 사업자로부터 매입자료를 받은 것이 아니므로 부가가치세를 계산할 때 공제받지 못한다. 이것들까지 포함하면 총비용이 된다. 수입에서 비용을 빼면 소득금액이 나오는데 여기에 6~42% 세율을 곱해서 납부할 소득세를 결정한다.

번 돈에서 미리 떼는 세금, 원천징수

원천징수는 사업자가 근로자에게 소득을 지급할 때 소득세를 미리 차감하고 근로자를 대신해서 납부하는 제도이다. 근로자가 세금을 신고해야 하는 번거로움을 없애고 세금징수의 효율성과 신고누락을 사전에 방지해서 국가 세수를 조기에 확보하는 장점이 있다.

이러한 원천징수 대상이 되는 소득은 사업자가 임직원에게 주는 급여, 일용직 근로자에게 지급하는 보수, 사업자등록이 없는 인적용역 사업자에게 지급하는 용역비, 공적연금을 제외한 연간 1,200만 원 이하 사적연금 소득, 퇴직소득, 2,000만 원 이하의 이자소득, 배당소득 등이 있다.

원천징수한 세금은 소득의 지급일 다음 달 10일까지 사업장을

〈표5-2〉 원천징수 대상 개인소득

대상 소득	세부 내용	세율 (지방소득세 10%)
이자 소득	• 금융기관에서 받은 이자, 개인 간 사채이자 등	- 금융기관: 14%(1.4%) - 개인 사이: 25%(2.5%)
배당 소득	• 주식투자로 주식을 발행한 회사에서 받은 배당금	- 14%(1.4%)
사업 소득	• 사업을 해서 번 소득 (의료보건용역, 프리랜서* 등)	- 인적용역: 3%(0.3%)
근로 소득	• 매월 근로를 제공하고 받은 소득 (비과세소득 제외)	- 간이세액표
연금 소득	• 국민연금, 퇴직연금, 개인연금 등을 수령할 때 소득	- 공적연금: 간이세액표 - 사적연금: 3.3~5.5%
기타 소득	• 인세, 위약금, 권리금, 강사료 등 기타소득금액	- 20%(2%)

* 회사에 고용되어 있지 않고 독립적으로 용역을 제공하는 사람으로 작가, 디자이너, 웹 개발자 등이 있으며 사업자로 분류된다.

관할하는 세무서에 내야 한다. 1년에 한 번 신고하는 종합소득세나 분기별로 신고하는 부가가치세보다 사장님들과 더 밀접한 세금이라 할 수 있다. 다만, 상시 근로자 수 20명 이하 사업자는 상반기(7월 10일)와 하반기(1월 10일) 두 차례로 나눠서 원천징수 세금을 납부할 수 있다.

사업자등록신고, 늦게 할수록 유리할까?

김상진 사장의 경험담 중에 빼놓을 수 없는 것이 세금 관련 경험이었다. 매출을 누락하고 가공경비를 만들었다가 혹독한 세무조사를 겪었다는 얘기부터 무작정 사업을 시작해 영업이나 매출에만 신경을 쓰느라 세금을 소홀히 했고 그 바람에 초기 투자비용을 환급받지 못했다는 얘기까지.

황 부장은 우선 사업자등록부터 할 생각이다. 원래는 사업자등록을 하면 세무신고 의무가 발생할 테니 좀 기다렸다가 이익이 나면 하려고 했다. 그러나 김 사장의 조언을 듣고 마음을 바꿨다. 사람이 태어나면 출생신고를 하고 주민등록번호를 부여받는 것처럼 사업을 시작하면 사업자등록번호를 부여받게 된다. 사업을 시작하려면 사업자등록을 하고 등록증을 발부받아야 한다. 그렇다면 사업자등록은 언제 하는 것이 좋을까? 결론적으로 말하면 빠를수록 좋다.

법적으로 사업자등록증 신청은 사업개시일 후 20일 이내에 하게 되어 있다. 사업을 개시할 시기에는 매우 바쁘기 때문에 내가 사업자등록을 신청한 날로부터 20일 전 사업과 관련해서 지출된 경비는 모두 인정받을 수 있다는 의미이다.

창업 초기 비용을 인정받기 위해서는 사업자등록을 일찍 하는 것이 좋다. 본인이 노점상을 해서 사업자등록을 굳이 하지 않겠다면 할 수 없지만 창업 초기 비용에 대해 세금혜택을 받으려면 일찍 사업자등록을 하는 것이 좋다. 사업자등록을 하기 전이라도 반드시 세금계산서를 받아 두어야 한다. 세금계산서에 사업자등록번호 대신 본인의 주민등록번호를 기재하여 세금계산서를 받으면 된다.

매출액이 제로(0)이고 비용만 발생해서 사업자등록을 안 해도 가산세 부담이 없는데 굳이 일찍 사업자를 낼 필요가 있을까 생각할 수 있다. 매출액이 없다면 미등록 가산세(공급가액의 1%)도 없겠지만 사업자등록을 하지 않을 때는 다음과 같은 불이익이 있다.

① 결손금을 공제받을 수 없다.

창업 초기에 매출은 발생하지 않고 비용만 계속 들어가는 소위 데스밸리Death Valley라는 혹독한 시기를 거치게 된다. 이 시기를 얼마나 잘 버티느냐에 따라 사업의 성패가 좌우되는데 사업자등록증이 없으면 나중에 흑자로 돌아섰을 때 과거 손실 부분을 이월결손금 형태로 10년 동안 이익에서 차감해 주는 혜택을 받을 수 없다.

② 부가가치세 매입세액을 돌려받을 수 없다.

창업 초기 인테리어비용, 임대료, 집기나 비품을 구입할 때 지급한 부가가치세 매입세액은 돌려받을 수 있는데 사업자등록과 부가가치세 신고를 하지 않으면 돌려받을 수 없다. 사업자등록을 해서 정상적으로 세금을 내고 소득을 취하는 것을 권장한다.

③ 사업상 신뢰가 확보되기 어렵다.

사업자 등록을 내지 않고 프리랜서로 활동하는 사람들도 많다. 그러나 대부분 사업자는 소득세나 법인세를 낼 때 비용을 인정받아 세금 혜택을 받으려고 하므로 이왕이면 사업자등록이 있는 사업자와 거래하는 것을 선호한다. 요즘에는 과거와 달리 소비자들이 신용카드를 많이 쓰기 때문에 사업자등록을 내지 않고는 할 수 있는 사업이 거의 없다. 카드단말기를 설치하려고 해도 사업자등록증이 필요하다.

나 홀로 사업자등록, 생각보다 간단하다

사업자등록 신청을 하려면 국세청 홈페이지(www.nts.go.kr)에서 사업자등록신청서 서식을 내려받아 작성한 후 세무서에 제출하거나 사업장 관할 세무서를 방문하여 민원봉사실에 비치된 사업자등록신청서를 작성해 제출하면 된다.

국세청 홈택스에 가입되어 있고 공인인증서가 있으면 굳이 세무서를 방문하지 않고도 인터넷으로 신청할 수 있다. 사업개시 전에도 사업자등록을 할 수 있는데 그때는 사업허가신청서나 사업계획서 등의 증빙이 필요하다.

(홈택스 www.hometax.go.kr ⇨ 신청/제출 ⇨ 사업자등록신청/정정)

사업자등록 전 허가사항 확인

사업자등록 시 준비할 사항으로 사업장에 대한 증명서, 보통 세를 얻어 사업을 하는 경우가 많으므로 임대차계약서 사본을 지참해야 한다. 상가 임대차 보호법에 적용받을 경우에는 원본을 가져가는 것이 좋다. 그런데 사업자등록이란 것이 꼭 세무서하고만 관련된 것이 아니다. 지방자치단체의 인가나 허가가 필요한 업종이 있다. 관할 지자체의 허가나 신고, 등록대상 업종인 경우 허가(신고·등록)증 사본을 제출해야 한다.

예를 들어 학원은 학원의 설립·운영 및 과외교습에 관한 법률에 따라 교육청에 먼저 등록을 해야만 사업자등록을 할 수 있다. 음식점은 관할 구청 위생과에서 영업신고증을 먼저 받아야 하는데 임대차계약서 사본과 신분증을 지참하면 된다.

〈표5-3〉 업종별 인허가 예시

업종명	근거 법률	관련 부처	비고
건강기능식품 일반판매업	건강기능식품에 관한 법률	보건소 보건위생과	신고
공인중개사	공인중개사의 업무 및 부동산 거래신고에 관한 법률	구청 지적과	등록
관광숙박업	관광진흥법 제4조	구청 문화체육과	등록
독서실	학원의 설립 운영 및 과외 교습에 관한 법률	교육청 평생교육체육과	등록
미용업(일반, 피부, 종합, 네일아트 포함), 이용업	공중위생관리법 제3조	보건소 보건위생과	신고
보험대리점	보험법	금융감독원	등록
일반여행업	관광진흥법 제4조	구청 문화체육과	등록
학원	학원의 설립 운영 및 과외 교습에 관한 법률	교육청 평생교육 체육과	등록

※ 출처: 기업지원플러스(www.g4b.go.kr) 〉 사업내용 일괄변경 〉 업종별 인허가 민원행정안내

일반과세자로 할까, 간이과세자로 할까?

사업자등록은 운영할 사업체의 유형에 따라 신고를 다르게 해야 한다. 사업 형태에 따라서 개인사업자와 법인사업자로 구분되고 과

세 유형에 따라서는 과세사업자와 면세사업자로 나뉜다. 이번 장에서는 사업 규모에 따른 구분으로, 일반과세자와 간이과세자에 대해 설명하고자 한다.

부가가치세 과세사업자는 일반과세자와 간이과세자로 구분할 수 있다. 간이과세는 신규사업자나 매출액 4,800만 원 이하(2018년 기준)의 소규모 사업자를 위한 제도로 개인사업자에게만 적용되고 법인사업자는 해당사항이 없다. 정부는 현행법의 간이과세 적용 기준금액(4,800만 원)을 인상하여 간이과세 대상자를 확대함으로써 영세 개인사업자의 세금부담을 줄이는 방안을 검토하고 있다.

일반과세자가 부가가치세율 10%를 적용받는다면 간이과세자는 5%에서 30%의 업종별 부가가치율이 한 번 더 곱해져서 부가가치세율이 낮아진다. 간이과세자의 장점은 매출액의 0.5~3% 정도만 세금으로 내면 되므로 세금이 적다는 것과 신고·납세 의무가 간편하다는 점이다. 이는 창업자나 소규모 영세사업자가 부가가치세법상 납세의무를 모두 이행하기가 쉽지 않기 때문에 신고편의를 최대한 고려한 과세 방법이다. 일반과세자는 연 2회 부가가치세 신고의무가 있는데, 간이과세자는 1년에 한 번만 신고하면 된다.

간이과세의 약점

부가가치세 납부세액이 일반과세자에 비해 낮아서 부담이 적기 때문에 선호하는 경향이 있지만 간이과세는 다음과 같은 치명적인 약점이 있다.

① 간이과세자는 부가가치세를 환급받을 수 없다.

매출액이 100원이고 매입액이 50원이라면 부가가치세 5원을 추가로 납부해야 하고, 반대로 매출액이 50원이고 매입액이 100원이라면 일반과세자는 부가가치세 5원을 돌려받지만 간이과세자는 돌려받지 못한다.

특히 신규로 사업을 시작하면, 설비나 인테리어 비용이 많이 드는데 무작정 간이과세자로 신청했다가는 낭패를 볼 수가 있다. 당분간 매출보다 매입이 많을 것으로 예상하는 사업이라면 일반과세자로 등록을 해서 매입세액을 환급받는 것이 더 이익이다. 환급이 많이 발생하는 업종으로 사업을 하는 경우에는 반드시 일반과세자로 사업자등록을 내서 세금 환급에서 손해를 보는 일이 없도록 해야 한다.

② 간이과세자는 세금계산서를 발행할 수 없어 거래상대방이 부가가치세 매입세액 공제를 받지 못하므로 사업자들 간에 거래를 꺼릴 수 있다.

간이과세자한테서 물품을 구입하면 부가가치세를 환급받지 못하기 때문에 거래 상대방 입장에서는 간이과세자보다는 일반과세자와 거래하기를 원한다. 나의 주된 고객이 일반 소비자라면 이점이 크게 고려사항은 아니다. 그러나 나와 거래하는 상대방이 사업자라면(B2B) 일반과세자를 선택하는 것이 더 좋다.

〈표5-4〉 일반과세자와 간이과세자의 차이

구 분	일반과세자	간이과세자
대상	연 매출액 4,800만 원* 이상이거나 간이과세 배제되는 업종·지역인 경우	연간 매출액 4,800만 원* 미만이고 간이과세 배제되는 업종·지역이 아닌 경우
매출세액	매출액 (공급가액)×10%	공급대가×10%×업종별 부가가치율
세금계산서	의무적으로 발행해야 함	세금계산서를 발행할 수 없음
매입세액	전액 공제할 수 있음	매입세액×업종별 부가가치율
기장의무	매입장·매출장 등 기장의무 있음	영수증, 세금계산서 보관 시 기장으로 인정
의제매입세액	모든 업종에 적용함	음식점 사업자만 적용함

* 간이과세 적용 기준금액 인상 예정

예를 들어 황 부장이 북카페를 운영해서 연간 4,000만 원의 매출을 올렸다면, 40만 원을 부가가치세로 내야 한다.

400,000원 = 매출액 40,000,000원×세율 10%×**10% (커피숍 부가가치율)**

황 부장이 일반과세자인 김 사장한테서 2,000만 원 상당의 재료를 구입했다면 부가가치세로 200만 원을 내고 세금계산서를 받았을 것이다. 그러나 황 부장은 200만 원 모두 매입세액으로 공제받을 수 없다. 200만 원에 커피숍 부가가치율인 10%를 적용해서 20만 원만 공제받게 된다. 따라서 황 부장이 내야 할 부가가치세는 20만 원이 된다.

200,000원 = 매입액 20,000,000원×세율 10%×**10% (커피숍 부가가치율)**

창업하는 사장님은 사업자등록을 신청할 때 신규사업자이므로 간이과세자에 체크한다. 그러나 누구나 간이과세자로 사업자등록을 할 수 있는 것은 아니다. 연 환산 매출액이 4,800만 원에 미달해도 일반과세로 신고해야 하는 '간이과세 배제업종'이 있다. 광업, 제조업, 도매업, 변호사, 공인회계사 등 전문직, 부동산매매업, 과세유흥장소, 간이과세가 적용되지 않는 일반과세 사업장을 이미 보유한 경우, 간이과세 배제기준에 해당되는 사업자 등은 일반과세자로만 사업자등록을 할 수 있다. 간이과세 배제기준은 종목기준, 부동산임대기준, 과세유흥장소기준, 지역기준으로 나눠서 배제기준을 규정하고 있다.

- 국세청 ⇨ 국세청뉴스 ⇨ 고시·공고 ⇨ '간이과세 배제기준' 입력

종목기준

업태	종목(준용종목)	기준경비율 단순경비율 코드번호	업태	종목(준용종목)	기준경비율 단순경비율 코드번호
건설	주거용건물건설업	451101	건설	도배,실내장식 및 내장목공사업 (인테리어공사)	452106
	주거용건물건설업 (주택·토지보유 5년 미만)	451102			
	주거용건물건설업 (주택·토지보유 5년 이상)	451103		도배,실내장식 및 내장목공사업 (의장공사)	452107
	비주거용건물건설업	451104			
	주택신축판매업	451105		기타기반조성관련 전문공사업 포장공사업	452108
	도로건설업	451200			
	산업플랜트건설업	451300			
	조경건설업	451400		배관및냉·난방공사업 기타 시설물축조 관련전문공사업	452111
	토공사, 보링·그라우팅 및 굴정공사업 조적및석축공사업 미장,타일및방수공사업	452101			
				기타건축마무리공사업	452200
				건설장비운영업	453000
	유리·창호공사업 비계·형틀공사업 건축물해체공사업 철근·콘크리트공사업 건물용금속공작물 설치공사업	452102	소매	자동차신품판매업	501201
				중고자동차판매업	501202
				자동차중개업	501301
				자동차신품판매업 (판매대리)	501302
	기타시설물축조관련 전문공사업 토공사업 보링·그라우팅 및 굴정공사업 철도궤도전문공사업	452103		중고자동차판매업 (판매대리)	501303
				자동차 타이어 및 튜브판매업	503002 503002
				기타자동차신품부품 및 내장품판매업	503005
	배관및냉·난방공사업 건물위기계정비설치공사업 일반전기공사업 일반통신공사업	452104		차량용우유소운영업	505001
				차량용가스충전업	505002
	도장공사업	452105			

m²당 공시지가	기준 면적 (건물m²)					
	서울	인천	대전	광주	대구	부산	울산
1,000만 원 이상	62	69	85	85	85	72	85
950만 원 이상	70	74	94	92	92	80	94
900만 원 이상	79	79	104	101	101	87	104
850만 원 이상	85	92	115	113	112	102	116
800만 원 이상	92	106	126	125	124	116	128
750만 원 이상	99	120	140	139	137	126	142
700만 원 이상	106	133	154	152	150	138	155
650만 원 이상	121	144	172	170	168	147	174
600만 원 이상	137	157	190	188	187	157	193
550만 원 이상	158	176	212	210	208	181	215
500만 원 이상	180	195	235	232	229	204	237
450만 원 이상	203	223	260	257	255	228	262
400만 원 이상	226	252	286	283	280	252	289
350만 원 이상	274	296	328	325	321	282	332
300만 원 이상	323	342	371	367	363	314	374
250만 원 이상	369	418	444	440	435	391	448
200만 원 이상	415	494	518	513	507	470	523
150만 원 이상	549	608	629	622	616	581	635
100만 원 이상	683	722	740	732	725	694	747
100만 원 미만	770	940	940	940	940	940	940

커피숍과 커피숍컨설팅,
업종별로 내는 세금이 다르다

사업자등록을 할 때는 어떤 업종을 선택하는 것이 유리할까? 처음 사업자등록을 신청할 때 업태와 업종을 잘 기재해야 한다. 업종은 한국표준산업분류표에 따라 코드화시킨 것인데 이 업종코드별로 경비율이 정해진다. 업종코드는 매우 다양해서 어떤 업종을 택하느냐에 따라 세금의 차이가 발생한다.

예를 들어 매출액이 4,700만 원이라고 할 때 커피숍의 단순경비율은 83.5%이고 커피숍 컨설팅의 단순경비율은 73.3%이다. 커피숍은 4,700만 원의 83.5%인 3,924만 5,000원을 경비로 보아 775만 5,000원을 이익으로 보고 소득세를 계산하지만, 커피숍컨설팅은 73.3%인 3,445만 1,000원을 경비로 보고 1,254만 9,000원에 대해

〈표5-5〉 업종코드에 따른 단순경비율

업종	업태	업종코드	단순경비율	매출액	과세대상금액	종합소득세 (지방소득세 포함)
커피숍	음식 및 주점업	552303	83.5%	4,700만 원	7,755,000원	511,830원
커피숍 컨설팅	서비스	741400	73.3%		12,549,000원	882,580원
세금 차이						370,750원

※ 커피숍: 과세표준 7,755,000 × 6.6% = 511,830원
　커피숍컨설팅: (과세표준 12,549,000 x 15% - 1,080,000원) ×1.1 = 882,585원
(10원 미만 끝수는 계산하지 않음)

세금을 계산한다. 이때 종합소득세 차이는 37만 750원이다.

영세한 소규모 자영업자는 장부를 작성하기가 쉽지 않다. 기장을 하지 않는 영세 자영업자는 업종별로 매출액에 경비율을 곱해서 비용으로 인정하고 그 경비를 공제하고 종합 소득세를 계산하면 된다. 기준(단순)경비율이 높을수록 소득금액이 낮아져 세금을 적게 내게 된다.

사업자등록증에는 업태와 종목만 표시되므로 국세청 홈택스에 들어가면 자신이 등록한 사업의 단순경비율이 얼마나 되는지 알 수 있다.

- 홈택스 ⇨ 조회/발급 ⇨ 기타조회 ⇨ 기준(단순)경비율

- 조회/발급 ⇨ 기타조회 ⇨ 기준(단순)경비율

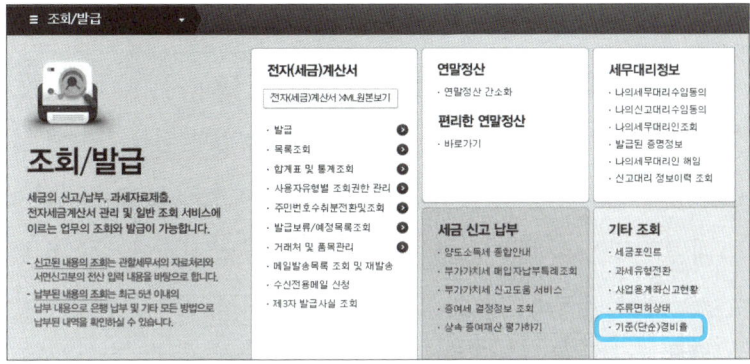

- 업종 검색란에 커피를 입력하면 관련된 업종코드 목록이 조회된다.

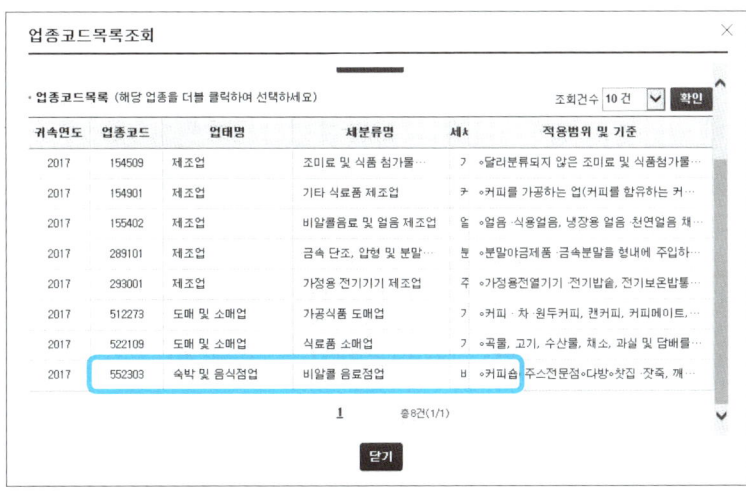

개인사업자로 낼까, 법인사업자로 할까?

사업을 시작할 때 개인사업자로 낼지, 법인으로 낼지 결정하는 것은 중요한 문제이다. 보통 사업자금에 어느 정도 여유가 있는 사람들이 하게 되는 고민일 수도 있다. 개인기업으로 하자니 사업자금 대출도 받아야 하는데 대외 신뢰도가 법인보다 떨어지는 것 같고 소득세가 법인세보다 더 많다는 말도 들어서 세금 부담도 있을 것 같다. 그렇다고 법인으로 하자니 설립비용도 많이 들고 법인등기 등 설립절차도 개인사업자보다 복잡하고 까다로운 것 같아 선뜻 결정하기가 쉽지 않다.

개인기업과 법인기업의 차이는 무엇일까?

첫째는 이익을 분배하는 방식이다. 개인은 사업자금이나 영업에서 발생한 이익을 사장이 사용하는 데 제한이 없다. 그러나 법인은 배당과 같은 적법한 절차에 따라서 인출해야 한다. 특히 사업할 때 흔히 사용하게 되는 '가지급금'은 자주 문제가 되는 항목이다. 사장이나 임원 등이 법인의 돈을 함부로 빼서 사용하게 되면 '업무무관 가지급금'이라고 하여 이자 상당액을 '인정이자'로 세금 추징당하게 된다. 심한 경우에는 '횡령'으로 간주하여 처벌까지 받는 경우도 있다.

둘째로 사업상 책임의 범위이다. 개인기업은 전적으로 사장이 책임을 지게 되지만, 법인은 일반 주주의 경우 출자금액 한도 내에서만 책임을 진다. 따라서 가지고 있는 주식만 포기하는 것으로 피해를 최소화할 수 있다. 그런데 여기서 법인을 창업할 때 가족 구성원이 모두 주주가 되는 경우에는 '과점주주'에 해당하여 제2차 납세의무자가 되면서 세금 문제에서 자유롭지 못할 수도 있다.

셋째, 개인기업과 법인은 세율에 차이가 있다. 개인기업은 일반적으로 종합소득세율 6%~42% 초과 누진세율을 적용하고 법인기업은 10~25% 세율을 적용한다. 과세표준 금액으로만 따진다면 2,160만 원 이하인 경우 개인기업이 세금을 더 적게 내고 2,160만 원을 초과할 경우 법인기업이 유리하다.

〈표5-6〉 개인기업과 법인기업의 세금 비교

과세 표준	개인기업	법인 기업
1,000만 원	60만 원	100만 원
2,000만 원	192만 원	200만 원
2,160만 원	216만 원	216만 원
3,000만 원	342만 원	300만 원
5,000만 원	678만 원	500만 원
1억 원	2,010만 원	1,000만 원
3억 원	9,460만 원	4,000만 원
5억 원	1억 7,460만 원	8,000만 원

개인사업자를 낼지, 법인사업자를 낼지 결정할 때 세무적인 효과만을 고려할 수는 없다. 개인기업은 사업상 의사결정을 사장이 자유롭게 할 수 있지만 대표자가 바뀌면 폐업을 하고 신규로 사업자

등록을 다시 해야 하므로 사업의 계속성이 없다. 법인기업은 신주 발행이나 회사채 발행으로 자본조달이 쉽고, 대외신인도가 개인사업자보다 높아 관공서나 금융기관과의 거래에서 용이하다.

그런데도 어떤 유형으로 설립할지 판단이 서지 않는다면 일단 창업하기 쉬운 개인사업자로 시작해서 나중에 사업규모가 커지면 법인기업으로 전환하는 방법이 있다. 2009년 상법 개정으로 최소 자본금 규정이 삭제되어 단돈 100원만 있어도 법인설립이 가능하다. 하지만 발기인 구성, 설립 등기, 정관 작성, 공증인의 인증 등 여전히 설립절차는 까다롭다. 세금 측면만 고려하면 개인보다는 법인이 더 유리하다고 생각할 수 있다. 그러나 사장 본인이 고용된 대표이사라면 법인세를 내고 남은 돈을 배당으로 받을 경우 6~42%의 종합소득세를 다시 내야 하므로 더 많은 세금을 부담하게 될 수도 있다.

결론적으로 본인이 시작한 사업의 유형과 자금의 조달방법, 예상 매출액 및 소득의 차이에 따라 이해득실을 판단하여 개인으로 할지 법인으로 할지 결정해야 한다. 일정 규모 이상 성장하지 않고 개인자금만으로 소규모 사업을 유지한다면 개인사업자를 내는 것이 더 낫고 일정 규모 이상 성장이 가능한 유망사업이라면 법인사업자로 내는 것이 더 적합할 수 있다. 그러나 매출이 적어도 영업목적을 위해 법인으로 사업을 하는 사장님이 있고 매출 50억 원 이상으로 규모가 꽤 있음에도 자금을 자유롭게 사용하려고 개인사업자를 유지하는 사장님도 있다.

고수의 절세 노트 ❺

피가 되고 살이 되는 창업세무 원칙

김상진 사장을 만나고 집으로 돌아온 황 부장은 김 사장의 여러 가지 충고를 되새기며 방으로 들어가자마자 컴퓨터를 켰다. 아직 창업한다는 말을 아내한테는 하지 않았다. 이것저것 꼼꼼하게 준비하고 얘기할 요량이었지만 오늘 얘기를 해야 할 것 같다. 먼저 김 사장이 조언한 내용을 워드로 정리했다. 그리고 출력해서 "창업세무 원칙"이라고 크게 써 붙여 놓았다. 11시가 넘었는데 카페에서 일하는 아내는 아직 집에 도착하지 않았다.

'매장 정리만 끝내고 금방 온다더니 늦네. 밤 길인데 마중이라도 나가야 할까?'

이런저런 생각들로 머릿속이 복잡했다. 우선 황 부장은 인터넷 검색을 시작했다. 창업자가 알아야 할 세금의 종류와 납부 시기를 알아 두는 게 좋을 것 같아서였다.

왜 세금납부 스케줄을 알아야 할까? 세금납부 일정은 사업의 현금흐름을 결정하는 중요한 요인 중 하나이다. 종합소득세나 부가가치세 등은 정해진 기간에 현금으로 내야 하므로 미리 챙기지 않고 있다가 낭패를 볼 수 있다. (자세한 세금 일정은 7장에서)

사업 말리는 아내와 집에서 놀 수 없다는 황 부장

"온종일 집에서 컴퓨터만 하고 있었던 거예요? 당신이 이렇게 집에만 있으면 내가 얼마나 불편한지 알아요?"

깜짝 놀란 황 부장. 초인종 소리도 들리지 않았는데 마누라가 어느새 방에 들어와 자신을 지켜보고 있다. 퇴직 직후 아내는 그동안 가족을 부양하느라 힘들었다며 취미생활을 하면서 당분간 쉬라고 위로해 주었다. 하지만 한 달을 넘기지 못하고 언제 그랬냐는 듯이 불만을 드러냈다. 아침마다 출근했던 지난날과 달리 온종일 집에만 있는 남편의 존재가 아내는 어색하고 불편했던 모양이다.

"당신 언제 왔어? 좀 늦었네. 안 그래도 당신한테 할 얘기가 있어."

평생 일 중독으로 살아온 황 부장은 아내의 기분도 모르고 카페 창업에 대한 이야기를 꺼냈다. 아내는 피곤하면 짜증을 내곤 했다.

"당신 평생 번 퇴직금을 사업으로 날릴 셈이에요? 넉넉지 않아도 우리 가진 돈이면 애들한테 손 벌리지 않고 살 수 있는데 사업하려면 나랑 이혼부터 하고 해요!"

황 부장의 아내는 남편이 미덥지 못해서가 아니라, 주변에서 어설프게 사업을 시작했다가 빚만 떠안게 된 경우를 많이 봐서 자신은 그런 일을 겪고 싶지 않았다. 아내의 마음을 모르지 않는 황 부장. 흥분한 아내의 기분이 진정된 듯하자 나지막하게 말했다.

"평생토록 내가 당신에게 월급을 가져다줬어. 이제 그러지 못한다는 사실이 얼마나 나를 위축되게 하는지 모를 거야. 당신은 밤늦게까지 고생하는데 가장인 나는 집에서 놀고 먹으라고? 회사 일에만 매달렸던 내가 이제 와서 취미생활 하고 놀러 다니려고 하면 그게 되느냐고? 게다가 벌지도 않고 쓰는 돈이 얼마나 부담이 되는데…."

그사이 프린터가 뱉어놓은 A4용지들이 방안에 널려 있었다. 아내가 주워든 A4용지에는 이렇게 적혀 있었다. '창업세무 원칙 7가지'. 아내는 용지를 한참 쳐다보다가 정리해서 책상 위에 가지런히 올려놓으며 말했다.

"조급해하지 말고 최대한 많이 준비해서 시작하세요."

창업 초기 세무 원칙 7가지

❶ 사업을 시작하기 전이라도 반드시 세금계산서를 받아 둔다.

예를 들어, 커피숍을 창업할 때 초기에 인테리어 비용이 많이 드는데 사업자등록을 하지 않아서 세금계산서를 챙기지 않으면 최소 1,000만 원 이상의 세금을 놓치게 된다. 이럴 경우 사업자 개인 주민등록번호를 기재하여 세금계산서를 받아둬도 된다.

❷ 지출증빙은 그때그때 잘 챙긴다.

지출증빙에는 세금계산서, 계산서, 신용카드매출전표, 현금영수증, 영수증 등이 있는데, 영수증은 적격증빙에 해당되지 않는다. 1만 원이 넘는 접대비를 영수증으로 증빙하면 전액 비용으로 인정받을 수 없다. 세금계산서는 받는 시점이 매우 중요한데 대금은 나중에 결제하더라도 반드시 물품이나 서비스를 받는 시기에 발급받아야 한다.

❸ 거래처 확인을 습관화한다.

김 사장은 물건을 저렴하게 판다고 하여 평소에 거래하지 않던 업체와 구매 계약을 체결했다. 세무서에서 적격증빙과 신고내용을 검증하고는 소명을 요청했다. 김 사장이 나중에 통지받은 내용은 그 거래처가 이미 폐업한 사업자라서 부가가치세 매입세액 공제를 받을 수 없다는 것이었다. 이처럼 물건을 싸게 준다는 둥 다소 의심스러운 행동이나 조건을 제시할 때는 반드시 거래상대방이 정상적인 사업자인지 확인하는 것이 좋다. 국세청 홈택스를 방문하면 사업자등록번호를 조회할 수 있다. 또한 현금거래를 요구하는 사업자일수록 주의하고 거래 시 반드시 은행 등 금융기관을 통해 대금을 결제하여 객관적인 증빙을 남기도록 한다.

❹ 세금 신고기한은 꼭 지킨다.

낼 세금이 없거나 세금 낼 돈이 없어도 세금신고는 반드시 기한 내에 해야 한다. 부가가치세와 법인세, 종합소득세, 면세사업자의 사업자현황 신고 등은 제때 해야 가산세 등 불이익이 없다. 사업에 심각한 손실이나 재해를 입은 경우에는 납부기한을 연장하거나 징수 유예를 받아 나누어낼 수 있도록 지원하고 있다.

❺ 명의도용을 조심한다.

김 사장은 사업상 급전이 필요한 지인에게 통장과 인감, 주민등록번호를 빌려준 적이 있다. 나중에 본인도 모르는 사업자등록증이 발급된 것을 알고 매우 난감했다. 세법은 '실질과세원칙'을 적용하는데 김 사장이 실제 사업자를 밝히지 못하면 이 사업자번호에 관련된 세금을 본인이 내야 하므로 재산 압류 등 금융거래상 불이익을 받게 된다. 또한 조세를 회피할 목적으로 명의를 빌려준 경우에는 1,000만 원 이하의 벌금과 1년 이하의 징역을 받게 되고 명의를 도용한 사람은 그 두 배에 달하는 처벌을 받게 된다. 이러한 불이익을 당하지 않으려면 명의대여 자체를 하지 말아야 한다.

❻ 조세지원이나 보조금 활용으로 세금 절약하기

조세특례제한법상 중소기업에 해당하면 일반기업보다 더 많은 세금 혜택이 있다. 예를 들면 '창업중소기업 세액감면' 제도의 경우에는 일정 요건을 충족하는 사업자에게 사업이 안정되어 최초로 소득이 발생하는 해부터 5년까지 세금을 50% 감면해 준다.

조세지원제도를 활용하는 방법 외에 월급이 일정 금액 미만이고 종업원 수가 10인 미만인 사업장이 '두루누리 사회보험'에 가입하면 (사업주와 직원 모두) 국민연금과 고용보험료를 지원받을 수 있다. 또한 중소기업진흥공단에서 주관하는 '내일채움공제'를 활용하면 연구 및 인력개발비에 대한 세액공제 혜택이 있고 직원도 근로소득세의 일정 부분을 절약할 수 있다.

이 외에도 세법을 잘 알지도 못하고 경제적으로도 어려워 세무대리인을 선임할 수 없는 영세 자영업자에게 세금 문제 해결을 도와주는 '영세 납세자 지원단' 제도가 있다. 이를 통해 무료로 세무자문 서비스를 받을 수 있다. 또한 세무서에서 사업자등록을 신청할 때 '창업자 멘토링 서비스'를 이용하면 창업준비단계부터 최초 종합소득세를 신고할 때까지 맞춤형 무료 세무자문 서비스를 받을 수 있다.

❼ 사업 손실 인정받기 위해 장부 기장하기

창업 초기에는 매출이 발생하지 않고 비용은 계속 들어가는 시기가 있다. 사업체를 잘 운영하다가도 일시적인 경기 흐름에 따라 손해가 발생하기도 한다. 결손이 나면 낼 세금이 없다고 장부기록을 안 하는 사업주들이 많다. 그러나 장부를 기록하지 않으면 결손이 난 사실을 증명할 수 없고, 나중에 사업이 다시 흑자로 돌아섰을 때 결손 부분에 대한 손실을 증명하지 못한다. 그러니 '이월결손금'이라는 형태로 이익에서 차감할 수 없으므로 고스란히 세금을 내야 하는 경우가 생길 수 있다.

6장

사업할 때 조심해야 할 세금 이슈

영세사업자인데, 기장해야 할까?

"여보세요? 김 사장, 나야."

"아, 경수! 그 후로 통 연락이 없어 안 그래도 궁금했네. 창업 준비는 잘 돼 가나?"

"뭐, 그럭저럭하고 있어. 지금 인테리어 준비를 하는데 오늘 견적 내려고 업체사장 만나러 가는 길에 궁금한 게 있어서 전화했네."

"뭔데? 말해 보시게."

"음~ 두 가지인데, 장부 쓰는 거랑 그 뭐라더라? 세금영수증 받는 거."

"아, '기장'이랑 '세금계산서' 말하는 건가?"

"맞네. 내가 소시쩍부터 부기니 회계니 이런 거 들으면 제일 싫어했는데, 장부기장 꼭 해야 하는가? 아직 매출도 없어 쓸 것도 없는데."

"장부기장은 세금을 줄이기 위해서 하는 건데, 현실적으로 기장할 필요가 없는 업종도 있네. 예를 들어 우리 집사람이 손재주가 좀 있어 퀼트를 하는데 주문이 올 때마다 얼마씩 받고 만들어 주는 식이지. 1년 매출이라고 해 봤자 800만 원 정도야. 어차피 세금도 얼마 나오지 않을 거라서 장부기장 안 해. 신고할 때만 내가 좀 봐주고 있지."

"그럼 나도 안 해도 되나?"

"글쎄…, 그건 자네가 판단할 문제인데, 내가 이건 얘기해 줄 수 있어. 원칙적으로 세법에서는 장부를 작성 안 하면 추정해서 세금을 계산하는 '추계신고제도'를 두고 있네. 연간 매출액이 1억 원이 넘는 자영업자가 장부기장을 하지 않으면 가산세까지 물어야 하지만 영세사업자한테는 기장 안 해도 가산세가 없다네."

"아유~ 어렵다. 어려워. 쉽게 말해서 해? 말아?"

"이 사람 성질은, 사실 '나 홀로' 사장에다가 분기에 매입세금계산서 한두 장 발급하는 영세사업자라면 솔직히 기장할 필요가 없다고 생각하네. 기장료 낼 돈이 세금보다 많을 수도 있으니까. 그런데 커피숍 하려면 초기엔 적자가 날 거고 장사가 잘되면 매출이 많아질 테고, 매출이 늘어나면 일손이 달려서 직원을 쓸 텐데 4대보험이니 급여대장이니 혼자 하기 힘드니 세무대리인에게 맡기다 보면 자연히 기장대리까지 하게 될 거야. 그러니까 자네는 간편 장부부터 시작하게. 그리 어렵지 않을 걸세."

모든 사업자가 기장 즉 장부를 작성할 필요는 없다. 그렇지만 장부를 작성하는 것이 유리한 사업자는 있다. 기장료 부담이 있더라도 장부를 기록함으로써 세금을 조금이라도 줄일 수 있다면 장부를 작성해야 한다. 영세 자영업자가 기장을 해야 할지 말지 고민하고 있다면 몇 가지 가이드를 제시한다.

결론적으로 말하면 신규사업자나 소규모 영세 자영업자 중에서 직원 없이 '나 홀로' 사장이고 매입도 딱히 발생하지 않는 단순 사업을 하는 사장님은 기장할 필요가 없다. 기장을 안 하면 세금폭탄을 맞을 것처럼 으름장을 놓는 것에 현혹될 필요도 없다. 설령 추계로 소득세를 신고하는 것이 세금을 조금 더 낸다고 해도 기장료 나가는 것보다 많지 않다면 실질적으로 추계신고 하는 편이 더 낫다는 의미이다.

'추계신고'라는 것은 매출액에 일정 경비율을 곱해서 비용으로 계산하는 방식이다. 추계신고를 하면 업종별 경비율에 따라 비용을 인정해 준다. 그러나 추계신고는 장부기록과 증빙서류에 의한 신고가 아니어서 실제로 발생한 적자를 증명할 수 없다. 사업상 손실이 나더라도 인정해 주는 경비율이 100%보다 작으므로 추계신고를 하면 세금이 무조건 나온다고 봐야 한다. 단순경비율이나 기준경비율 수치는 국세청 홈택스에서 업종별로 조회할 수 있고 이 비율은 매년 바뀔 수도 있다.

그러나 사업자라면 누구나 장부를 기록하여 소득세를 신고하는 것이 원칙이다. 기장을 해야 하는 이유로는 첫째, 지출경비를 장부에 기록하여 비용을 많이 인정받음으로써 세금을 줄이기 위해서이다. 따라서 비용이 많아 적자가 날 것 같은 사장님은 기장을 하는 것이 좋다. 기장을 하면 적자가 난 것을 장부로 증명할 수 있고 결손금은 10년 동안 향후 벌어들이는 소득에서 차감하고 세금을 계산할 수 있다.

둘째, 어느 정도 규모가 있는 사업자라면 기장을 해야 한다. 세법상 매출액에 따라 여러 업종별로 기장의무를 명시하고 있는데, 전년도 수입금액을 기준으로 도·소매는 3억 원, 음식점은 1억 5,000만 원, 서비스업은 7,500만 원 이상이면 복식장부 의무자에 해당하여 추계로 인정해 주는 경비율이 낮기 때문에 비용을 제대로 인정받기 어렵다. 이것은 어느 정도 규모가 되면 세법에서는 원칙대로 기장하라는 의미이다. 더구나 복식부기의무자가 경비율에 따라 추계신고를 하면 장부를 기장하지 않은 것에 대한 '무기장가산세'가 부과된다.

그렇다면 올해 커피숍을 시작한 황 부장이 장부를 기록하여 세금을 내는 경우와 추계로 신고하는 경우 세금 차이는 얼마나 날까?

〈표6-1〉 장부 기장을 통해 세금을 신고하는 경우와 추계로 신고한 경우 세금 차이

구분	장부기장 할 경우	추계신고 할 경우	
		기준경비율 (12.4%)	단순경비율 (83.5%)
매출액	40,000,000	76,000,000	40,000,000
재료비/ 임대료	(22,000,000)	(9,424,000)	(33,400,000)
기타경비	(3,000,000)	(3,000,000)	(3,000,000)
소득금액	15,000,000	63,576,000	3,600,000
소득공제	(3,000,000)	(3,000,000)	(3,000,000)
과세표준	12,000,000	60,576,000	600,000
산출세액	720,000	9,318,240	36,000
기장세액공제	(108,000)	-	-
무기장가산세	-	1,863,648	-
납부 세액	612,000	11,181,880	36,000

※ 재료비와 임대료 등 주요 경비 2,200만 원, 기타경비 300만 원, 소득공제는 300만 원을 가정했다. 참고로 2018년 커피숍의 기준경비율은 12.4%이고 단순경비율은 83.5%이다.

황 부장은 올해 창업한 신규사업자이므로 간편장부 대상자이다. 사업 첫해에 간편장부 대상자에 해당하면 단순경비율을 적용받을 수 있다. 추계신고할 경우 첫해 매출을 4,000만 원으로 업종별 단순경비율 적용하는 경우와 매출액 7,600만 원으로 기준경비율 적용대상자로 나눠서 살펴보기로 한다.

〈표6-1〉에서 알 수 있듯이 황 부장이 신규사업자로 간편장부 대상자라면 단순경비율을 적용하여 추계신고 할 수 있지만 매출액이 복식부기의무자에 해당하면 기준경비율을 적용해야 한다. 커피숍 기준경비율은 12.4%로 단순경비율 83.5%에 비해 매우 낮다. 업종별로 좀 차이가 있긴 하지만 보통 기준경비율과 단순경비율은 약 3배 이상 차이가 나고 커피숍의 경우는 무려 6배 이상 차이 난다. 따라서 기준경비율을 적용하면 7,600만 원의 12.4%밖에 비용으로 인정받지 못해 기장을 할 때보다 소득세를 더 많이 부담하게 된다. 더구나 장부를 쓰지 않아서 무기장가산세까지 내야 한다.

영세 자영업자라도 세무신고를 위해 스스로 장부를 작성할 수 있다. 하지만 대부분이 귀찮고 어렵다는 이유로 세무사에게 맡기게 된다. 장부를 기장해서 소득세를 줄이는 방법에는 간편장부를 쓰는 방법과 복식부기 방법이 있다. 간편장부는 소규모 사업자를 위해 국세청에서 고안한 장부인데 거래한 날짜별로 매출액 등 수입금액과 매입액 등 비용지출, 고정자산 증감에 대한 사항 등을 기록한다. 간편장부는 수입과 비용을 가계부 적듯 기록하면 되므로 회계지식이 없는 영세 자영업자라도 쉽게 작성할 수 있다.

간편장부는 국세청 홈페이지에 들어가면 무료로 서식을 다운받을 수 있다. 아래 안내된 국세청 사이트에 들어가면 엑셀로 간편장부 작성 프로그램과 작성설명서도 함께 받을 수 있다.

• 국세청(www.nts.go.kr) ⇨ 성실신고지원 ⇨ 종합소득세 ⇨ 간편장부안내

국세청 홈페이지에는 실제로 간편장부 대상자를 위해서 작성사례를 업종별로 알기 쉽게 설명하고 있다. 이 가운데 '숙박 및 음식업 사업자용' 간편장부 예를 들면 〈표6-2〉와 같다.

〈표6-2〉 간편장부 작성방법 예시

❶ 날짜	❷ 거래내용	❸ 거래처	❹수입		❺비용		❻고정자산 증감		❼비고
			금액	부가세	금액	부가세	금액	부가세	
1.5	○○ 판매 (외상)	A상사	10,000,000	1,000,000					세계
1.9	△△ 판매 (현금)	B제지	5,000,000	500,000					세계
1.15	○○구입 (외상)	C상사			5,000,000	500,000			세계
1.17	▽▽구입 (현금)	D상사			2,000,000				영
1.20	거래처 접대 (현금)	E회관			200,000				영

※ 출처 : 국세청 홈페이지

〈작성요령〉

❶ **날짜** : 거래가 발생한 날짜를 기록

❷ **거래내용** : 수입·비용 내역(품명·수량·단가 등)을 요약·기록

❸ **거래처** : 거래처 이름 기록

❹ **수입** : 상품·제품·용역의 공급 등 관련된 사업상의 매출액과 영업외수입 기재

- 일반과세자는 매출액을 상품(또는 서비스)가격과 그 10%의 부가가치세로 구분하여 각각 '금액'란 및 '부가세'란에 기재
- 간이과세자, 면세사업자는 부가가치세를 포함한 전체금액(공급대가)을 '금액'란에 기재

❺ **비용**(원가관련 매입포함) : 상품, 원재료매입액, 일반관리비, 판매비 등 사업 관련 비용

❻ **고정자산 증감**(매매) : 자동차, 컴퓨터 등 고정자산의 매입액 및 부대비용 기재

※ 고정자산을 팔거나 폐기한 경우에는 그 자산을 붉은색으로 기록하거나 금액 앞에 마이너스(-) 표시를 한다

❼ **비고** : 세금계산서, 계산서, 영수증 및 신용카드 거래에 대한 거래증빙 유형을 기재한다.

- 세금계산서는 '세계', 계산서는 '계', 신용카드 및 현금영수증은 '카드 등'으로, 영수증은 '영'으로 간략하게 표시

적격증빙, 영수증보기를 '돈' 같이 하라!

황 부장이 김 사장과 통화하는 사이에 인테리어 업체 사장과 만나기로 한 약속장소가 길 건너에 보였다. 김 사장의 조언을 귀담아듣던 황 부장은 잠시 멈춰 서서 다시 물었다.

"인테리어 공사비가 예상했던 것보다 많이 나올 것 같은데, 업체 사장이 현금을 주면 공사비를 좀 깎아 준다고 하네."

"인테리어는 창호 교체하고 바닥 확장공사도 하는 건가?"

"창호는 교체할 필요가 없고 바닥 확장공사는 일부만 할 것 같네."

"그래? 공사 규모가 작지 않겠네. 그렇다면 꼭 적격증빙 자료를 받아서 챙겨두게."

"무슨 증빙? 방금 뭐라고 했나?"

"적격증빙. 자네가 이제 사업을 시작했으니 반드시 거래 사실을 인정받을 수 있는 증빙을 꼼꼼하게 챙겨야 하네. 증빙이란 '이러이러한 거래를 했고 그 거래를 증명하는 서류가 이것입니다'라고 제시할 수 있는 것인데, 말만으로는 사업상 지출한 것을 객관적으로 증명할 수 없어서 세무서에서 비용으로 인정해 주지 않아. '적격증빙'이란 세무서에서 인정해 주는 법적 증명서류인데 세금계산서, 계산서, 신용카드전표 그리고 현금영수증을 말한다네."

"아, 적격증빙이란 그런 것이군. 장부에 기록된 내용이 사실인지 확인할 수 있도록 비용이 나갈 때마다 증빙서류를 챙겨두란 말이군. 인테리어 사장한테 세금계산서 달라고 해야겠네."

"그렇지. 어쩌면 인테리어 사장이 부가가치세만큼 돈을 더 달라고 할지도 몰라. 그래도 적격증빙을 받아두게. 소득세까지 생각하면 비용 인정받는 쪽이 이익이니까. 그리고 인테리어 할 때는 처음부터 공사가격을 깎지 말고 일단 그대로 견적서를 받아두고 항목별로 어떤 자재를 쓰는지 마감재는 뭔지 꼼꼼히 체크하게. 다시 만나서 계약할 때 가격을 조정하고, 공사비는 절대 한꺼번에 주지 말게. 하하 이런, 속사포처럼 말하다 보니 내가 인테리어 공사 코치까지 하고 있구먼."

"아닐세. 많은 도움이 되었네. 그런데 궁금한 것이 있는데, 인테리어 견적 낼 때 왜 가격을 먼저 깎으면 안 되나?"

"인테리어 업체는 뭐 땅 파서 장사하나? 남는 게 있어야지. 자네가 가격을 깎아달라고 하면 그 선에 맞춰서 자재나 공사 수준이 내려갈 수가 있네. 일단 원하는 사양으로 견적을 받고 나중에 자네도 여기저기 알아보고 가격을 조정하도록 하게. 공사할 때는 업자한테만 맡겨놓지 말고 어떤 마감재를 쓰는지 공사 항목별로 체크해서 실제 그 자재가 쓰였는지, 마감은 제대로 되었는지, 자네도 잘 살펴야 할 걸세."

"아, 그렇군. 알겠네. 그리고 좀 전에 자네가 했던 말인데, 소득세까지 생각하면 비용 인정받는 게 이익이란 의미가 뭔가?"

"만약 인테리어 비용이 2,000만 원이라고 했을 때 자네가 현금으로 지급한다고 하면 인테리어업자는 1,800만 원만 받고 200만 원 깎아 주겠지. 그런데 자네는 부가가치세 일반과세자가 아닌가? 부가가치세 매입세액 공제를 받으면 2,000만 원의 10%인 200만 원은 돌려받는다네. 그리고 내년 5월에 종합소득세도 내야 하는데, 공사비용을 적격증빙으로 인정받으면 세율이 6%일 경우 120만 원을, 15%라면 300만 원을 절세할 수 있는데 굳이 당장 몇 푼 깎아준다고 현금을 줄 이유가 없네."

"아, 자네, 언제부터 그리 세금을 훤히 꿰고 있었나? 고수네그려. 자네 말을 듣고 보니 각성이 되네. 이제 보니 내가 너무 세금 문제를 쉽게 여겼어."

"그렇지. 결국 업자는 매출누락으로 세금을 빼먹으려는 건데, 한 번 두 번 쌓이다 보면 배보다 배꼽이 더 큰 세금폭탄을 맞을 수 있네."

"그러고 보니 재작년 동창 모임에서 들었는데, 자네도 세무조사 받고 좀 힘들었다더군."

"아, 말도 말게. 그 당시에 일시적인 자금난 때문에 매출을 1억 원 정도 누락했는데. 난 말이야, 국세청 전산시스템이 그렇게 고도화된 줄 몰랐어. 거의 모든 자금 흐름을 파악하고 있더군. 나도 증빙을 중요시해서 장부에 기록하고 잘 챙겼는데, 돈의 흐름으로 현금매출 누락한 내용을 파악하고는 결국 6,000만 원도 넘게 추징당했지 뭔가."

"아니, 매출 1억 누락했는데, 6,000만 원 넘게 추징당했다고?"

"추징금은 그렇다 치고 당시 조사 불려 다니면서 받은 압박감과 스트레스는 말로 다 할 수 없어. 지금 전화로 그때 일을 다 얘기하기는 뭐하고 다음에 소주 한잔하면서 얘기해 줌세. 여하튼 오늘 일 잘 보게나."

"그래, 상진이, 여러 가지로 고맙네."

"쓸데없는 말을 다 하네, 언제든 연락하게. 내 말은 참고로 하고 세무대리인과 한 번 더 확인하는 것도 잊지 말게. 세법은 매년 바뀌니까."

사업자라면 반드시 거래 사실을 인정받을 수 있는 증빙자료를 꼼꼼하게 챙겨야 한다. 그렇다고 아무 영수증이나 받으면 되는 걸까? 그렇지 않다. 세법에선 '적격증빙'이란 용어를 사용하는데 소득세법상 정상적인 법정지출증빙으로 인정된 것이어야 한다. 예를 들면 세금계산서, 계산서(면세물품), 신용카드, 현금영수증을 말한다. 간혹 소액일 때는 간이영수증을 챙긴다. 간이영수증은 문구점에서 파는 '간이영수증'을 말하는데, 일반적으로 건당 3만 원 이하의 거래와 1만 원 이하 접대비처럼 특수한 경우에는 비용으로 인정해 주기 때문이다. 물론, 아무 증빙도 받지 않았다면 비용으로 인정받을 수 없다. 하지만 지출금액에 따른 적격증빙 없이 거래가 있었다는 사실을 증명하기만 하면 비용을 인정하는 경우도 있다. 예를 들면 아래와 같다.

① 국가기관과 거래하는 경우로 국가에 세금을 납부해도 증빙서류를 받을 수 없다.
② 비영리법인과 거래할 때에도 사업자가 아니기 때문에 적격증빙을 발행할 수 없다.
③ 은행 이자비용은 통장이체내역으로 비용이 인정된다.

④ 농어민으로부터 상품을 구입한 경우 영수증을 받으면 비용처리가 가능하다. 영수증에는 농어민의 성명과 주민등록번호가 기재되어 있어야 한다.
⑤ 건당 20만 원 이하의 경조사비도 증빙 없이 비용이 인정되는데 부고 내용이나 청첩장 등을 챙겨두어야 한다.
⑥ 임대인이 간이과세자인 경우 세금계산서를 발행하지 못하는데, 임대차계약서와 은행 이체영수증이 있으면 비용처리할 수 있다.

사실 사업에서 절세라는 것은 어떤 비법이 따로 있는 것이 아니다. 절세는 세법이 요구하는 사항을 성실하게 이행하는 것에서 시작된다. 기본적으로는 물건을 사고팔 때 그 거래내용을 확인할 수 있는 증빙서류를 잘 챙겨서 장부에 기록해 두는 것이다. 탈세를 피하고 세금을 잘 관리하는 것도 또 하나의 절세법이다.

탈세의 유형은 네 가지로 요약할 수 있는데, 첫째는 매출을 고의로 누락하거나 적게 신고하는 경우, 둘째는 비용을 지출하지 않았는데 거짓으로 지출한 것처럼 신고하는 경우, 셋째는 명의를 위장하여 사업하는 경우, 넷째는 사실과 다르게 허위계약서나 이면(다운)계약서를 작성하는 경우이다. 탈세하다 적발되면 무거운 세금추징에 사업이 위태로워질 수 있고 조세범으로 오인되어 처벌까지 받을 수 있다.

아래 〈표6-3〉은 김상진 사장이 1년 전, 자금난으로 매출 1억 원을 누락했다가 세무조사에서 적발되어 추징된 세금내역이다.

만일 김상진 사장이 개인기업이 아니라 법인기업이었다면 세금추징액은 더 많아졌을 것이다. 법인기업이 매출누락으로 적발된 경우 부가가치세, 법인세, 지방소득세와 각종 가산세를 추징하고 여기에 대표자 앞으로 소득세와 가산세 그리고 건강보험료까지 부과된다. 누락된 매출액을 대표자에게 상여금으로 지급한 것으로 보고 세금을 추징하는 것이다.

⟨표6-3⟩ 김상진 사장의 세무조사 추징(본세 + 가산세) 내역

세금항목		추징금액	합계
부가가치세	부가가치세 본세	100,000,000원 × 10%	10,000,000원
	과소신고 가산세	10,000,000원 × 10%	1,000,000원
	납부불성실 가산세	10,000,000원 × 3/10,000 × 350일	1,050,000원
	세금계산서 미발급 가산세	100,000,000원 × 2%	2,000,000원
종합소득세	종합소득세 본세	100,000,000원 × 38%	38,000,000원
	과소신고 가산세	38,000,000원 × 10%	3,800,000원
	납부불성실 가산세	38,000,000원 × 3/10,000 × 350일	3,990,000원
	지방소득세	45,790,000원 × 10%	4,579,000원
추징세액 합계			64,419,000원

※ 김 사장의 종합소득세율 38% 가정

사모님, 애들 학원비는 경비처리 안 돼요!

모 경제신문사에서 주관하는 신규창업자를 위한 세미나에 참석한 황 부장. 교육을 마치고 김 사장과 저녁을 먹기로 해서 근처 음식점으로 향했다. 송도 인근에서 식당을

하는 김 사장을 만나려고 이곳의 세미나에 참석했는지도 모르겠다. 바쁘게 택시를 타고 약속장소에 도착하니 김 사장이 먼저 와서 기다리고 있었다.

"경수! 여기야 여기. 그래 오늘 교육은 잘 받았나?"

"오랜만에 몇 시간씩 앉아 있으려니 좀이 쑤시고 얼마나 졸리던지. 나이 먹어 이게 무슨 고생인지 모르겠네. 다들 은퇴 후 제2의 인생 목표가 창업인 건지 사람이 꽉꽉 들어찼더라고."

"아무튼 고생했네. 자, 배고플 텐데 어서 들게나."

"아, 그때 자네가 전화로 말하다 만 세무조사 받았던 얘기, 그것 좀 들려주게."

"그 악몽 같은 일을 맨정신에 떠올릴 수 있겠나? 소주 한 잔 먼저 걸쳐야겠네."

김 사장은 황 부장이 따라주는 술을 쭉 들이켜고는 잔을 탁자 위에 '탁' 내려놓기 무섭게 말을 이어갔다.

"그때 사실, 문제 되었던 것은 매출을 누락한 것도 있었지만 사업과 관련 없는 비용을 경비 처리한 거였어."

"자네가 사업용 카드를 개인적인 용도로 쓰고 회사 장부에 비용처럼 기록했다는 얘기군."

"그게 사실은 사업용 카드를 사용하든 일반카드를 쓰든 그건 중요치 않아. 즉 어떤 카드를 썼느냐보다 사업과 관련해서 썼는지가 더 중요하다네. 물론 일반 카드를 사용하더라도 꼭 결제는 사업용 계좌에서 나가도록 해야 하네. 그때 비용부인을 당한 이유는 내가 음식점을 하면서 상식적으로도 사업 관련 비용이 될 수 없는 항목들을 경비 처리 했었기 때문이야. 우리 막내가 재수하는 바람에 기숙학원비로 목돈이 좀 들어갔어. 그리고 둘째가 수술받느라 병원비도 있었고."

"자네도 참 힘들었겠네. 그래서 어찌 되었나?"

"뭘 어찌 되었겠나. 세무조사관이 상세내역을 검토하는 과정에서 다 들통이 나서 세금만 더 많이 추징당했지. 그리고 더 크게 문제 된 것은 세무대리인이 세금을 얼마에 맞춰준다고 가공경비를 더 넣으라고 해서…"

김 사장은 갑자기 말을 멈추고 옆에 있는 소주병을 움켜쥐더니 한 잔 가득히 따라 단숨에 들이켜고는 다시 말을 이어갔다.

"세무대리인이 세금 얼마에 맞춰 줄 테니까 수수료 얼마 더 달라 하더라고. 그래서 가공경비를 넣었는데, 그때는 그 세무사가 참 능력자로 보였지. 나중에 탈세로 발각되고 나서야 뭔가 크게 잘못했다는 것을 깨달았는데 그때는 이미 늦었지. 그 세무사는 나뿐만 아니라 여러 사장에게 그렇게 했더라고. 그 후로 연락을 끊었는데 아마 구속되었을 거야. 사업을 하면서 편법은 피하는 것이 가장 최선이라네. 요즘 국세청 전산망에서는 사업용 카드로 주말이나 공휴일에 쓴 것까지 다 걸러내서 사업하는 사람들에게 통보하고 있다고 하더군. 그 당시 세무조사관 말로는 신고서가 들어오면 국세청 전산에서 업종별, 지역별, 규모별로 나눠서 수십 가지 항목을 분석하기 때문에 뭐 비용 중에서 가공경비 비율을 분석하는 것은 일도 아니라네."

"자네 말을 듣고 보니 그렇군. 그럼 오늘 나한테 저녁을 산 것은 어떻게 경비처리할 텐가?"

"그야 뭐 자네를 거래처 사장으로 볼지, 아니면 친구로만 볼지에 따라 달라지겠지. 거래처 사장이면 접대비로 할 수도 있고, 아니면 개인적으로 밥을 먹은 거라 업무무관 비용으로 처리할 수도 있겠지. 아무튼 사업하면서 지출경비로 인정을 받으려면 비용에 대한 사용내역을 정확하게 입증할 수 있어야 하네."

세무서에서는 가사 관련 경비를 찾아낼 수 있다. 예를 들면 주말에 집행된 카드사용내역 중에서 사업주 집 근처나 사업장과 거리가 있는 곳에서 사용된 경비는 특별히 주의해서 확인할 수 있다. 가사 관련 경비는 카드를 사용한 장소를 보고도 판단할 수 있다. 예를 들어 업무와 전혀 관련 없는 입시학원, 백화점이나 병원 등에서 지출한 경비는 가사 관련 경비로 보아 비용을 부인당할 가능성이 높다

무엇보다도 세무조사 시 복리후생비나 접대비 항목을 집중적으로 확인하는데 가사와 관련된 경비로 의심될 만한 내용은 금방 눈에 띄게 된다. 예를 들면, 나 홀로 사장인데 직원들과의 회식비가 많이 지출되었다든지, 옷가게나 치킨집을 하는데 가전제품이나 가구 등을 대량으로 구입했다면 가사경비로 보고 사업상 비용으로 인정받지 못할 가능성이 높다. 세무조사를 받으면 이러한 비용들은 부인되어 소득금액을 증가시키고 추가로 세금을 부담하게 되는데 늘어난 세금에 대해 신고불성실가산세와 납부불성실가산세까지 추징당하게 된다.

물론 모든 비용이 무조건 사업과 관련이 없는 비용이라는 의미는 아니다. 사업을 하다 보면 접대비 명목으로 백화점에서 구두나 명품가방을 구입할 수도 있고 거래처 사장님들과 친목 도모를 위해 영화를 관람할 수도 있다. 그러나 기억해야 할 것은 비용에 대한 입증 책임은 납세자에게 있으므로 그런 계획이 있다면 관련 지출결의서나 품의서 등을 작성해서 만들어 두고 지출증빙을 남겨두는 것이 좋다. 이러한 서류들은 세무조사관에게 회사 업무와 관련된 비용이

므로 세금은 줄여달라고 무언의 말을 하게 되는데, 궁극적으로 절세는 얄팍한 꼼수가 아니라 정당하고 우직하게 차곡차곡 쌓아가는 증빙 서류를 통해 달성할 수 있다.

증빙 없이 회계장부에 넣은 비용, 설마 세무서에서 알까?

"사장님, 여기 소주 한 병 더요!"

김 사장의 힘들었던 기억을 공유하며 두 사람의 술자리는 무르익어 갔다.

"나 정말 궁금한 게 있는데 영수증 없이 장부에 넣은 비용을 세무서에서 다 알까? 자질구레하게 조금씩 넣는 비용을 누가 알아채겠어?"

"왜? 시험 삼아 한번 넣어 보시게?"

"아니 뭐, 내가 진짜 그렇게 한다는 건 아니고. 몇만 원 넣는다고 설마 알까? 그 얘기지."

"종이 세금계산서 시절에는 사실 세무서에서 잘 몰랐어. 발급일도 상대 거래처와 얘길 해서 미리 당길 수도 있었고. 전자계산서로 바뀌면서 사업 환경이 그때랑 많이 달라졌어. 과거에는 국세청 전산시스템도 지금처럼 발달하지 않았는데 요즘은 개인사업자의 수입과 지출 자료를 몇 년씩 축적해서 빅데이터 분석을 하니까 올해 내야 할 세금까지 예측한다고 하더라고. 또 업종별로도 분석해서 소득이 동종업종 평균에 못 미치면 가차 없이 소명안내문까지 보낸다니까. 그거 받고 내용 읽어보면 가슴이 철렁해. 완전 네 죄를 네가 알렸다! 뭐 그런 느낌이야."

"자네 말은 국세청에서 빅데이터로 사업자 자료를 다 모아 분석하고 있으니 수입과 지출을 정확하게 신고하라는 얘기구먼. 그런 교과서적인 말은 세금 잘 모르는 나도 하겠네."

"지출할 때 신용카드랑 현금영수증 활용해서 증빙도 잘 챙겨야 하네."

"아니, 증빙 없이 비용 좀 올려도 되냐고 물었는데, 신용카드에 현금영수증까지 쓰라고?"

"국세청에서는 PCI분석이란 것도 하네. 자네 사업체의 수입과 지출도 분석대상이지만 자네의 수입과 지출내역까지도 다 파악하고 있다는 뜻일세. 대기업은 4~5년에 한 번씩 정기조사를 받지만 중소기업이나 영세 자영업자 중 90%는 세무조사를 받을 일이 없는데, 영세사업자가 세무조사를 받는다는 것은 무자료거래나 가공거래 등 탈세정황을 파악했다고 보고 세무조사 나오는 거라 사업을 계속할 수 없을 정도로 추징당하는 경우가 많다네."

"소탐대실, 작은 것에 연연하다가 크게 추징당하지 말란 말이로군."

"돈도 문제지만 사장이 형사처벌 받을 수가 있으니까. 회사를 운영할 때는 물건이 들고 나는 것뿐 아니라 자금의 흐름도 잘 봐야 해. 증빙 없는 비용을 장부에 올려놓고 설사 실물과 회계장부를 잘 맞추었어도 자금이 오고 간 내역이 없으면 별개의 거래로 오해받기 쉽네. 세금문제를 떠나서 사장은 자금흐름을 잘 파악하고 있어야 하네."

"와~ 자네 말하는 것이 오늘 세미나 강의보다 귀에 쏙쏙 잘 들어오네그려. 나만 듣기 아까워."

"비행기 그만 태우고 이제 일어나세. 술값은 수업료라 생각하고 자네가 내게."

사실 국세청에서는 여러 여건상 모든 사업자를 세무조사 할 수가 없다. 그러니 사업하는 동안 세무조사를 받을 수도 있고 받지 않을 수도 있다. 이를 보완하기 위해 세무서에서는 서면 조사와 사안별 기획조사를 하기도 한다. 국세청 전산시스템은 나날이 고도화되고 있다. 빅데이터에 각종 첨단장비를 활용하여 사업자별로 소득률, 부가율 파악은 물론, 이를 통해 정교한 경비분석까지 하고 있다. 따라서 지출항목 중에서 가공비용이 얼마나 포함되어 있는지를 알아내는 것은 어려운 일이 아니다.

앞서 김 사장의 얘기에서도 나왔듯이 당장 낼 세금이 많다고 가공비용을 끼워 넣어 신고하면 향후에 더 큰 손해를 초래할 수 있다. 실물 거래가 없는 비용을 증빙 없이 회계장부에 기록하는 것도 문제지만 실제보다 비용을 부풀려 처리하면 탈세 행위가 된다. 탈세는 조세범 처벌법에 따라 조사를 받고 통고처분이나 고발처분까지 받을 수 있다.

여기서 기억해 두어야 할 사항 하나! 사업과 관련하여 지출하는 모든 경비가 세금을 줄여주는 비용이 되는 건 아니라는 사실이다. 물론 대부분 업무와 관련 있는 비용들은 세무상 필요경비로 인정된다. 그러나 그 가운데 일부는 세법상 비용으로 인정되지 않는 것들이 있는데 이것을 정리하면 〈표6-4〉와 같다.

〈표6-4〉 세금을 줄일 수 있는 경비와 세금을 줄일 수 없는 비용들

종합소득세 줄일 수 있는 경비	종합소득세 줄일 수 없는 경비
① 판매한 상품이나 제품의 원재료 매입가격 및 판매와 관련된 보관·운반·포장비 등 ② 직원의 급여 등 인건비 (일용직 포함) ③ 국민건강보험료 또는 고용보험료 등 ④ 사업주가 부담한 국민연금, 퇴직보험료 등 ⑤ 총수입금액을 위해 직접 사용한 대출 이자 ⑥ 사업에 사용하는 고정자산의 감가상각비, 자산 현상유지에 들어간 비용, 임차료 등 ⑦ 한도 이내 접대비, 복리후생비, 차량유지비 등 ⑧ 이외 총수입금액을 얻기 위해 사용된 경비들	① **대손금**: 채권 중 회수가 불가능한 채권을 비용 처리할 때는 요건을 충족해야 한다. ② **접대비**: 접대비는 일정한 한도액을 초과하면 비용으로 인정하지 않는다. ③ **업무용 승용차 비용**: 업무용으로 사용한 것을 미입증 시 관련 비용은 부인한다. ④ **지급이자**: 채권자가 불분명한 사채이자나 가지급금 상당하는 차입금이자는 부인한다. ⑤ **자산평가손실**: 소유하는 자산을 평가하여 감액할 때 요건을 충족해야 비용 인정된다. ⑥ **제세공과금**: 벌금이나 과태료, 가산금 등 의무를 이행치 않아 내는 공과금은 부인한다. ⑦ **감가상각비**: 건물이나 기계장치 등 감가상각비도 한도 내에서 비용 인정한다.
부가가치세는 못 줄여도 세금 줄이는 경비*	
① 부가가치세 면세사업에 관련된 매입금액 ② 비영업용 소형승용차 구입 및 유지비용 – 감가상각비, 차량유지비 ③ 토지 매입이나 토지에 대한 자본적 지출 금액	

* 부가가치세는 매출세액에서 매입세액을 빼서 납부할 세금을 계산한다. 매입세액 중에는 적격증빙을 받아도 매입세액으로 공제할 수 없는 비용이 있다. 그러나 일부 경비들은 법인세나 소득세를 계산할 때는 비용으로 인정받아 세금을 줄일 수 있다.

업무용 차량운행일지, 꼭 써야 할까?

황 부장은 김 사장의 푸념이 섞인 세무조사 수감경험을 귀담아들었다. 그리고 사업할 때는 기본에 충실하고 원칙을 지키는 것이 차라리 속 편하겠다고 생각했다. "딩동~" 그 순간 문자메시지 알림음이 울렸다.

'황 사장님, 12인승 SUV는 7인승보다 세금혜택이 더 많습니다. 소득세를 줄이려면 7인승 SUV는 차량운행일지를 쓰셔야 합니다. 자세한 사항은 내일 뵙고 설명드리겠습니다.'

내일 있을 자동차 구입계약 건으로 H자동차 영업과장이 미팅 전날 알림문자를 보냈다. 문득 승용차와 관련하여 궁금한 게 떠올라 김 사장에게 전화를 했다.

"김 사장, 어제 집에는 잘 들어갔나?"

"아무렴. 자네 덕에 맛있게 잘 먹었네. 그래 아침부터 웬일인가?"

"업무용으로 승용차를 사용할 때 운행일지를 꼭 써야 하나?"

"일단 복식부기의무자라면 다 써야 해. 만일 승용차에 들어가는 비용이 대당 1,000만 원이 안 되면 일지를 써도 실익은 없겠지만, 감가상각비를 포함해서 승용차에 들어가는 비용이 대당 1,000만 원 이상이면 쓰는 것이 세금을 줄일 수가 있다네."

"이번에 내가 SUV 하나 살까 해. 주로 출퇴근용으로 사용하겠지만, 뭐 가족들하고 외식도 가고 그러지 않겠나? 사실 개인적으로 사용하는 경우도 있을 텐데 운행일지에 미주알고주알 다 적을 수는 없지 않은가?"

"나도 음식점을 하는데 굳이 화물차를 사지는 않았어. 거래처도 방문하고 아침저녁으로 출퇴근하고 이런 것은 사업과 관련한 비용이라고 볼 수 있는데, 때로는 가족들과 주말여행도 가고 그랬네. 사업 관련해서 사용했다는 것을 운행일지로 증명해야 해. 운행일지를 작성하면 전체 운행거리 중에 얼마를 업무에 사용하고 얼마나 사적으로 사용했는지 알 수 있는 '업무사용비율'이란 것을 계산하게 되는데 이 비율만큼 비용을 인정해 주는 것이라네."

"솔직히 업무용 승용차라고 하면 어디까지를 의미하는 것인지 잘 모르겠어."

"그게 좀 헷갈리지? 나도 처음에는 그랬지. 자네가 운행일지를 작성해서 비용으로 인정받으면 소득세를 줄일 수 있지만, 부가가치세 매입세액은 공제받지 못한다네."

"업무용 승용차 범위를 말하다가 난데없이 부가가치세 매입세액은 또 뭔가?"

"응, 비영업용 승용차를 구입하거나 유지를 위한 기름값, 수리비, 주차비 등 관련 매입금액은 부가가치세 매출세액에서 뺄 수 없다는 뜻이네. 여기서 비영업용 승용차가 바로 자네가 말한 업무용 승용차라네."

"거 이랬다저랬다 말 바꾸지 말고 좀 쉽게 말해봐. 비영업용과 업무용 그건 서로 반대되는 말 아닌가? 그게 어째서 같다는 건가?"

"영업용이라는 말은 운수업, 자동차판매업, 렌터카회사, 운전학원, 장례 운구 사업처럼 승용차가 사업의 수단인 경우를 의미하네. 자네 승용차를 거래처 사람 만나러 갈 때나 출퇴근용으로 사용했다고 해도 택시회사나 렌터카회사 차량처럼 사용한 게 아니니까 비영업용 승용차가 되는 걸세."

"아, 그 비영업용이라는 말이 차량의 구입목적과 연관된 말이고 그렇다고 사업과 전혀 관련이 없다는 말은 아니로군."

"그렇지. 역시 자네는 소싯적부터 명석하더니 이해가 빠르군. 그런 비영업용 승용차, 즉 배기량 1,000cc 이하 경차나 9인승 이상 승합차, 화물차 등을 빼고는 부가가치세 매입세액을 공제해 주지 않네."

"어휴, 이젠 나도 나이 들어서 이해력이 달려. 좀 쉽게 설명해 보게."

"자네가 렌터카회사를 운영한다고 치세. 에쿠스를 빌려주면 그것은 영업목적에 직접 사용하는 것이므로 차량운행일지를 쓸 필요 없이 법인세나 소득세 계산할 때 비용으로 인정받고 부가가치세 매입세액도 공제가 되네. 하지만, 커피숍을 운영하면서 에쿠스를 출퇴근할 목적으로 사용하고 운행일지를 작성하지 않으면 감가상각비를 포함해서 1,000만을 초과하는 비용은 필요경비로 인정받을 수 없다네. 부가가치세 매입세액도 당연히 공제받을 수 없고."

"운행일지 안 써도 차량유지비 1,000만 원까지는 비용으로 인정해 준다는 거군."

"그래 감가상각비는 최대 800만 원까지 비용으로 인정받을 수 있어. 그러니까 자네가 신차를 4,000만 원짜리 구입한다면 실제 차량유지비는 200만 원 정도인 셈인데, 사업하면서 1년 치 기름값만 해도 200만 원은 넘지."

"휴~, 난 복식부기 대상자니까 운행일지를 써야겠군. 뭐 이런 번거로운 규정이 다 있나?"

"그동안에 사업주들이 가지고 다니는 고가의 승용차를 개인적인 용도로 사용하고 업무 관련성 여부와 무관하게 전부 비용처리를 해도 허용했는데 그걸 제한하기 위해서야. 사실, 경차나 소형차를 사면 감가상각비 포함해서 1,000만 원 넘는 경우가 드물어서 운행일지를 쓰건 안 쓰건 절세효과는 별반 차이가 없다네."

업무용 승용차 운행기록을 작성하면 '업무사용비율'만큼 비용으로 인정받아 세금을 줄일 수 있지만 운행일지를 작성하지 않으면 1,000만 원까지만 경비로 인정된다. 또한 법인기업이 임직원 전용 자동차보험에 가입하지 않으면 업무용 승용차와 관련한 비용 전체를 경비로 인정받지 못해 법인세 부담이 커지므로 주의해야 한다.

차량운행일지를 작성하면 업무사용비율은 업무용 운행거리를 총주행거리로 나눠서 구할 수 있지만, 운행기록을 작성하지 않았을 때 업무사용비율은 어떻게 계산할까?

운행기록을 작성하지 않았을 때 업무사용비율은 1,000만 원을 총차량유지비로 나눈 비율로 구하게 된다. 차량유지비 중 1,000만 원까지는 필요경비에 넣을 수 있기 때문에 〈표 6-5〉에서 업무사용비율은 40%(1,000만 원÷2,500만 원)이다.

〈표6-5〉 5,000만 원짜리 승용차를 구입하여 운행일지를 작성하지 않은 경우

비용으로 인정되는 경비의 계산 내역				
구분	금액	업무사용비율	필요경비 인정액	비용부인금액
감가상각비	1,000만 원	40% (1,000÷2,500)	400만 원	600만 원
차량유지비	1,500만 원		600만 원	900만 원
합계	2,500만 원		1,000만 원	1,500만 원

법인으로 바꿀까 말까?

일반 창업과 다르게 은퇴 후 창업은 노후자금을 사용한 생계형 창업이 많아 사업에 실패할 경우 실패에 대한 기회비용이 크다. 그중에서도 커피숍은 3년 이내에 폐업할 확률이 70% 이상이라고 말하지만 올해로 3년째인 황 부장 가게는 매출이 꾸준히 늘고 있다. 오랜만에 김 사장이 황 부장의 커피숍 "서점 安 커피이야기(Coffee Story in Bookstore)"에 찾아왔다.

"어서 오게. 상진이."

"어이~ 황 사장님. 자네도 이젠 자리를 잡은 것 같군."

"자리는 무슨…, 말도 말게. 그동안 여러 가지 일이 있었다네."

"그래, 연 매출액은 한 3억 되나?"

"음~ 올해는 대략 3억 6,000만 원 정도는 넘을 것 같네."

"와~ 4,000원짜리 커피 팔아서 그 정도 매출하기가 쉽지 않았을 텐데."

"에이, 안 되지. 커피 외에 빵과 케이크를 판다네. 베이커리 카페스타일이지. 집사람이 바리스타 자격을 따고 제과제빵기능사 자격까지 취득해서 직접 만들어 팔고 있어."

"그래, 자네 안사람은 음식 솜씨가 워낙 좋았지. 빵 맛도 좋을 거야."

"수제라 수량이 한정되어 있는데 일부러 판매량을 늘리지 않고 있어. 그러니 가격을 좀 높게 붙여도 내놓기가 무섭게 완판이 된다네. 빵이랑 케이크가 매출액의 절반은 차지해."

"그러고 보니 커피 만드는 직원도 있네."

"응, 안수진 매니저. 우리 집사람 제자야."

"뭐라고? 그게 무슨 말이야? 자네 집사람이 바리스타라고 했잖은가?"

"이 서점이 격주로 문 닫는 날이면 집사람이 커피 아카데미를 열어 소그룹으로 교육하고 있다네. 일종의 프랜차이즈 커피전문점과의 차별화된 전략이라나 뭐라나, 그래."

"거참 좋은 발상이네. 사실 별다방이나 콩다방 같은 프랜차이즈 커피전문점에 가면 사장을 만날 수 없고 직원이나 아르바이트생들뿐이지. 장사가 되는 가게는 뭐가 달라도 다르다니까."

"다행히 근처 오피스에 유동인구도 좀 있고 가게가 서점 안에 있다 보니 책을 보면서 간단하게 식사하기도 편해서 그런 것 같아. 제수씨가 임대료를 싸게 줘서 큰 비용 나가는 것도 없고. 여기서 더 확장은 안 하고 싶은데, 마누라가 자꾸 뭘 배우네. 서점 휴무일엔 좀 쉬지 뭘 그렇게 배우러 다니는지."

"아따, 능력 있는 마누라 덕택에 호사 누리는 줄도 모르고. 불평 그만하고 잘해. 우리 나이에 마누라한테 잘하는 게 여생을 행복하게 사는 길이야. 허허."

"그나저나, 매출이 자꾸 늘다 보니 세금도 점점 많아지는데, 이거 개인사업자보다 법인이 더 나을까 싶네. 세율이 벌써 10%와 35%, 차이가 크지 않나?"

"자네도 슬슬 법인전환을 고민하기 시작했군. 자금이 필요해서 돈을 빌릴 것도 아니고 영업을 잘하기 위한 것도 아닌 세테크 목적이라면 사업이 잘되고 있다는 방증이니 행복한 고민이야."

"사업이 좀 잘된다고 무분별하게 확장하거나 씀씀이를 늘릴 수는 없지. 아무래도 법인으로 전환하면 성공한 기분에 도취할 것도 같고. 그러니까 이제 너스레는 그만 떨고 자네의 고견을 말해보게. 법인전환 해, 말아?"

"자네는 장부기장 할 때도 '해, 말아?' 무 자르듯이 묻더니만 여전하군. 어이, 그게 맨입으로 되나? 사업 초반에야 딱한 자네를 위해 내가 재능기부를 했지만, 지금은 컨설팅 수수료 좀 받아야겠네."

"상진이 이 사람. 좋아! 내 자네가 좋아하는 감성돔에 소주 거하게 사겠네."

"하하하. 가면서 얘기 계속하지."

법인전환을 고민하는 경우 먼저 여러 가지를 고려해야 한다. 대부분 법인전환을 고려하는 시기는 급격하게 순이익이 증가했을 때

다. 업종 특성상 대외 신인도를 고려해야 하거나 원활한 가업승계를 목적으로 전환하려는 경우도 있다. 2017년 세법개정으로 성실신고확인제도 적용대상이 확대되어 업종별로 매출액의 일정 금액을 초과하는 자영업자들의 세무위험성이 증가하여 법인전환을 고려하기도 한다. 과연 개인기업에서 법인으로 바꾸면 정말 유리할까? 법인세는 종합소득세보다 항상 쌀까?

우선 법인으로 전환을 고려할 때 왜 전환하는지 법인전환 목적을 확실히 해야 한다. 재무상 목적인지, 마케팅을 위한 것인지, 세무상 이유인지에 따라 법인전환의 시기나 방법 등이 달라질 수 있기 때문이다. 또한 법인전환 했을 때의 장단점을 충분히 인지하는 것이 중요하다. 단순히 법인세와 종합소득세만 비교해서 법인기업이 더 유리할 것 같다고 전환을 결정하면 곤란하다. 개인사업자는 소유와 경영이 모두 사업주 소관이지만 법인은 소유와 경영이 분리되어 있고 법인의 돈은 법인의 것으로 대표자가 마음대로 꺼내 쓰지 못한다.

세금신고를 할 때 개인사업자는 종합소득세 한 번만 하면 되지만 법인은 법인세를 신고하고 대표자에 대한 근로소득세 신고를 추가로 해야 한다. 부가가치세도 개인사업자는 원칙상 1년에 두 번 확정신고만 하면 되지만 법인은 1년에 두 번씩 예정신고와 확정신고를 해야 한다. 여기서는 세무목적상 개인기업과 법인기업이 부담하는 세금을 비교하기로 한다.

3년 전 서점 안에 커피숍을 차린 황 부장은 올해 매출이 3억

6,000만 원으로 증가했다. 불과 1년 전만 해도 수익의 15%를 세금으로 냈는데 올해는 약 35%를 내야 한다. 순수익이 1억 원이면 3,500만 원이 세금이란 얘기다. 이걸 세금으로 낼 생각을 하니 걱정이 이만저만이 아니다. 절세할 수 있는 좋은 방법이 없을까 궁리 끝에, 법인으로 전환하면 1,000만 원만 세금으로 내면 될 것 같았다. 절세의 고수인 김 사장을 만나 조언을 얻기로 했다. 김 사장은 온갖 노하우가 적힌 수첩을 꺼내 들고 〈표6-6〉과 같이 쓱쓱 그려가며 설명을 했다.

- 매출액 3억 6,000만 원, 매출원가와 판매관리비 2억 6,000만 원, 순이익 1억 원
- 주주는 황 부장 부부 2인이며 배당금은 매년 1,500만 원을 지급

〈표6-6〉 개인사업자와 법인의 세금 비교

항목	개인기업	법인기업			
		법인	대표자		
			근로소득	비고	배당소득
부담세금	종합소득세, 지방소득세	법인세, 지방소득세	근로소득세, 지방소득세		배당소득세, 지방소득세
소득금액	10,000만 원	3,000만 원	7,000만 원	대표자 급여는 법인의 비용임	1,500만 원
공제항목	1,100만 원	500만 원	2,500만 원	근로소득공제 근로자 특별공제	-
과세표준	8,900만 원	2,500만 원	4,500만 원		1,500만 원
세금	1,625만 원	250만 원	567만 원		210만 원
지방소득세	162.5만 원	25만 원	56.7만 원		21만 원
합계	1,788만 원	**275만 원**	**624만 원**		**231만 원**

개인사업자는 사업소득에 대한 종합소득세를 고려하면 되지만 법인기업 대표자는 근로자인 동시에 주주가 되면 근로소득세와 배당소득세가 발생한다. 퇴직할 때는 퇴직금에 대한 퇴직소득세가 발생할 수 있다. 배당소득은 2,000만 원 이하인 경우 금융소득으로 분류되어 15.4%(지방소득세 포함) 세율로 세금이 원천징수되고, 퇴직소득을 일시금이 아닌 퇴직연금 형태로 수령하면 세율이 3.3~5.5%로 낮아진다. 이렇듯 자영업자의 종합소득세가 법인기업 대표자의 근로소득세, 배당소득세, 퇴직소득세 등으로 세금이 분산되는 효과가 있다. 물론 법인기업은 법인세를 부담해야 하지만 개인사업자와 달리 법인세를 계산할 때 대표자에게 지급하는 월급, 상여금, 복리후생비와 퇴직급여 등은 모두 비용처리가 된다.

〈표6-7〉 소득세와 법인세의 세율 차이

소득세		법인세	
과세표준	세율	과세표준	세율
1,200만 원 이하	6%	2억 원 이하	10%
1,200만 원 초과 ~ 4,600만 원 이하	15%	2억 원 초과 ~ 200억 원 이하	20%
4,600만 원 초과 ~ 8,800만 원 이하	24%		
8,800만 원 초과 ~ 1억 5,000만 원 이하	35%	200억 원 초과 ~ 3,000억 원 이하	22%
1억 5,000만 원 초과 ~ 3억 원 이하	38%		
3억 원 ~ 5억 원	40%	3,000억 원 초과	25%
5억 원 초과	42%		

〈표6-6〉에서 개인사업자는 1,788만 원의 세금을 내지만 법인으로 전환했을 때의 세금은 1,130만 원으로 658만 원 절세 효과가 있다. 물론 각종 세액공제 등을 정확하게 언급하지 않고 간단히 나타낸 것이지만 대체로 개인사업자의 과세표준이 8,800만 원을 초과하면 사실 법인이 세금을 절약하는 데 유리하다.

개인사업자, 법인으로 전환하기

법인전환 방법은 조세 지원이 되는 법인 여부, 고정자산이나 부채, 이월결손금의 존재 여부에 따라 적절한 방법을 선택해야 한다.

가장 흔하게 고려할 수 있는 전환사례 세 가지를 설명하면, 첫째, 부동산을 소유하고 있지 않은 개인기업은 일반 법인을 설립하고 개인을 폐업하는 방법이 있다. 법인을 설립 등기하고 완료하는 데 1주일 정도 소요되고 자본금은 최소 100원 이상이면 된다. 그러나 자본금이 너무 적으면 법인계좌를 개설할 때 거절될 위험이 있으므로 100만 원 이상으로 할 것을 추천한다. 만일 개인기업이 부동산을 소유하고 있다면 개인사업자가 소유한 부동산을 신설법인에 포괄적으로 양도하면 되는데 이를 '포괄사업양수도'라고 한다. 포괄적 사업양수도 방법에서는 부가가치세 문제가 발생하지 않는다.

둘째, 개인사업자가 자기 건물이나 공장에서 사업을 하는 경우는 부동산을 법인에 양도할 것인지 아니면 부동산은 개인사업자 소유로 그대로 두고 법인만 설립해서 운영할 것인지 선택할 수 있다. 개인사업자 소유의 부동산 등을 법인에 매각하면 양도세와 부가가치세 문제가 발생하고 법인은 취득세를 내야 한다. 따라서 개인기업이 부동산 등 자산을 보유하는 경우라면 일반사업양수도보다는 포괄사업양수도가 유리하다.

마지막으로 개인기업이 법인을 설립해서 기존에 소유한 모든 자산을 신설법인에 넘기고 주식으로 받는 방법이다. 이를 '현물출자'라고 하는데 현금성 자산을 제외하고 유가증권이나 부동산 등을 출자한다. 이 방법은 부동산 등 자산의 가치를 평가하여 적정한 가격으로 주식을 받아야 하므로 사업양수도보다는 절차가 까다롭다. 자산에 대한 가치평가 즉, 현물평가는 공인된 감정평가법인에 의뢰해야 하며 포괄사업양수도와 달리 부가가치세법상 재화의 공급에 해당하므로 부가가치세 문제가 발생한다.

〈표6-8〉 법인전환 방법에 따른 조세지원

법인전환 유형	전환 방법	세금 혜택
조세지원이 있는 경우	① 포괄적 사업양수도에 의한 전환 ② 현물출자에 의한 전환 ③ 중소기업 간 통합에 따른 신규법인 설립	- 부가가치세 면제 - 조세감면 승계 - 양도세 이월과세* - 취득세 면제 등
조세지원이 없는 경우	④ 일반사업양수도에 의한 전환	-

* 양도소득세 이월과세란? 개인기업의 고정자산을 법인에 포괄사업양수도 또는 현물출자 방법으로 이전하는 경우, 이전할 때 양도소득세를 내지 않고 인수한 법인이 자산을 매각할 때 이전 단계에서 발생한 양도소득세를 법인세로 납부하는 것을 말한다.

내 맘대로 못 올리는 법인사장 월급

"저… 선생님, 이번에 법인으로 전환하면 제 월급 좀 올려주세요."

밤 9시 반. 퇴근 시간이 한참 지났는데 안 매니저는 귀가하지 않고 커피콩을 볶다가 갑자기 집사람에게 말했다. 눈치를 보니 쉽게 꺼낸 얘기가 아닌 듯싶다.

"아르바이트하는 지훈이랑 월급 차이도 없는데 일은 제가 많이 하잖아요."

안 매니저의 불만을 들은 집사람은 표정이 살짝 굳어졌지만 이내 웃으며 말했다.

"그래, 안 매니저 덕분에 이렇게 매출도 많이 올랐는데, 그렇지 않아도 법인전환하면서 월급을 올리려고 했어. 내가 먼저 얘기해야 했는데 혼자 얼마나 고민했을까?"

집사람은 유명 프랜차이즈 커피전문점에서 일하는 바리스타랑 비교해도 기죽지 않을 만큼 안 매니저에게 월급을 주고 싶었다. 안 매니저의 얼굴이 환하게 밝아졌.

"감사합니다. 그럼 오늘은 이만 퇴근하겠습니다."

"그래요, 내일 봅시다."

아내는 테이블을 정리하던 나를 바라보더니 한숨을 쉬었다.

"아니 긍정적으로 생각해 본다고 하지, 어쩌자고 냉큼 월급인상을 약속한 거야?"

"수진이가 고생한 것은 맞잖아요. 이제는 바리스타 경력도 쌓여서 월급을 올려줘야 해요. 사기진작도 시킬 겸."

"여기서 월급을 올려줘 봐야 언젠가는 더 많이 주는 회사로 갈 텐데, 뭘."

"참, 당신도. 사람을 쓰면서 서로 믿고 일을 해야지. 우리가 가져갈 몫을 줄이더라도 줄 건 제대로 주고 해야죠."

"우리는 뭐 땅 파서 장사하나? 아, 난 모르니까 당신이 알아서 해요."

버럭 성을 내고 나온 황 부장은 마음이 씁쓸했다. 법인으로 전환하면 대표자 급여를 인상하려고 했는데 안 매니저 월급을 올려주고 나면 여의치가 않을 것 같았다.

'띠링 띠링 띠링' 갑자기 김 사장한테 전화가 걸려왔다.

"황 사장, 집에 안 가고 여태 뭐 하나?"

"응, 이제 집에 가려던 참이네. 웬일인가?"

"우리 레스토랑 커피가 맛이 별로야. 아무래도 원두 종류를 바꿔야 할 것 같은데 이참에 자네한테서 원두를 받으려고"

"그건 걱정하지 말게. 다음 달부터 생두를 직접 로스팅해서 도매로 팔 거니까."

"그래, 내일 저녁 먹기로 했으니까 이 건은 그때 다시 얘기하기로 하세."

"이보게 상진이."

막 전화를 끊으려던 김 사장을 황 부장이 불렀다.

"마침 전화 잘했네. 지금 나하고 집사람 월급으로 매달 300만 원씩 가져갔는데, 생각해보니까 너무 적은 것 같아서 법인으로 전환하면 올리려고 하네. 뭐, 급여를 올리면 인건비가 늘어나서 세금도 줄고 더 좋지 않겠나?"

"경수, 내가 법인으로 전환하고 가장 불편한 게 뭐였는지 아나?"

"뭔데?"

"법인계좌에서 돈을 맘대로 빼서 쓸 수 없다는 거야. 그리고 이익이 많이 나도 내 월급 내 맘대로 못 올린다는 거야. 일일이 주총 열고 회의록 작성해서 보수규정 바꿔야 하고. 물론 요식행위지만 그것도 월급 높게 책정해 놓고 지급기준을 엉성하게 작성해놓으면 세무 조사 표적이 될 수 있거든."

"그래도 자네는 오너주주인데, 주주총회 열어서 규정을 정하면 되고 절차가 정당하다면 대표자 급여는 많이 올릴 수 있지 않나?

"그게 말일세, 우리 세법이 직원 월급을 올려주거나 상여금을 두둑이 지급하는 것에는 참 관대하다네. 뭐 올려줄 만하니까 줬겠지 하는 식으로. 그런데 사장이나 임원들 급여나 상여금은 맘대로 올릴 수 없게 하고 있지."

"뭐, 실제 오너라도 별개 인격체인 법인에 소속된 근로자로 보기 때문인가?"

"그래 맞아. 또 직원이라도 지배주주와 가족관계라면 엄격한 잣대를 들이대지. 그런 직원을 '특수관계인'이라 하는데, 세법은 특수관계인과의 거래를 싫어하네. 뭐 불법이라는 의미가 아니라 엄격한 잣대를 들이대서 동일 직급의 일반 직원 월급보다 많이 받게 되면 많이 받는 부분을 비용으로 인정 안 하니까 세금을 더 내라는 의미야."

"음~ 그래서 대표자나 임원 보수를 높이려면 성과측정방법에 따라 구체적 지급기준을 정하고 동일업계에서 비슷한 규모의 법인들이 통상적으로 주는 수준과 비슷하게 맞춰서 결정하란 말이지?"

"그렇지! 역시 소싯적부터 영리한 친구는 뭐가 달라도 달라."

"동일 업계 수준과 맞추려면 우리 부부 몫을 줄이는 것이 좋을 것 같군. 집사람 말대로 안 매니저 월급은 올려주게 됐군."

"황 사장, 혼자서 뭐라는 거야? 아이고, 벌써 10시가 넘었네. 어서 집에 들어가게."

창업 초기에 작게 사업을 시작한 자영업자들도 몇 년간 장사하면서 규모가 커지다 보면 세테크나 자금조달, 지분 문제 등을 이유로 개인사업자에서 법인기업 전환을 고려하게 된다. 법인으로 전환하면 그에 맞는 세무나 회계 관리가 필요하다.

개인사업자는 수익에서 비용을 제외한 나머지 이익을 사업용 계좌에서 자유롭게 인출하여 사용했기 때문에 법인으로 전환하더라도 대표자의 급여, 상여라는 개념에 익숙하지가 않아 여전히 법인통장에서 돈을 인출해서 사적으로 사용하는 경우가 많다. 돈이 필요할 때마다 사업자 통장에서 꺼내 쓰던 버릇이 법인전환을 한다 해서 갑자기 바뀌지 않는 것이다.

법인기업 사장 월급은 규정에 따라 알맞게

법인으로 전환하여 대표자가 되면 설령 오너주주라 하더라도 법인에 소속된 근로자로 인식해야 한다. 법인 돈을 가져갈 때는 그에 합당한 절차에 따라 세무신고를 해야 한다. 만일 그렇지 않으면 세법은 대표자가 법인 통장에서 사적으로 인출한 돈을 가지급금이라고 하여 인정이자 부분을 추징하고 심한 경우 횡령으로 보아 조세포탈죄로 형사처벌까지 할 수 있다.

여기서 가지급금이란 급하게 돈이 필요할 때 사용처를 기록하지 않고 증빙 없이 자금을 쓰거나 혹은 쓸 항목이나 금액이 가변적이어서 예측하기 어려울 때 사용되는 항목이다. 인정이자는 가지급금에 세법에서 정한 이자율(당좌대출이자율)을 곱하여 법인의 소득에 포함시키므로 법인세가 증가하게 되고 가지급금을 사용한 개인은 소득(상여금)이 있었다고 간주하여 소득세를 매기게 된다.

또한 법인에 차입금이 있는 경우 차입금에 대한 이자를 지급하게 되는데, 지급이자는 법인의 비용에 해당하여 법인세를 감소시키는 효과가 있다. 그러나 세법은 가지급금이 있는 법인에는 가지급금 인정이자만큼 차입금에 대해서 지급한 이자를 비용으로 인정하지 않는다.

〈표6-9〉 가지급금 관련 이슈

이슈	내용	비고
대표자 상여	가지급금은 대표자에게 준 상여금으로 봄	대표자 소득세 증가
인정이자	대표자에게 준 월급에 합산하게 됨	대표자 소득세 증가
대출이자	대출금에서 가지급금만큼 대출이자비용 부인	법인세 증가
횡령이나 배임	가지급금에 대한 적절한 증빙자료가 없는 경우	대표자 처벌

결국 가지급금은 법인의 세금만 이중, 삼중으로 증가시키는 요인이 된다. 따라서 법인통장에 있는 자금을 대표이사나 임원이 가져갈 때는 급여, 상여금 또는 배당 등 적법한 절차에 따라 신고한 후 가져가야 세무상 불이익이 없다.

법인사업자의 대표이사, 임원에게 급여 등은 얼마나 줄 수 있을까? 상법이나 세법에서 규정하는 내용을 쉽게 풀어 설명하면 다음과 같다.

첫째, 정관이나 주주총회의 결의를 거쳐야 한다.

둘째, 동종업계, 비슷한 규모를 가진 법인의 급여 수준보다 너무 높으면 곤란하다.

셋째, 소규모 가족회사는 동일 직위에 있는 다른 임직원과 비슷한 수준으로 지급해야 한다.

고수의 절세 노트 ❻

업종별 주의해야 할 세금

인터넷 쇼핑몰 등 통신판매업

창업 초기에 매출액 대비 지출한 비용이 많아 소득이 없어도 부가가치세 신고에 주의해야 한다. 6월 29일에 개업을 한 인터넷 쇼핑몰이 있다고 하자. 일반과세자라면 6월 30일 하루 치 영업한 내용을 7월 25일까지 신고해야 한다. 대개 온라인쇼핑몰은 간이과세자로 시작하는 경우가 많아서 1년 치를 차기 년도 1월 25일에 한 번만 신고하면 된다. 이때 주의해야 할 것은 부가가치세 매입세금계산서와 매출세금계산서 관리이다. 초기 매출규모가 매우 작더라도 입소문을 타면 한순간에 매출이 월 몇천만 원씩 뛰어 같은 과세기간 내에 간이과세자에서 일반과세자로 넘어갈 수 있다. 사업초기에 간이과세자여서 세금계산서를 받지 않았다가 부가가치세 신고를 하면서 매입세액을 돌려받지 못해 세금을 왕창 내는 경우가 생긴다. 특히, 의류 쇼핑몰은 과거 동대문 새벽시장에서 거래명세표만 받고 세금계산서 없이 거래하던 관행이 남아 있는데 상품을 매입할 때는 반드시 대표자 명의의 신용카드를 사용하고 그게 안 될 경우 사업자 지출증빙용 현금영수증을 받는 것이 좋다.

또한 본인의 쇼핑몰이 입점한 사이트별 매출 자료를 꼼꼼하게 확인해야 한다. 인터넷쇼핑몰은 신용카드, 계좌이체, 마일리지, 휴대폰결제, 카카오페이 등 다양한 간편결제까지 일일이 챙겨야 할 것들이 많아서 매출을 집계할 때 빠트리기 쉽다. 반드시 매출발생처별로, 국세청 홈택스에서 조회되는 합계액과 비교하여 확인하고 부가가치세 신고 누락으로 가산세를 물지 않도록 주의한다.

부동산매매업

월급쟁이들이 재테크 수단으로 흔히 시작하는 주택경매. 취득과 양도가 계속 발생하면 양도소득세만 신고하다가 부가가치세와 종합소득세 추징문제가 우려되어 부동산매매업으로 사업자등록을 하는 경우가 있다. 현행법상 반기에 1회 이상 부동산을 사고, 2회 이상 팔면 사업상 계속성과 반복성이 있다고 보고 부동산매매업자로 본다.

개인이 주택을 양도하면 양도소득세를 내지만 부동산매매업자가 주택을 판매하면 사업소득이므로 종합소득세를 낸다. 만일 근로소득이 있는 직장인이라면 연말정산 때 신고한 소득을 주택매매로 발생한 사업소득과 합하여 다음 해 5월 말까지 종합소득세를 신고, 납부해야 한다. 매매용 주택 외에 거주하고 있는 주택을 팔 때 1가구 1주택 비과세 적용을 받으려면 거주하는 주택 외에 다른 주택은 매매용 주택으로 신고해서 사업용 자산으로 분류해 놓아야 한다. 또한 전용면적 $85m^2$ 이하 주택이면 판매할 때 부가가치세가 면세이지만 초과하면 판매하는 주택가격의 10%에 해당하는 부가가치세를 내야 한다.

음식점, 유흥주점

음식점을 운영하다 보면 손님이 음식값을 결제할 때 음식값에 종업원 봉사료를 포함하는 경우가 있다. 봉사료가 매출액에 포함되면 종업원 봉사료에 대해서도 부가가치세나 종합소득세를 내야 하는 경우가 발생한다. 따라서 봉사료는 구분 기재하여 음식점 사장의 과세표준에서 제외해야 한다. 구분한 봉사료가 손님이 지급한 금액에서 20%가 넘으면 그때는 봉사료 수입금액의 5.5%(지방소득세 포함)를 원천징수해야 한다. 예를 들어 손님이 지급한 음식값이 40만 원인데 구분 기재한 봉사료가 10만 원이라면 20%를 초과하므로 10만 원에 대한 5.5%인 5,500원을 다음

달 10일까지 은행 등에 내고 원천징수이행상황신고서를 세무서에 제출해야 한다.

봉사료를 원천징수하고 지급할 때는 봉사료지급대장을 만들어 봉사료를 받는 종업원이 직접 받았다는 자필서명과 주민등록번호, 주소 등을 기재하도록 하고 해당 신분증을 복사해서 5년간 보관해야 한다. 이처럼 종업원 봉사료에 대하여 원천징수를 하고 지급대장을 비치하는 것은, 사장이 부가가치세나 종합소득세를 줄이려고 실제 봉사료를 주지 않고도 준 것처럼 원천징수영수증을 발행하는 것을 막기 위함이다.

소규모 제조업

흔히 제조업은 법인형태로 설립하여 운영되고 부가가치세법상 일반사업자로 사업자등록 한다고 생각하는 경우가 많다. 소규모 제조업자나 베이커리, 과자점 같은 50% 이상 최종소비자에게 판매하는 사업은 간이과세자로 등록할 수 있다.

제조업은 무엇보다 부가가치세를 줄이는 것이 관건인데 각종 원료, 재료, 기계설비 등을 구매할 때 매입세금계산서를 잘 받아두어야 한다. 또한 전기료나 전화요금, 인터넷 이용료 등도 부가가치세를 환급받을 수 있다. 한전이나 통신회사에서 발행하는 고지서에 사업자등록번호가 부여되도록 명의변경 하여 청구서가 세금계산서 역할을 할 수 있도록 해야 한다.

또한 제조설비를 확장하거나 새로 취득할 때는 많은 자금이 들어가는데 부가가치세를 조기에 환급받으면 사업상 현금흐름을 원활하게 할 수 있다. 부가가치세를 신고할 때 '건물 등 감가상각 자산취득명세서'를 작성하여 부속서류로 첨부하도록 한다. 이때 환급세액은 시설투자에 대한 매입세액만 환급되지 않고 동일 과세기간에 신고한 전체 매입세액이 모두 환급되기 때문에 영세사업자는 자금 부담을 줄일 수 있다.

일반 도소매업

도소매업은 다른 업종과 비교했을 때 법인세, 종합소득세, 부가가치세 그리고 원천징수업무와 관련하여 중요한 차이는 없다. 고려해 볼 만한 것은 업종코드이다.

도매와 소매를 겸하고 있다면 업종코드를 정확히 분류하여 사업자등록신고를 하면 세금을 줄일 수 있다. 같은 커피숍을 운영해도 어떤 코드를 선택했느냐에 따라 세금차이가 난다. 그 이유는 업종코드에 따라 단순경비율이 다르기 때문인데 사업자등록신고를 할 때 이 업종코드를 결정짓는 업태를 잘 선별해야 한다. 커피도매는 경비율이 94.5%, 커피소매는 91.2%, 카페는 81.7%이다.(2018년 기준) 예를 들어, 커피숍을 운영하면서 매출액 대부분이 원두 판매액이라면 업종을 커피도매로 하여 매출을 많이 낼 때 높은 경비율을 적용받아 세금을 줄일 수 있다. 도매업은 반드시 부가가치세 일반과세자로 해야 하므로 간이과세자를 원한다면 커피소매를 선택해야 한다.

사업주 본인이 등록한 사업에 얼마의 경비율이 적용되는지 알고 싶다면 국세청 홈페이지에 방문하여 '국세청뉴스 ⇨ 고시·공고 ⇨ 고시 ⇨ 귀속경비율'을 조회하면 확인할 수 있다. 또 업종신고를 잘못하여 세금을 많이 냈다면 경정청구를 통해 실제 매출이 일어난 업종이 어떤 업종인지 증명하면 충분히 잘못 신고한 세금도 돌려받을 수 있다.

소소하지만 확실한 자영업자 절세 원칙

"여보게 상진이, 자네가 자영업 하면서 제일 어려운 것은 뭐였나? 자금? 세금 문제?"

"사람이 가장 어려웠네. 조직에 있을 때도 직원 관리가 어렵다는 것은 느꼈지만 막상 회사를 차려 월급을 주고 직원을 대해보니 시행착오가 많았지."

"자세히 얘길 좀 해주게."

"오랫동안 함께 일한 직원이 있었는데 고객들로부터 그 직원에 대해 불만을 듣게 되었지. 처음에는 고객이 너무 예민하다고 생각했어. 그런데 레스토랑에 오는 주변 상가 사람들도 자꾸 불평하길래 그 직원에게 주의를 주었는데 다음날 아예 나오지 않더군."

"저런, 한마디 말도 없이 말인가?"

"그렇다니까. 처음에는 화도 나고 이해가 되지 않았어. 갑작스러운 직원의 공백에 내가 그것을 감당해야 해서 더 힘들었지. 직원은 구해지지 않는데 당장 일손은 부족하고, 생각다 못해 대학생 조카에게 얼마간 일을 시켰지. 조카가 자유분방한 성격이라

기존 직원들과 잘 어울릴 줄 알았는데 다른 직원들과 관계가 좋지 않더라고. 몇 달 만에 그만뒀는데 문제는 세무조사 받을 때 조카를 직원으로 올려 임금을 빼돌렸다고 탈세 혐의를 받은 거야."

"소명하느라 힘들었겠군. 그나저나 직원 관리의 해결점은 찾았나?"

"나중에 생각해 보니 그 직원에게 주의를 준 내 방법이 틀렸다는 것을 깨달았네. 결국은 '통제'와 '리딩Leading'의 차이인 것 같아. 즉 관리가 아닌 리딩으로 직원들을 이끌어야 한다는 것을 배웠지. 그 후로 갑작스럽게 그만두는 경우를 대비해 새로운 근무 규정과 인수인계 교육시스템을 만들었어. 지금 레스토랑에서 일하는 직원은 5명인데 새로운 개선안에 따라서 잘 운영되고 있지."

수입을 줄이거나 비용을 늘리거나

세테크의 영역은 합법적인 절세 노하우부터 조세회피까지 그야말로 다양하다. 사업자가 합법적인 방법으로 세금을 줄여서 내는 것이 절세Tax Saving인데 소위 말하는 정당한 세테크 방법이다. 세법의 테두리 안에서 세금을 줄였으니 당연히 국세청에서도 문제 삼지 않는다. 절세방법을 몰라서 내지 않아도 될 세금을 냈다면 그것은 고스란히 사업주의 책임이다.

이에 반하여 탈세란 합법적이지 않은 방법으로 사실을 왜곡하여 세금을 줄이거나 아예 내지 않는 것이며 불법적으로 세금을 돌려받는 것도 포함한다. 사업자가 불법적으로 세금을 줄이는 방법 중에서 가장 흔한 것이 매출을 누락하거나 비용을 부풀리는 행위이다. 현금거래를 유도하여 매출을 누락하는 행위와 거짓된 매입 자료로 가공경비를 장부에 기록하는 것이다.

가공경비와 관련하여 흔히 하는 방법으로는 12월 31일 자에 지급수수료 500만 원, 통신비 300만 원 하는 식으로 비용을 가짜로 계상하는 것이다. 이러한 방법은 장부를 들여다보면 쉽게 눈에 띄는 탈세 수법이다. 그래서 손익계산서에 직접 드러나는 비용계정을 건드리지는 않고 좀 더 치밀하게 제조원가명세서의 여러 항목에 증빙이 없는 경비를 소액으로 나눠서 가공 원가를 부풀리는 방법이 있다. 제품이 팔리면 자연스럽게 매출원가가 과다하게 계상되고 고스란히 손금損金에 반영되어 세금이 줄어들게 된다. 이렇게 가공경비를 계상하면 국세청은 이 사실을 모르고 있을까? 그렇지 않다. 국세청은 자체적으로 '증빙수취비율'을 체크하여 낮은 경우는 분석한다. 제조원가명세서에서 세금계산서 등 적격증빙을 받아야 했을 항목과 실제 수취한 증빙을 비교해 보면 탈세 혐의를 파악할 수 있다.

가공경비를 계상하는 다른 방법 중에 실제로 근무하지 않는 직원(대표자의 친인척 등)을 올려놓고 월급을 지급한 것처럼 장부에 넣어 가공 인건비를 계상하는 방식이 있다. 흔히 하는 수법이므로 세무조사를 나오면 반드시 확인하는 사항이다.

가공경비는 운 좋으면 넘어가고 운이 나쁘면 세무조사를 받는 것으로 여겨서는 안 된다. 국세청은 동종업계의 원가율과 소득률, 이익률을 빅데이터 시스템을 구축하여 한눈에 분석하고 비교할 수 있다. 따라서 가공경비를 넣으면 세무조사 대상으로 선정될 확률이 매우 높다. 적발되면 본세와 각종 가산세에 대표자 상여처분까지 몇 배의 세금추징으로 사업상 유동성 위기까지 올 수 있다. 따라서 비용을 늘릴 때는 정당한 증빙자료를 갖춘 거래인지 확인해야 한다. 매출 누락이나 가공경비로 비용을 늘리는 것은 절세가 아닌 탈세 행위다. 국세청 전산시스템의 고도화, 세무조사 등으로 발각될 확률이 높은 매출 누락이나 가공경비 등 탈세 행위는 하지 말아야 한다.

　세금을 계산할 때는 소득금액에 세율을 곱하기 때문에 소득이 적거나 비용이 많으면 세금을 줄일 수 있다. 이런 원칙에서 보면, 자영업자의 절세법은 의외로 간단하다. 지출이 많으면 세금을 줄일 수 있으므로 지출경비의 증빙자료를 빠짐없이 챙기고 장부를 기록하여 불필요한 비용을 줄이는 것이다. 또한 법 테두리 내에서 이용할 수 있는 각종 공제나 감면 등의 조세지원제도를 활용하여 내지 않아도 될 세금은 안 내는 것이다.

　사장님들 중에 승용차를 사지 않고 꼭 리스하는 분이 있다. 승용차 할부금은 비용처리를 할 수 없지만 리스는 비용처리가 가능하기 때문이다. 그러나 장기적으로 전체 비용을 고려하면 승용차 할부구매보다 리스 비용이 더 많이 든다. 비용을 늘려서 세금을 줄이는 것처럼 어리석은 일은 없다. 마치 월급쟁이가 신용카드 1,000만 원 더 써서 신용카드 소득공제로 세금 100만 원을 줄이려는 것과 같다. 쓰지 않아도 될 비용을 줄이는 것이 세금을 좀 부담하는 것보다 훨씬 남는 장사이다.

한편, 사업주 입장에서는 합법적인 절세라고 말하고 과세당국은 탈세라고 하는 조세회피Tax Avoidance란 무엇일까? 세상만사를 세법에 다 담을 수는 없다. 따라서 세법에는 허점이 존재하기 마련이다. 이 세법상의 허점을 이용한 합법적인 탈세 행위가 조세회피이다. 조세회피는 사회적 비난의 대상이 되지만 법을 어긴 것이 아니므로 처벌 대상은 아니다.

사장님들 중에는 대놓고 탈세나 조세회피 요구를 하는 경우가 있다. 세금 좀 안 내는 법을 알려달라며 그것이 절세라고 말한다. 그러나 당연히 내야 할 세금을 안 낼 수 있는 절세법은 세상에 없다. 지능적으로 조세를 회피하거나 탈세로 위장했을 뿐이다.

이러한 탈세 행위가 세무조사로 적발이 되면 자영업자는 사업소득에 대한 종합소득세, 부가가치세 및 지방소득세가 추징되고 법인기업은 법인세, 부가가치세, 지방소득세 및 대표자 근로소득세가 추징된다. 게다가 탈법적인 행위에 대하여 신고불성실가산세 40%가 부과되고 조세범 처벌법에 따라 징역이나 벌금을 물어야 한다. 탈세가 발각되어 세금폭탄에 형사처벌까지 받으면 사실상 사업이 위태로워질 수 있다.

소나기 올 때 쓰는 '노란우산'

자영업자는 개인사업체의 대표이므로 근로자가 아니다. 그러니 사업 계좌에서 돈이 나가도 급여처리가 안 되고 사업체를 폐업해도 퇴직금이 없다. 이러한 자영업자들이 폐업, 질병, 노령화 등을 이유로 사업을 더는 계속할 수 없을 때 퇴직금처럼 지급하는 금융상품이 있다.

'노란우산공제'라는 소상공인공제인데 이것도 역시 금융상품이어서 5년 이내 임의로 중도해약을 하게 되면 원금손실이 있고 소득공제 받은 금액도 추징될 수 있다. 따라서 단기적인 목돈 마련을 위해서라면 가입절차가 간편한 예금이나 적금을 드는 것을 추천한다. 그러나 노란우산공제는 장기적으로 개인사업자의 퇴직금 마련을 위한 절세나 재테크 관점에서 볼 때 매우 유익하다.

연간 납입금액 중 최대 500만 원까지 소득공제를 해주므로 매년 소득세 부담을 줄여주고, 납입원금 전액이 적립되고, 복리이자가 가산되며 운용수익 전체가 사업주에게 환원되므로 재테크에도 매우 효과적이다.

노란우산공제는 소득 4,000만 원 이내의 사업주는 500만 원을 한도로 소득공제 혜택을 주고 1억 원 이내 소득자는 300만 원 한도로 공제혜택을 준다. 만약 소득금액이 1억 원을 초과하면 200만 원까지만 공제받을 수 있다.

또한 다른 금융권과 상관없이 유일하게 지급 전액이 압류로부터

[별지 제1호 서식]

소기업·소상공인공제 계약청약서

중소기업중앙회 보관용 / 고객 보관용

청약자(성명)		주민등록번호		E-mail	
자택주소				휴대폰	
※ 국내 비거주자는 관련법에 따라 소득공제가 제한됩니다.				자택전화번호	
업체명	사업자등록증상 업체명 기재		□ 무등록사업자	사업자등록번호	123-45-67890
				법인등록번호	123456-1234567
업체주소				업체전화번호	
				업체 FAX	
개업일	년 월 일	업태	사업자등록증상 주된업태기재	종목	사업자등록증상 주된 종목 기재
매출액	직전년도 년 ____백만원	직전년도-1 년 ____백만원	직전년도-2 년 ____백만원	상시근로자수	명 (년 월)
※ 증빙 가능한 직전 3개 사업연도 매출액 기재 ※ 사업기간이 3년미만인 경우 사업기간 中 연매출액 기재 ※ 사업기간 1년미만인 경우 예상 연매출액 기재				※ 일용 근로자 및 3개월 이내의 기간을 정한 근로자는 포함되지 않으며 상시 근로자가 없는 경우 "0"으로 기재	
청약금(부금월액)		청약금액은 반드시 한글 기재	원	연락받으실주소	자택 □ 사업체 □
				문자메세지수신	동의 □ 미동의 □
※ 부금월액은 최저 오만원에서 만원단위로 최고 칠십만원까지이며 분기납의 경우 3개월분의 부금을 매 분기 납부합니다.				E-mail 수신	동의 □ 미동의 □
신분증 확인	□ 주민등록증(발급일자)	2018-01-01		□ 외국인등록증(발급일자)	2018-01-01
	□ 운전면허증(면허번호)	서울01-234567-89		(암호일련번호)	오른쪽 사진아래숫자영문혼합번호
	□ 여권(만료일자)	01-Aug-2018			

예금계좌 자동이체 지정·신청

예금주		거래은행		계좌번호			
이체일	□ 월납	매 월		□ 분기납	매 분기	째 달	일

1. 위 예금계좌를 공제부금의 납부공제계약대출금의 상환공제금의 수령 등 공제계약상의 일체의 거래에 관한 계좌로 지정·신청합니다.
2. 위 예금계좌의 잔고가 이체일에 납부할 금액에 미달하는 경우에는 부금이 연체된 것으로 보며, 연체 해소를 위해 익일부터 일정기간 이체 처리합니다.
3. 위 예금계좌 자동이체 신청에 의하여 납부한 부금 금액에 대하여는 중앙회가 영수증을 발행하지 않으며 이체된 부금은 반환되지 않습니다.

충분히 설 명 을 들 었 음

청 약 자 확 인 사 항

1. 약관의 주요내용, 관련세제, 청약서 내용에 대해 충분히 설 명 을 들 었 음
※공제사유가 아닌 임의해약시 약관이 정한 바에 따라 부금납부월수가 12회이하인 경우 원금보장이 되지 않습니다.
※임의해약 시 소득공제 받은 원금과 이자에 대해 기타소득세(16.5%, 지방세 포함)가 부과됩니다.

2. 청약서는 청약자가 직접 자 필 서 명 (날 인) 함
※청약자는 반드시 자필서명(날인)으로 청약하여야 하며 대리인이 작성한 경우에는 공제계약이 취소될 수 있습니다.

3. 청약한 날로부터 30일 이내에 중앙회 고객센터에서 약관의 수령, 약관의 주요내용 설명 및 자필서명 여부를 전화로 확인 시, 청약자 사정으로 통화 연결이 되지 못하는 경우에는 전화를 받을 의사가 없다고 간주되어 청약한 바와 같이 계 약 을 유 지 함

본인은 위의 예금계좌 자동이체 지정·신청 및 청약자 확인사항의 절차를 거쳐 이상이 없기에 소기업·소상공인공제계약 약관에 따라 위의 기재한 내용과 같이 **소기업·소상공인공제 계약**을 청약합니다.

중소기업중앙회 회장 귀하	제출일 년 월 일 **청약자**	서명(날인)

가입권유자 성명		소속단체명		가입권유자 코드		전화번호	

(2018. 1. 1 시행)

안전하게 보호되고, 사업자 상해보험에 무료 가입되어 상해로 인한 장애나 사망 시 월 납입금의 최대 150배까지 보험금이 지급된다.

가입대상으로는 개인사업자, 법인대표자, 공동사업자, 간이과세자, 임대사업자 등 모든 업종의 사업자라면 창업 즉시 가입이 가능하고 프리랜서나 보험설계사, 캐디, 강사, 방문판매원 같은 무등록 소상공인도 가입할 수 있다.

가입방법은 노란우산공제에 직접 방문해도 되고 거래 은행에서 가입해도 되는데 필요한 서류는 계약청약서, 사업자등록증, 대표자 신분증, 사업체의 원천징수 신고서, 상시근로자 수를 확인할 수 있는 서류가 필요하다.

노란우산공제는 국민연금과 다르다. 국민연금은 만 60세가 넘어야 지급하기 시작하지만 노란우산공제는 공제금 지급사유(예를 들어 폐업, 사망, 대표자의 질병이나 부상으로 인한 퇴임, 노령) 발생 시 가입기간이나 연령과 관계없이 전액 일시금으로 지급받을 수 있다.

미루면 가산세 맞는 사업용 계좌신고

"상진이, 날세."

"어, 경수. 그래 원두커피 도매 준비는 잘 돼 가나? 커피콩 볶아서 갈면 우리 레스토랑부터 공급해야 하네"

"안 그래도 그것 준비하느라 전화를 했지. 서점 안 창고를 개조해서 원두분쇄기를 놓을 건데 부분적으로 인테리어 공사를 시작하려고 하네. 소규모 공사라도 잘해줄 수 있는 인테리어업체 소개를 좀 받으려고."

"그거라면 걱정 말게. 건축 실내디자인 회사에 있다가 얼마 전에 창업했는데 젊은 사람이 꽤 성실하고 믿을 만하다네. 내 연락하라고 말해 놓음세."

"고맙네."

황 부장은 김상진 사장으로부터 소개받은 인테리어 업자를 만나 견적을 받고 나서 다시 김상진 사장에게 전화를 했다.

"자네가 소개해 준 인테리어 사장을 만났는데 시안을 여러 개 가져왔더라고."

"벌써? 어떻든가?"

"시안이야 다 마음에 들더구먼. 자네 말대로 나무랄 데 없어."

"맞아. 일을 잘해 그 친구. 소규모 공사라도 성심껏 할 거야. 우리 가게도 그 사람한테 인테리어를 맡겨 일부 바꿨는데 얼마나 꼼꼼하게 잘하던지. 근데 뭐가 문젠가?"

"응. 계약하고 계약금을 입금하려고 사업자등록증하고 통장사본을 달라고 했더니, 결제계좌가 개인통장이더군. 그래서 사업용 계좌 없냐고 물어보니까 그게 꼭 있어야 하냐고 그러더라고."

"그 친구가 사업을 이제 시작해서 세금관계나 이런 거는 잘 모르네. 사업주와 개인통장 명의가 같으면 큰 문제는 없는데…. 자네 말대로 일반 개인통장 계좌보다는 상호가 찍힌 계좌가 있으면 거래처에 입금할 때 좀 더 신뢰가 가지."

"자네가 한 수 일러 주게. 창업 초기에 나한테 그랬던 것처럼."

"주말에 함께 골프 하기로 했는데 그때 봐서 내 일러 주겠네. 참 자네도 이제 우리 모임에 오지 않겠나? 사업도 안정되어 가는데."

"난 골프하고는 안 맞아. 등산이 좋네."

"사람 참, 나중에 맘 바뀌면 연락 주게."

"허허허, 알겠네. 아무튼 여러 가지로 고맙네, 상진이."

"맨날 말로만. 전복이랑 농어에 소주 한잔해야지?"

"좀 기다렸다가 가을에 전어 먹으러 가세."

"오! 집 나간 며느리도 돌아오게 만든다는 가을 전어 좋지. 그럼, 연락 주게."

복식부기의무자라면 사업용 계좌를 의무적으로 신고해야 한다. 개인적으로 사용하는 계좌와 사업용 계좌를 별도로 분리해서 사용하라는 의미이다. 복식부기의무자는 전년도 매출액에 따라 구분되는데 의사, 변호사, 회계사 등 전문직은 매출과 무관하게 복식부기 대상자이다.

사업용으로 사용하는 신용카드 결제대금도 사업용 계좌에서 나가게 해야 한다. 개인계좌를 사용해도 가산세가 부과된다. 개인적으로 사용하는 신용카드를 사업용으로 사용하고 사업용 계좌에서 결제대금이 나가게 하면 불이익은 없으나 나중에 개인카드 사용분에 대해서 과세당국에서 확인을 요구할 수 있다. 따라서 가능한 한 개인적으로 사용하는 카드와 사업용 신용카드는 구분해서 사용하고 사업용 신용카드 결제대금은 반드시 사업용 계좌에서 나가게 하는 것이 좋다.

복식부기의무자가 사업용 계좌를 개설하지 않았거나 사용하지 않은 경우 사업용 계좌 미신고 또는 미사용에 대한 가산세가 부과된다. 사업용 계좌를 개설하지 않았을 경우 미신고 기간 수입금액에 0.2%, 계좌 개설만 해놓고 사용하지 않았을 경우에 미사용 금액의 0.2%를 가산세로 내야 한다.(2018년 기준) 예를 들면 미신고 기간 (1월~6월 말) 매출액이 2억 원인 경우 40만 원(2억 원×0.2%)을 내야 하고, 계좌개설 신고 후 미사용 기간에 매출이 5,000만 원인 경우 10만 원(5,000만 원×0.2%)을 내야 한다. 가산세를 없애는 것은 가장 좋은 절세방법 중 하나이다.

개인사업자가 사업용 계좌 개설신고를 하는 경우 과세기간 개시 6개월 이내에 해야 한다. 예를 들면, 요식업을 하는 김상진 사장의 2017년 매출액이 10억 원이라고 가정하면 2018년부터 복식부기의무자가 된다. 그러면 2018년 1월부터 6월 말까지 사업용 계좌에 대한 개설신고를 해야 한다. 단, 전문직인 경우 2017년 개업을 하면 자동으로 복식부기의무자가 되는데 그다음 해인 2018년 6월 말까지 신고하면 된다. 사업용 계좌는 종합소득세 신고기간에 변경하거나 추가할 수 있다.

〈표7-1〉 가산세 요약표

종합소득세 관련 가산세	법인세 관련 가산세
• 신고불성실, 납부불성실, 무기장가산세 • 지급명세서 보고 불성실가산세 • 증빙불비, 영수증수취명세서 미제출가산세 • 사업장현황신고불성실가산세 • 사업용계좌미사용, 신용카드불성실가산세 • 현금영수증, 기부금불성실가산세 • 성실신고확인서미제출가산세 • 원천징수납부불성실가산세 등	• 무신고, 과소신고, 납부불성실, 무기장가산세 • 지출증명 미수취(허위수취)가산세 • 주식 등 변동상황 명세서제출 불성실가산세 • 주주 등 명세서 제출 불성실가산세 • 지급명세서 보고 불성실가산세 • 계산서 교부 불성실가산세 • 계산서합계표제출 불성실가산세 • 세금계산서합계표제출 불성실가산세 등

사업용 계좌 신청방법

- 국세청 홈택스(www.hometax.go.kr) ⇨ 로그인 ⇨ 신청/제출 ⇨ 사업용 계좌 개설관리

국세청 홈택스에 로그인하여 '사업용 계좌 개설관리'에 들어가면, 기본적인 인적사항이 보인다. 계좌 개설신고를 하려면 '계좌추가'를 클릭한 후 계좌정보를 입력하고 '신청하기'를 클릭한다. 계좌해지를 하려면 목록에서 체크한 후 '계좌삭제'를 클릭한다.

사업용 계좌 개설신고 후 신청한 결과는 홈택스 ⇨ 조회/발급 ⇨ 기타조회 ⇨ 사업용 계좌 신고현황에서 확인할 수 있다.

사업용 계좌는 사업장별로 각각 신고해야 하는데, 휴업 중인 사업주도 복식부기의무자라면 신고해야 한다. 학원 강사나 보험모집인 등 인적용역사업자는 사업자등록이 없을지라도 개인사업자나 마찬가지인데 인적용역사업자가 수입이 많아 복식부기 대상자라면 주민등록번호로 사업용 계좌를 신고하면 된다.

4대보험, 이렇게 줄인다

황 부장의 카페는 커피 원두 도매를 시작한 후로 매출이 날로 증가했다. 작게 시작한 카페가 이제는 제법 규모가 있어 보였다. 황 부장은 원두커피 판매와 거래처 관리를 맡을 직원의 면접을 보고 있다.

"원통상에서 3년 정도 일했는데 그만둔 이유가 있나요?"

"회사까지 너무 멀어서 출퇴근 시간이 오래 걸렸어요. 무엇보다도 중소기업에서 다양한 업무를 하고 싶었기 때문입니다."

"음~ 우리는 커피 원두 사업을 시작하는 단계라서 영업이나 거래처 관리에 해야 할 일이 많아요. 알고 지원했겠지만 급여 수준도 원통상보다 낮고. 하지만 일을 잘하면 1년 이내에 과장 승진과 월급 인상도 가능합니다."

"예. 열심히 하겠습니다."

"급여는 이번 달부터 월 200만 원이고 토요일은 격주 휴무입니다. 오전에는 신규 거래처 목록을 정리하고 오후에는 김상진 사장 레스토랑에 커피 원두를 배달해 주세요."

"예 사장님. 그런데 수습 기간 없이 바로 정직원으로 채용된 것이지요?"

"최 대리가 역량미달로 해고될 염려는 없을 것 같고, 이제 우리 식구인데 굳이 수습 기간이 필요할까 싶지만 생각해 보고 한 달 정도 적응 기간을 두든지 하지요. 그럼 근로계약서는 오늘 정리해서 내일 사인하도록 합시다."

"예 사장님. 감사합니다."

황 부장은 영업을 맡을 최 대리를 정직원으로 채용하였다. 총괄이사를 맡은 아내와 바리스타 안 매니저, 그리고 바쁜 시간에 안 매니저를 보조하는 지훈 군까지 하면 직원 인건비도 만만치 않았다. 그러던 차에 김상진 사장이 황 부장을 찾아왔다.

"어이 상진이 자네가 여기까지 웬일로?"

"웬일은, 근처 거래처에 볼일이 있어 온 김에 제수씨 커피 생각이 나서 들렀네. 맛있게 한 잔 내려 주게. 그 뭔가 드립커피로 말이야."

"참나, 그냥 집에서 마셔. 커피 2스푼, 설탕 2스푼, 프리마 2스푼. 드립은 무슨…."

옆에서 드립커피를 만들다 말고 황 부장 부인이 한마디 했다.

"아유~ 당신은 오랜만에 가게까지 찾아온 친구한테 그게 뭐예요? 김 사장님, 안 그래도 요즘 향이 좋은 커피가 많이 있어요. 지금 내리는 중이니까 조금만 기다려주세요."

"고맙습니다. 역시 자네는 제수씨 덕에 먹고 사는 줄 알아."

"조용히 커피나 마시고 가지 또 잔소리야."

"어 그런데 못 보던 직원이 있네?"

"영업 매니저 최 대리야. 커피 도매업 시작해서 직원 한 명 채용했네. 이따 오후에 자네 레스토랑에 갓 볶은 신선한 원두를 배달하러 갈 걸세"

"오 벌써 직원을 뽑았군. 사업이 번창하고 있으니 행복하겠네. 그런데 안 매니저 옆에 있는 청년도 바리스타인가?"

"아니, 지훈 군은 안 매니저를 보조하고 매장관리를 하고 있다네. 정규직은 아니고 시급으로 현금 주고 있어. 본인도 그걸 원하더군. 아무래도 정직원이 되면 4대보험 가입해야 하고 본인도 보험료 내는 게 부담이 된다나?"

"에잇 이보게 큰일 날 소리! 이렇게 매출이 늘어나고 있는데 직원을 채용해 놓고 현찰로 시급을 지급하면 인건비도 비용으로 인정을 못 받을 텐데?"

"아, 일용직으로 월급 줄 때 일정 부분 원천징수하고 지급하고 있네."

"이보게 경수, 세무서에 인건비 비용처리를 하겠다고 그렇게 과세자료를 신고하면 보험공단은 세무서를 통해 관련 정보를 입수해서 4대보험 미가입한 사실에 대한 과태료를 부과할 거네."

"아니, 사장인 내가 보험 가입을 안 한다는 것도 아니고 고용된 직원이 원해서 현찰 주고 마는 건데 이게 무슨 과태료 사안인가? 보험도 내 맘대로 못하나?"

"자네가 한 가지 모르는 게 있네. 의외로 많은 자영업자가 4대보험을 민간보험처럼 선택해서 하는 것으로 착각하는데, 4대보험, 그러니까 국민연금, 건강보험, 고용보험, 산재보험은 법적 요건을 충족하면 강제로 가입해야 하네. 그래서 4대보험료를 세금은 아니지만 강제성이 있다 해서 준조세라고 부르지. 그래서 내야 할 보험료를 안 냈으니 4대보험 공단에서 고지서를 보내는 것이고."

"그렇다면 직원을 쓸 때는 월급뿐 아니라 4대보험 지출액도 예산에 넣어야겠군."

"그렇지. 자네도 지훈 군을 설득해서 가입하도록 해. 그래야 과태료를 피할 수 있고, 또 가입하면 결국 그 혜택을 지훈 군이 받을 테니까. 누누이 말하지만 4대보험은 선택이 아닌 필수야 필수."

"나 참. 오늘이 월 말이니, 내일 1일 자로 신고하도록 하겠네."

"잠깐, 내일 하지 말고, 모레 하게."

"그건 또 왜? 이왕 하는 거 하루라도 빨리 가입해야지."

"국민연금과 건강보험은 매달 1일 입사자만 보험료가 고지되네. 다시 말해서 매달 1일을 피해 채용하면 그달 보험료는 안 내도 되므로 한 달분 보험료를 자네와 지훈 군이 절약할 수가 있네. 오늘 내가 마신 커피값은 지금 알려준 정보로 퉁 치겠네. 나 이만 가네. 허허허."

〈표7-2〉 4대 사회보험 및 보험료율

구 분	기준액	보험료율	근로자	사업주
국민연금	기준소득월액	9%	4.5%	4.5%
건강보험료	보수월액	6.24%	3.12%	3.12%
장기요양보험료	건강보험료	7.38%	3.69%	3.69%
고용보험	보수월액	1.3%	0.65%	0.65%
고용안정/직능개발		0.25~0.85%	×	차등
산재보험	과거 3년간 임금총액 사업별 재해발생위험율	차등적용	×	차등

※ 출처: 4대 사회보험 정보연계센터(2018년 기준)

  월급쟁이들은 직장에서 매월 급여를 받을 때 국민연금, 건강보험, 고용보험, 그리고 근로소득세와 지방소득세를 공제한 나머지를 받는다. 그러나 직장을 퇴직하고 사업을 시작하면 사업주 본인과 직원의 4대보험을 어떻게 관리해야 할지 난감해진다.

  4대보험은 국민연금, 건강보험, 고용보험 및 산재보험 4가지를 말하는데 이중 건강보험료는 일정 비율을 장기요양보험료로 사업주와 근로자가 절반씩 부담한다. 4대보험은 직장가입자와 지역가입자로 나뉘는데, 여기서 고용보험과 산재보험은 직장가입자만 해당한다. 하지만 국민연금과 건강보험료는 직장과 지역 가입자 모두 해당한다.

  직장가입자는 매달 국민연금, 건강보험료 및 고용보험료를 월급 기준으로 계산하여 사업주와 근로자가 절반씩 부담하고, 산재보험료는 사업주만 부담한다. 한편 지역가입자는 재산이나 기타 요소를 고려하여 국민연금과 건강보험료를 계산하는데 지역가입자가 전액 부담한다.

4대보험료를 모두 합치면 대략 18%가 나온다. 예를 들어 황 부장이 새로 채용한 직원에게 매월 100만 원씩 급여를 줄 경우 인건비는 약 109만 원이 발생한다. 급여로 100만 원을 지급하고 9만 원은 다음 달 10일까지 4대보험공단에 내야 한다. 직원은 월급으로 받은 100만 원 중에서 대략 8만 5,000원이 세금과 4대보험료로 원천징수되고 나머지만 받게 된다.

취업 유형별 4대보험 줄이기

① 직장 다니면서 사업하는 경우

건강보험은 직장이 지역에 우선하므로 직장건강보험을 내면 된다. 국민연금 역시 직장이 지역에 우선하므로 직장에서 낸다. 고용보험은 직장에서만 부담하게 되고 산재보험은 개인은 해당 사항이 없다.

② 두 직장을 다니는 경우

최근 김 과장은 밤에 다른 직장을 다니고 있었다. 이미 직장이 있는데 투잡을 뛰는 경우 4대보험료를 두 번씩 내야 한다. 건강보험, 국민연금, 사업주만 부담하는 산재보험을 양쪽에서 내게 된다. 다만 고용보험은 급여가 많은 직장에서만 내면 된다. 한 곳에서만 부담하므로 좋을 것 같지만 고용보험을 내지 않는 다른 직장에서 고용보험 이중 취득이라는 통보를 받기 때문에 다른 데서 투잡하는 사실이 알려지게 된다.

③ 부인이 남편 회사 근로자

황 부장은 아내를 회사의 임원으로 채용하였다. 개인기업의 경우 부인을 직원으로 채용하고 공식적으로 월급을 주면서 4대보험과 소득세를 내는 것이 좋다. 부인에게 지급하는 급여 등은 전액 인건비로 인정받아 절세할 수 있다.

④ 자영업자

직원이 없는 1인 자영업자는 건강보험과 연금보험을 지역보험으로 유지하고 고용보험은 선택사항이다. 직원을 채용하게 되면 국민연금과 건강보험을 직장가입으로 할 수 있다. 여기서 최초 가입 시 한두 달 정도 직원에게 수습기간을 두고 수습기간에 월급을 낮게 책정하면 수습기간이 끝나고 100%를 지급해도 국민연금은 정산하는 개념이 없으므로 그해 연금보험료를 줄일 수 있다. 예를 들어, 1월에 채용한 바리스타에게 매월 200만 원을 주기로 하되 첫 달만 수습기간으로 100만 원을 지급하면 처음 지급한 100만 원을 기준으로 국민연금을 내게 되어 첫해에 보험료를 줄이는 데 도움이 된다. 그러나 건강보험료는 실제 지급한 급여를 다음 해 4월에 정산하여 알려주므로 보험료를 줄이기 어렵다.

4대보험료를 내지 않을 방법은 없지만 줄일 방안은 있다. 첫째, 비과세 급여로 4대보험료를 줄인다. 4대보험료는 월급에서 비과세 급여를 제외하고 계산되기 때문에 직원의 식대나 자가운전보조금, 6세 이하 자녀보육료, 연기보조비, 생산직 근로자의 연장근로 수당 등을 이용하여 급여를 책정하면 4대보험료를 일부 줄일 수 있다. 둘째, 직원 수가 10인 이하의 개인기업이나 법인기업에서 일하는 근로자의 월 평균보수가 일정금액 미만인 근로자에 대해 사업주와 개인이 부담하는 국민연금과 고용보험을 60%까지 국가에서 지원해 준다. 이른바 '두루누리 사회보험 지원사업'이라 한다.

성실신고 사전안내문을 챙겨라

매년 5월 종합소득세 신고기간이 되면 국세청에서는 자영업자가 세금을 신고하는 데 도움이 되도록 여러 가지 서비스를 제공한다. 이 가운데 특히 눈여겨볼 것은 '모두채움신고서'와 '성실신고 사전안내문'이다.

'모두채움신고서'는 소득의 종류가 사업소득뿐이고 단일 사업장인 경우 전년도 수입금액이 2,400만 원~6,000만 원 미만인 자영업자들을 대상으로 사업주가 세금신고서에 적어야 할 내용을 국세청에서 모두 작성하여 보낸다. 사업주는 모두채움신고서를 받고 나서 수정사항이 없으면 전화 한 통(ARS 1544-9944)만 하면 세금신고가 끝난다. 신고서에 수정해야 할 사항이 있으면 국세청 홈택스에 들어가 수정해서 전자신고하면 된다.

'성실신고 사전안내문'은 말은 안내장이지만 실제로는 경고장에 가깝다. 근래 국세청에서 초과 세수를 달성한 원동력이 된 것도 바로 이 성실신고 사전안내자료 덕분이다.

이 안내장에는 전년도 신고사항을 분석해서 납세자별로 신고할 때 유의사항을 자세히 언급해 주고 있다. 특히 불성실 신고대상 사업주에게 보내는 K유형 안내문에는 적격증빙을 적게 갖추거나, 소득률을 낮게 신고한 것, 가공경비를 장부에 기록하고, 재고자산을 과다 또는 과소 계산하는 등 매우 구체적으로 혐의점을 지적하고 있다.

예를 들어, 적격증빙 서류가 부족한 경우에는 '지난해 귀하가 신고한 매입금액 대비 법정증빙영수증(세금계산서 등)이 2억 원 이상 차이가 난다'라고 설명하고 적격증빙이 부족하지 않게 제대로 신고하라고 안내한다. 가공경비를 장부에 기록한 혐의가 있는 자영업자에게는 '귀하는 다른 동종사업장과 비교해 신고한 소득률이 평균 소득률과 비교했을 때 80% 미만입니다'라고 안내하여 사업과 관련이 없는 가공경비를 세금 신고할 때 포함하지 말라는 경고의 메시지를 준다.

이러한 안내문을 2017년부터 우편으로 받는 대신 홈택스 사이트의 '종합소득세 신고도움서비스'를 통해 확인할 수 있는데 이를 본 사장님들은 제대로 신고하지 않을 수 없다.

국세청이 이렇게 자세하고 구체적인 안내를 할 수 있는 것은 2009년 도입된 소득과 지출을 분석하는 PCI시스템 덕분이다. 여기에 2010년부터 해외금융자산과 해외지출자료까지 모두 분석할 수 있게 되었다. PCI시스템의 예를 들면 최근 3년 동안 국세청에 신고한 소득금액이 3억 원이고 3년 동안 부동산취득이나 신용카드 등 사용한 지출은 10억 원이라고 가정하면 차이 금액 7억 원은 소득을 누락했다고 보는 것이다. 비슷한 시기에 자영업자들의 매입과 매출을 비교·분석하는 시스템을 도입하였고, 2011년부터는 전자세금계산서 제도가 시행되어 현재는 모든 업종의 사업주들에게 전자세금계산서 발급을 의무화하고 있기 때문에 거래가 매우 투명해졌다. 추가로 2012년부터 성실신고확인제도를 통해 일정 규모 이상 자영업자들이 세금을 신고할 때는 세무대리인의 확인을 반드시 거쳐서 음성적인 거래까지 금지되었다.

하지만 여전히 자영업자들의 현금매출에 대한 탈세는 자행되고 있고 고소득 자영업자일수록 더하다. 어떤 사장님은 간이과세자가 세금을 거의 부담하지 않는다는 점을 이용하여 어떻게 해서든지 매출액이 일정 금액 이상을 넘지 않게 하려고 여러 가지 편법으로 매출을 누락하기도 한다. 그러고 나서 세무조사 시 발각될 가능성을 물어본다.

현실적으로 국세청 조사인력에 한계가 있어서 대기업은 4~5년에 한 번씩 정기조사를 받고 중소기업은 보통 10% 정도가 세무조사 대상이 된다. 따라서 대부분 자영업자가 세무조사 한 번 받지 않는다. 이에 점점 대담해져서 세무리스크를 키우는 결과를 초래하기도 한다.

나날이 고도화되는 국세청 전산망에 모든 신고상황과 거래 사실이 쌓이고, 동종 동류 업계 사업자들의 신고추세를 토대로 부가가치율, 소득률, 매출 총이익률, 영업이익률 등이 정리된다. 국세청은 이러한 각종 비율의 분석 기법을 사용하여 탈세정황을 적발해낸다. 게다가 유관기관과 정보가 공유되고 있어서 거래 사실 하나로도 수십 가지를 분석하여 어떤 유형의 매출 누락, 가공경비도 잡아낼 수 있다. 최근 국세청 세무조사는 양보다는 질에 우선하여 지능적 탈세자에 대하여는 엄중하게 처벌하는 경향을 보인다.

사실 국세청이 마음먹고 적극적으로 나서면 현재 수집된 빅데이터를 토대로 인공지능 탈세 적발 프로그램까지 만들 수 있을 것이다. 탈세는 결국 꼬리가 잡힌다. 이후에는 강력한 처벌이 뒤따르므로 처음부터 나쁜 마음은 접어두는 것이 좋다.

> **절세를 위해 기본적으로 알아야 할 사이트**
>
> - **홈택스**(www.hometax.go.kr): 국세청의 세금 전자신고 사이트이다.
> - **국세청**(www.nts.go.kr): 매년 5월 종합소득세 신고를 위한 안내를 볼 수 있다.
> - **e세로**(www.esero.go.kr): 사업할 때 매입·매출 관련 세금계산서를 발행할 수 있다.
> - **국가법령정보센터**(www.law.go.kr): 법제처에서 제공하는 법령 등 검색 시스템이다.
> - **노란우산공제**(www.8899.or.kr): 소기업·소상공인 공제제도이다.

고수의 절세 노트 ❼

사장님의 세금 달력

김상진 사장은 3년 전 초가을에 이탈리안 가정식 레스토랑을 시작했다. 그해 10월경 여러 가지 호재로 식당이 무척 잘 되었다. 갑자기 돈이 벌리자 하반기에 1,000만 원씩 적금을 넣고 남은 돈은 다른 곳에 투자했다. 그런데 다음 해 1월부터 부가가치세 신고, 4월에 부가가치세 예정신고, 5월에 종합소득세 신고가 있어 돈 쓸 일이 많아졌다.

김 사장은 돈 나갈 일이 계속 생기자 혼란스러웠고 투자했던 돈을 회수해서 세금을 내야 했다. 이 일로 김 사장은 창업 초기부터 사업자 과세유형에 적합한 세금납부일정을 아는 것이 사업하는 데 큰 도움이 된다는 것을 깨달았다.

세금스케줄은 사업자 본인의 사업상 현금흐름을 관리하기 위해서 알아야 하기도 하지만, 사업자 간에 좋은 관계를 유지하기 위해서도 알고 있어야 한다. 매년 7월 25일은 부가가치세 내는 날인데, 그 시기에 찾아가서 돈을 빌려달라거나 외상값을 갚으라고 하면 여간 난감한 일이 아니다. 그러니 사업자는 연간 세금의 신고·납부 일정 정도는 알고 있어야 한다. 더구나, 세금을 기한 내에 제대로 신고하고 납부하지 않으면 신고불성실가산세와 납부불성실가산세는 물론이고 연체이자 성격의 가산금과 세무조사까지 받을 수 있다.

자영업자가 1월부터 12월까지 세금납부 일정을 정리할 때는 주로 사업할 때 내야 하는 중요한 세금 위주로 알아두는 것이 좋다. 첫째는 부가가치세, 둘째는 소득 관련 종합소득세와 법인세, 셋째로 원천징수가 있다. 추가로 재산 관련 세금인 상속세, 증여세, 양도소득세까지 알아두면 더 좋다. 사업을 오래 한 사장님들조차 너무 바쁘다 보니, 7월 25일은 부가가치세를 내야 하는데 잊어버리고 "이번에 내는 세금은 뭔가요?"라고 묻는 경우가 많다.

1월에는 전년도 7월~12월까지 모은 부가가치세를 25일까지 내야 한다. 이것을 부가가치세 확정신고라 한다. 1월에는 신정과 설 명절이 있는데 부가가치세도 내야 하므로 부담스러운 달이다. 사업을 하다 보면 돈을 모아놓고 세금을 내는 사람이 별로 없다. 보통은 이 돈 끌어서 부가가치세를 내고 저 돈 끌어서 소득세를 내게 된다. 1월은 자영업자에게 힘든 달이다.

2월과 8월에는 세금이 없다. 3월에는 법인사업자들이 전년도 소득으로 법인세를 내는 달이다. 직장인 연말정산 신고 또한 3월 10일까지다. 4월은 부가가치세 예정신고가 있고 4월 30일에는 주택기준시가가 고시된다. 일반적으로 기준시가는 매년 오르기 때문에 고시되기 전에 집을 매매하는 경우와 고시된 후의 세금이 달라진다. 집을 사려는 사람은 고시되기 전, 오르기 전에 사는 것이 좋고, 파는 사람은 고

〈표7-3〉 김상진 사장의 달력에 기록된 연간 세금일정

1월	2월	3월	4월	5월	6월
25일 전년 하반기 부가세 확정 신고		10일 연말정산 신고 31일 법인세신고	25일 부가세 예정 신고 30일 주택기준시가	31일 종합소득세 신고 개별공시지가	1일 보유세 과세 기준 30일 성실신고기한
7월	**8월**	**9월**	**10월**	**11월**	**12월**
25일 금년 상반기 부가세 확정 신고		30일 재산세 납부기한	25일 부가세 예정신고	30일 소득세 중간예납	15일 종합부동산세 납부기한

시된 후에 양도하면 세금을 조금이라도 아낄 수 있다. 따라서 어떤 경제적 행위를 하기 전에 이런 세금관계를 아는 것이 중요하다.

5월은 개인사업자가 종합소득세를 신고하는 달이다. 작년에 번 소득을 정산해서 세금을 내는 달이다. 세무서가 1년 중 가장 바쁜 달이기도 하다. 전년도 소득을 다음 해 5월에 내기 때문에 잊을 만할 때 세금을 내는 셈인데, 작년에 번 돈은 남아 있지가 않다. 5월에는 어린이날, 어버이날, 스승의 날 등 행사가 많아 돈 들어갈 곳이 많은데 종합소득까지 내야 하므로 부담이다. 성실신고대상자는 6월 말까지 소득세를 낸다. 규모가 있으면 좀 더 계산을 꼼꼼히 해서 6월까지 내라고 하는 것이다. 7월에는 1~6월까지의 부가가치세를 25일까지 확정신고한다. 9월은 재산세를 내는 달인데 고지서가 나오면 그냥 내면 된다.

10월은 부가가치세 예정신고 하는 달인데 얼마 내라는 고지서가 나온다. 11월은 소득세 중간예납하는 달로 작년에 냈던 세금의 절반을 미리 내는데 이 또한 고지서가 오면 내면 된다. 낸 세금은 그다음 해 5월 종합소득세 신고 때 공제해준다. 세무서에서는 작년에 냈던 세금이 100만 원이라면 50만 원을 적은 고지서를 보내준다. 그것을 내면 다음 해 5월 종합소득세 신고할 때 이미 납부한 세금이라서 빼준다. 12월은 크게 낼 세금은 없지만 연말 마감준비로 바쁜 달이다.

연중 1월부터 6월까지 내야 할 세금들이 많다. 그 때문에 상반기에 사업상 현금 흐름 관리에 주의할 필요가 있다. 세금 달력으로 세금 낼 시기에 맞춰 자금을 잘 관리할 필요가 있다. 가장 좋은 방법은 세금통장을 마련하는 것이다. 매달 얼마씩 자동으로 세금이 저축되도록 하고 다음 해 부가가치세나 종합소득세 또는 법인세 납부시기에 맞춰 해약되도록 만기를 설정해 놓는다. 그렇게 세금통장에 저축하면 세금 내느라 자금 사정이 어려워지는 일을 피할 수 있다.

8장
알면 줄고 모르면 늘어나는 부가가치세

붕어는 없고 붕어빵에 있는 세금

'오늘도 지각이다.'

오전 7시. 안수진 매니저는 버스에서 내리자마자 급히 뛰었다. 요즘 지각이 잦았던 터라 미안한 마음에 한껏 소리 높여 인사하며 매장으로 들어섰다.

"안녕하세요!! … 이사님, 볶아놓은 커피 갈면 되지요?"

"내가 다 갈았어. 포장해서 매대에 두세요."

안 매니저는 갓 볶은 원두를 향까지 잡아 빵빵하게 포장한 다음 가지런하게 진열했다.

"어머? 이사님, 어항 사셨어요?"

"응, 분위기 좀 바꿔 보려고."

"금빛 비늘이 예쁘네요. 어항은 이렇게 큰데 금붕어는 겨우 두 마리예요?"

"금붕어는 다 자라면 몸집이 커져서 수조가 좀 커야 해."

안 매니저의 말이 끝나기가 무섭게 황 부장이 양손에 금붕어 두 마리를 들고 출근했다.

"안녕하세요! 사장님, 금붕어 사 오셨네요?"

영업 매니저인 최 대리가 큰 소리로 인사하며 뒤따라 들어왔다. 최 대리의 손에는 아침 식사용 붕어빵이 들려있었다.

"하하, 사장님은 붕어를 사 오시고, 최 대리는 붕어빵을 사 왔네."

원두를 진열대에 정리하고 있던 안 매니저가 웃으며 말했다.

"최 대리, 내가 퀴즈를 하나 낼게. 붕어에는 없지만 붕어빵에는 있는 것이 뭘까?"

"그거야 팥 앙금이죠."

"땡! 틀렸어."

"아하~ 부가가치세. 붕어에는 부가가치세가 없지만 붕어빵에는 붙습니다."

"아니, 그걸 어떻게 알았지? 난 김 사장한테 수업료 내고 배웠는데."

"대학 다닐 때 전공이 세무회계였습니다. 공인회계사 시험공부도 했었습니다. 제 적성에는 영업일이 더 맞는 것 같습니다."

"어쩐지 뭐든지 빨리 배우고 경리 일도 지시하면 척척 잘한다 싶었는데."

대학을 졸업하고 사회생활을 시작하면 생존을 위해 필요한 공부가 다시 시작된다. 회사에 갓 입사한 사원은 직무에 종사하면서 업무에 필요한 OJT(On the Job Training) 교육을 받는다. 학습능력이 뛰어나면 업무성과도 탁월할 수밖에 없다. 파워포인트나 엑셀, 포토샵 등을 다루는 실력이 평균수준 이상이면 중요한 보직을 맡을 가능성이 커진다. 학습능력은 신입사원뿐만 아니라 회사 다니는 직장인에게 매우 중요하다. 따라서 꾸준한 자기계발을 통해서 학습능력을 높여야 한다.

황 부장은 재무업무를 최 대리에게 맡겨야겠다고 생각했다. 과장으로 승진시키고 월급을 더 올려야 하겠지만 경리 일도 잘할 것 같았다. 일당백의 역할을 하는 직원을 뽑았다는 생각에 천군만마를 얻은 기분이 들었다. 어항에서 힘차게 헤엄치는 금붕어를 바라보며 황 부장은 입가에 미소를 지었다.

민물고기를 파는 수족관에서 붕어를 살 때는 부가가치세가 면제되지만 붕어빵을 사 먹을 때는 내야 한다. 마찬가지로 정육식당에서 갈비를 살 때는 부가가치세를 내지 않아도 되지만 갈비찜을 사 먹게 되면 부가가치세를 내야 한다. 또 횟집에서 광어회를 떠서 팔면 부가가치세가 부과되지만 광어 그대로 팔면 부가가치세는 면제된다. 왜 그럴까?

자영업자가 내야 하는 대표적인 세금이 사업소득세와 부가가치세이다. 법인이라면 법인세와 부가가치세이다. 부가가치세Value Added Tax(VAT)란, 소비행위에 부과되는 세금이다. 사업자가 물품이나 서비스를 고객에게 공급할 때마다 상품 가격만큼 가치가 더해진(附加價値) 것으로 보고 부가가치를 누린 고객에게 공급가격의 10%를 매기는 것이다.

황 부장의 커피숍 '서점 安 커피이야기' 예를 들어보자. 황 부장은 커피생두를 로스팅하는 업체로부터 커피콩 3,000원에, 매입부가가치세 300원을 더해 총 3,300원에 원두를 구입했다. 원두를 분쇄해 정성스럽게 내린 커피 한 잔을 커피값 5,000원에 부가가치세 500원을 더한 5,500원에 판매하고 있다.

일반적으로 부가가치세는 상품이나 서비스의 판매가격에서 전 거래단계의 매입액을 차감하여 계산한다. 커피산업 거래단계마다 창출되는 부가가치와 부가가치세는 아래 표와 같다.

〈표8-1〉 거래 단계별 부가가치와 부가가치세

구 분	커피콩 생산자	커피콩 수입자	로스팅 업체	커피숍
판매가격(VAT 포함)	1,000원	2,000원	3,300원	5,500원
전 단계 가치	0	1,000원	2,000원	3,000원
부가가치(附加價値)	1,000원	1,000원	1,000원	2,000원
부가가치세 매출세액	0	0	300원	500원
부가가치세 매입세액	0	100 (불공제)	0	300원
부가가치세(VAT)	0	0	300원	200원

여기서 주의할 점은 '커피콩 수입자'는 생두를 수입할 때 부가가치세 10%를 세관에 내지만 국내에 커피콩을 판매할 때는 면세사업자에 해당하여 수입할 때 낸 부가가치세 매입세액을 공제받지 못한다.

세법은 과일, 생선, 채소, 육류 등 농·축·수산물과 의료용역, 교육, 금융업, 가공하지 않은 식료품 등과 관련한 재화와 서비스의 공급에서는 부가가치세를 면제해 주고 있다. 이는 재화나 용역의 공급가격을 부가가치세율만큼 낮춤으로써 기초생활에 필요한 생필품 등을 사는 서민의 부담을 덜어주기 위함이다.

부가가치세 면세사업자는 부가가치세가 면제되므로 세금신고 의무가 없어 편리하다. 일반적으로는 대부분이 과세사업인데 일부 생활필수품을 판매하거나 의료 또는 교육 관련 서비스를 제공하는 사업은 부가가치세가 면제된다. 예를 들면 허가나 인가를 받은 학원, 병·의원(성형수술, 수의용역 제외), 연탄·복권판매·곡물·채소·육류 등 미가공 식료품의 판매, 도서나 신문판매업은 부가가치세 면세사업에 해당한다. 때에 따라서는 허가나 인가를 받은 교육용역업은 면세사업이지만 인가를 받지 않고 교육서비스를 제공할 경우는 과세사업이 되므로 주의해야 한다.

부가가치세 신고 안 하는 면세사업자가 챙겨야 할 것

낼 세금이 없다는 것은 받을 세금도 없다는 것이므로 면세사업자는 부가가치세 매입세액을 환급받을 수 없다. 그러나 세금신고를 안 하는 부가가치세 면세사업자도 꼭 해야 할 것이 있다. 바로 사업장 현황신고이다. 부가가치세 과세사업자는 1년에 네 번(간이과세자는 두 번) 부가가치세를 신고해야 하지만 면세사업자는 매년 2월에 사업장현황신고를 하고 이때 매입세금계산서를 함께 신고한다.

사업장 현황신고란 1년 동안의 매출액과 동일 기간에 주고받은 계산서 또는 세금계산서 합계표를 다음 해 1월 1일부터 2월 10일까지 사업장 관할 세무서에 신고하는 것이다. 세무서에서 신고안내 공지가 오는데, 주의할 것은 내가 신고한 매출액과 발생한 비용에 대해 보고하는 것이므로 종합소득세 신고와의 관련성을 고려해야 한다. 사업장 현황신고로 미리 신고한 부분과 나중에 종합소득세 계산 시 신고한 내용이 일치해야 한다.

사업장 현황신고 방법

면세사업장 현황 신고를 직접 하려고 한다면 국세청 홈택스 ⇨ 신고/납부 ⇨ 일반신고 ⇨ 사업장 현황 신고 메뉴로 들어가서 신고하면 된다. 스스로 신고하는 것이 자신 없는 사업자는 세무서 민원실을 직접 방문하여 도움을 받아 신고서를 제출할 수도 있다.

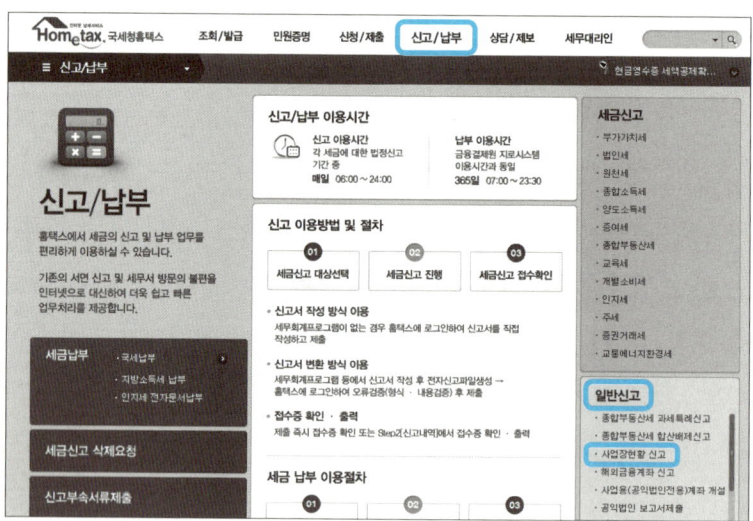

사장은 부가가치세를 한 푼도 내지 않는다.

부가가치세는 소득세 다음으로 중요한 국가 재정수입원이다. 그러나 사업주가 직접 내는 소득세보다 체납비율이 높다. 이는 제품이나 서비스를 공급하는 사업자가 소비자한테서 받아서 대신 납부하는 부가가치세 징수방식의 한계성 때문이다.

부가가치세는 세금을 실제로 부담하는 담세자와 납부하는 납세의무자가 다른 간접세이다. 부가가치세는 사업주가 부담하는 세금이 아니라 소비자로부터 받아서 대납하는 것이다. 즉 사업주는 소비자로부터 받은 매출세액에서 이미 낸 매입세액을 공제하기 때문에 사실 부가가치세를 한 푼도 내지 않는다.

〈표8-2〉 2017년 세목별 국세 수입실적

구 분	2016 실적	2017 실적	비 고
소득세	68.5조 원	75.1조 원	①
부가가치세	61.8조 원	67.1조 원	②
법인세	52.1조 원	59.2조 원	③
개별소비세	8.9조 원	9.9조 원	④
교통에너지환경세	15.3조 원	15.6조 원	⑤
관세	8조 원	8.5조 원	⑥
상속증여세	5.4조 원	6.8조 원	⑦
총국세	242.6조 원	265.4조 원	

※ 출처: 기획재정부 보도자료(2017 회계연도 세입·세출 마감 결과, 2018.2.9.)

하지만 물건가격에 포함해서 받다 보니 자연스럽게 자신의 소득으로 여기게 되고 자신이 번 소득에서 세금을 낸다고 생각해서 체납비율이 높은 것이다. 부가가치세 납부시기가 되면 사업주는 세금 낼 돈을 마련해야 하는데 목돈이 나가다 보니 막상 세금 내는 것을 아까워한다.

시설투자비 빨리 돌려받는 조기환급제도

사업을 시작하면 일정 기간 매출은 발생하지 않고 초기 비용만 증가하는 '데스밸리death valley' 기간을 겪게 되는데, 대부분 영세 자영업자들은 자금 부족으로 압박을 받게 된다. 이럴 때 김 사장은 부가가치세 매입세액을 미리 돌려받아 자금에 대한 압박을 피할 수 있었다.

부가가치세는 앞서 설명했듯이 매출세액에서 매입세액을 빼서 계산하는데 매입세액이 매출세액보다 많을 경우 부가가치세 매입세액을 돌려받을 수 있다. 그렇다면 창업 초기 원재료나 상품을 많이 매입하여 매출세액보다 매입세액이 크면 부가가치세 매입세액 조기환급 대상이 될까? 여기서 조기환급을 받을 수 있는 경우는 ① 부가가치세 영세율을 적용하여 수출을 했거나, ② 사업을 위해서 건물 취득, 증축 및 인테리어나 기계장치 구입 등 시설투자를 했을 경우이다. 부가가치세 영세율이란, 세율 10%가 아닌 0% 세율을 적용하는 것인데 부가가치세를 면제함으로써 수출물품 가격에 10% 만큼의 가격경쟁력을 만들어 수출산업을 지원해 주는 것이다. 이때 자영업자가 수출하는 물건을 만들기 위해 구입한 중간재의 부가가 치세는 전액 돌려준다. 또한 제조업 등에서 설비를 확장하거나 기계장치를 신규로 취득할 때는 대규모 자금이 들어가는데 부가가치세를 조기에 환급받아 사용할 수 있다.

부가가치세 환급은 일반적으로 3개월 단위로 신고하고 확정신고기간 다음 달 25일에 환급이 이뤄지나, 조기환급은 1월, 2월 4월, 5월, 7월, 8월, 10월, 11월에 발생한 매출세액과 매입세액 전체를 월별로 마감하여 신고한다. 당연히 인테리어 공사나 기계장치 등 시설투자를 주로 했다 하더라도 발생한 매출액과 매입액을 전부 집계해서 신고한다. 일반환급을 신고한 경우에는 보통 30일 이내에 세금을 돌려받는데 조기환급은 확정신고기간까지 기다릴 필요 없이 조기환급 신청기한이 지나고 15일 이내에 환급을 받게 된다.

예를 들어, 김상진 사장은 1월에 레스토랑을 오픈하면서 인테리어를 하고 2월에는 냉장고, 오븐, 싱크대 및 각종 식기류와 식재료를 샀다. 인테리어와 식자재 구입에 목돈이 들어간 김 사장은 부가가치세 확정신고기간인 7월까지 기다리지 않고 1월과 2월의 전체 매출액 및 매입액에 대한 부가가치세를 집계하여 3월 25일 조기환급을 신청했다. 신고 후 국세청은 15일 이내에 김 사장에게 부가가치세를 환급해 주었다. 그리고 나서 김 사장은 3월부터 6월까지 부가가치세 매출세액과 매입세액을 집계하여 7월 25일 부가가치세

〈표8-3〉

1.1	3.30	6.30	9.30	12.30
1기 예정신고	1기 확정신고	2기 예정신고	2기 확정신고	

| 1월 인테리어 공사
2월 기계장치구입
식자재 등 매입
3.25 조기환급 신청 | 3월~6월분
매출/매입세액 집계
7.25 부가가치세 확정신고 | 7.25 | 7월~12월분 매출/매입세액 집계
다음 해 1.25 부가가치세 확정신고 |

확정신고를 하였다.

이러한 조기환급제도는 사업주 입장에서 자금을 조기에 확보하여 유동성을 해결하는 데 매우 큰 도움이 되지만 사업주가 제도를 모르고 신청하지 않으면 혜택을 누릴 수 없다.

조기환급을 받는 데 필요한 서류는 다음과 같다.

① 조기환급 신고서
② 수출 후 영세율을 적용받을 경우 영세율 관련 서류
③ (매출처별, 매입처별) 세금계산서합계표
④ 사업설비 투자를 한 경우에는 투자 관련 증빙서류 (건물, 기계장치 취득명세서, 인테리어 계약서 등)

세금계산서 챙기면 일석삼조

소득을 얻은 사람이 내는 세금이 소득세라면 부가가치세는 부가가치를 누리는 소비자가 부담하는 세금이다. 소비자는 부가가치세를 본인이 직접 세무서에 내지 않고 물건가격에 포함하여 지급하면서 사업자에게 대신 내달라고 한다. 사업자는 소비자로부터 받은 부가가치세를 모아서 대납하게 된다.

사업주나 소비자나 이러한 부가가치세 징수구조를 제대로 이해하는 사람은 드물다. 사업주는 물건가격에 포함된 부가가치세를 본인이 벌어들인 소득 일부로 생각하는 경우가 많고 소비자도 물건을 살 때마다 물건값의 10%를 세금으로 내고 있음을 인지하는 경우는 드물다. 그러다 보니 사업주가 경쟁업체와 가격경쟁을 하다 보면 현금매출로 유도하여 부가가치세를 누락하는 일이 빈번하게 발생한다.

부가가치세가 사업주 자신이 번 소득에서 내는 세금이 아니고 소비자가 낼 세금을 대납하는 것이라면 사업주가 굳이 부가가치세를 절세해야 할 이유가 있을까?

부가가치세 계산구조: 매출액 5,000만 원, 매입액 1,000만 원일 때

```
부가가치세액  =  매출세액           -  매입세액
  400만 원    =  500만 원           -  100만 원
              =  (5,000만 원 × 10%) -  (1,000만 원 × 10%)
```

위에서 부가가치세의 계산구조를 보면 매출세액에서 매입세액을 빼고 부가가치세율(10%)을 곱해서 계산한다. 매출이 많이 발생했지만 공제할 매입세액이 적으면 내야 할 부가가치세가 늘어난다. 여기서 공제하는 매입세액은 매입세금계산서 금액의 합계액이다. 물건을 만들어 팔기 위해 구입하는 원재료, 비품, 기계설비류 등 모든 것이 해당한다. 매입세액이 크면 클수록 매출세액에서 공제되는 금액도 크기 때문에 부가가치세는 줄어든다. 따라서 매입세금계산서는 부가가치세를 줄이기 때문에 가능한 한 모두 공제받을 수 있도록 꼼꼼하게 챙겨야 한다.

그러면 세금계산서는 단지 부가가치세를 줄이기 위해 챙겨야 하는 걸까? 면세사업자는 부가가치세 환급이 안 되고 간이사업자는 부가가치세도 일반과세자에 비해 적기 때문에 악착같이 세금계산서를 챙겨야 할 필요가 없지 않을까? 아래 그림을 참조해 보자.

소득세와 부가가치세 영역 비교

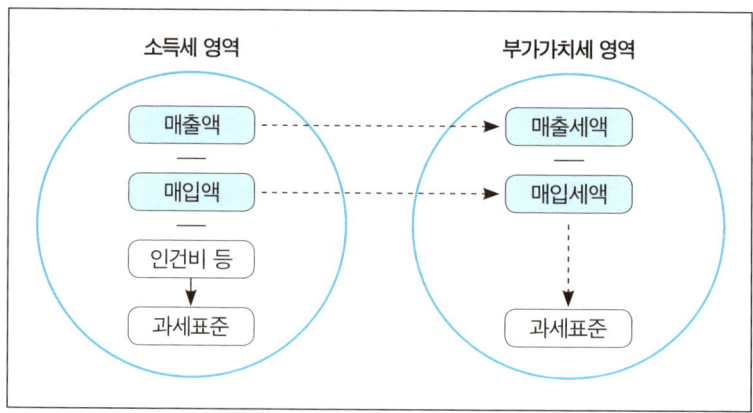

귀찮아도 세금계산서를 꼼꼼히 챙겨야 하는 이유는 매입세금계산서가 종합소득세까지 줄여주기 때문이다. 법인기업의 경우 세금계산서를 잘 챙기면 법인세 절세효과가 있다. 소득세는 매출액에서 각종 비용을 차감하여 소득금액을 산출하고 소득세율을 곱해서 계산한다. 이때 비용에 해당하는 항목이 매입세금계산서들이다. 세금계산서를 받아두지 않으면 비용지출을 증명할 수 없고 비용을 증명할 수 없으면 소득금액이 증가하여 소득세나 법인세 부담이 늘어난다. 부가가치세를 잘 준비하다 보면 종합소득세신고까지 편해지는 이유가 여기에 있다.

이외에도 세금계산서를 챙겨야 하는 이유는 더 있다. 법인기업이 비용지출을 하고 증빙내역이 없으면 가지급금 문제가 발생한다. 원재료를 구입하면 법인계좌에서 물품대금을 지급하게 되는데 출금내역만 있고 매입세금계산서가 없으면 계좌에서 빠져나간 돈은 대표자가 상여금 등으로 가져간 것으로 본다. 이것은 단순히 부가가치세나 법인세가 추징되는 문제가 아니라 대표자가 빌려 간 돈으로 보고 국세청에서 정한 인정이자율로 법인에는 인정이자에 대한 세금을 물리고 대표자에게는 누락된 세금계산서만큼 상여금을 준 것으로 보아 소득세를 부과한다. 게다가 정당한 절차에 따라 인출되지 않았다면 배임이나 횡령으로 형사처분도 받을 수 있다.

이렇듯 세금계산서 한 장을 챙겨놓으면 부가가치세, 소득세, 법인세 절세효과에 가지급금 문제까지 해결함으로써 '일석삼조' 효과를 얻을 수 있다.

고수의 절세 노트 ❽

절세의 기본원칙은 증빙관리

시중에 무수히 많이 나와 있는 세테크 서적 중에는 마치 이렇게 저렇게 요령을 피우면 세금을 줄일 수 있다고 유혹(?)하는 내용이 많다. 자영업을 하는 사장님들은 세금을 좀 덜 내고 싶은 마음에 여러 가지 편법을 기웃거리며 수단과 방법을 마다하지 않는 경우가 더러 있다. 어떤 분야에서 무슨 일을 하든지 기본을 지키는 것은 단순해 보이지만 쉽지 않다. 기본에 충실하기 위해서는 빠르고 편해 보이는 지름길 대신 돌아서 가는 번거로움이 있어도 대로大路를 선택해야 한다.

절세를 위해 기본을 지킨다는 것은 무엇일까? 간단하다. 증빙관리를 잘하면 된다. 증빙이란 거래사실을 말해주는 서류이다. 세금계산서, 계산서, 신용카드 매출전표, 현금영수증 같은 적격증빙을 챙기되, 부득이하게 간이영수증을 받게 되는 경우에는 정기적으로 동일한 거래가 반복해서 발생하는 것처럼 일정한 간격을 두고 영

〈표8-4〉 증빙 관리대상 구분

구 분	유형	비 고
사적인 지출 증빙	영수증, 거래명세서, 입금전표, 품의서, 지출명세서 등	세법상 증빙서류로 효력은 없지만 거래사실 관계는 입증할 수 있다.
법에서 인정하는 증빙	세금계산서(계산서), 신용카드 매출전표, 현금영수증, 전기/전화요금 지로통지서	세법에서 인정하는 적격증빙으로 세금신고 시 반드시 챙겨야 한다.

수증을 처리하는 지혜가 필요하다. 그러나 거듭 말하지만 간이영수증은 일반경비는 3만 원 이하, 접대비는 1만 원까지만 법정지출증빙으로 처리할 수 있다.

전기/전화요금 등 지로용지는 세금계산서는 아니지만 고지서에 사업자등록번호와 상호가 기재되어 있으면 매입세액공제를 받을 수 있다. 세금계산서는 사업자등록을 한 사업주가 사업자등록번호로 발행하므로 일반과세자만 발행할 수 있다.

예를 들어, 사업과 관련해서 정당한 거래를 하고 서류까지 모두 챙겨놨지만 거래처가 간이과세자라서 세금계산서를 받지 못했다면 간이영수증이라도 꼭 받아야 한다. 사업과 관련한 지출임을 영수증이나 거래명세로 증명할 수 있다면 비용으로는 인정받을 수 있으므로 소득세나 법인세는 줄일 수 있기 때문이다. 물론 증빙불비가산세는 부담해야 할 것이다. 간이사업자는 증빙불비가산세 부담이 없다. 그리고 1만 원을 초과하는 접대비는 적격증빙을 받지 않으면 증빙불비가산세고 뭐고 없이 아예 비용으로 인정받을 수 없다.

거래사실 입증은 사장이 챙겨야 한다. 장부 기장은 세무대리인에게 맡길 수 있어도 법적인 지출증빙까지 세무사가 대신할 수는 없으므로 그때그때 증빙을 챙기도록 한다. 적격증빙이 없는 비용은 장부에 기장해도 세법상 비용으로 인정받지 못한다. 사장이 아무리 논리적으로 거래사실을 설명한들 세무조사관이 이해해 준다고 하더라도 세금이 부과되는 걸 막을 수는 없다. 그래서 최선의 절세 기술은 증빙관리다. 잘 챙겨놓은 적격증빙들이 무언의 사실관계를 설명할 때 세무조사관은 조용히 철수할 것이고 사장은 세금폭탄을 막을 수가 있다. 절세의 기본은 증빙관리를 철저히 하는 것이다.

세무조사에 지혜롭게
대처하는 법

세무조사 강풍, 피할 수 없다면 버텨라

세무조사 대상은 어떻게 정할까?

세무조사 공무원 인력은 한정되어 있으므로 모든 사업자를 대상으로 세무조사를 할 수는 없다. 그렇다면 국세청은 세무조사 대상을 어떻게 선정할까?

세무조사는 동종업계 유사한 자영업자들보다 부가율, 소득률이 낮거나 국세청에서 여러 기관을 통해 확보한 정보와 신고 내용이 잘 맞지 않을 때, 정당한 증빙 없이 불성실하게 신고할 때 주로 세무조사 대상이 된다. 성실하게 신고하는 중소, 영세업체에 대해서는 세제지원과 더불어 세무조사 대상에서도 제외한다. 하지만 신고 성실도가 낮거나 조세회피 또는 탈세 행위가 의심되거나 포착된 업체는 세무조사 대상이라고 할 수 있다.

국세청은 사장들의 수입과 금융정보를 어떻게 꿰고 있을까? 크게는 아래 4가지 방법으로 수집된다고 보는데 이러한 방법을 통해 수집된 정보는 세무조사 대상으로 선정할지 여부를 결정하는 중요한 판단기준이 된다.

첫째, 국세청은 PCI 시스템을 운영하고 있다. PCI 분석이란, 재산Property, 소비Consumption, 소득Income자료를 이용하여 개인의 소득을 분석하는 방식이다. 예를 들면, 과거에 5년간 국세청에 신고한 소득이 총 10억 원이고 최근 5년간 부동산이나 자동차 취득, 해외여행 등 신용카드 소비한 금액을 합했더니 15억이라면 차이 5억 원에 대해서는 소득을 누락한 것으로 간주할 수 있다. 이러한 국세청의 PCI 시스템은 1~2년 단기간 수입과 지출데이터가 아니라 5~10년 누적된 빅데이터를 관리한다. 여기에 사업자가 신고한 전자세금계산서와 현금영수증 등을 통한 매출액과 4대보험료 신고내용까지 포함하여 비용을 얼마나 쓰고 있는지도 알 수 있으므로 수년간 세금을 얼마나 내고 얼마나 누락할 수 있는지 분석할 수 있다. 이는 국세청에서 이미 사업주의 수입과 지출을 다 꿰고 있다는 뜻이다.

둘째, 국세청은 금융정보분석원(FIU)을 통해서 사장의 입출금 내역 등 금융자료를 공유하고 있다. 금융정보분석원은 금융위원회, 한국은행, 금융감독원, 법무부, 국세청, 관세청, 경찰청 등에서 파견된 전문인력으로 구성되어 자금세탁, 불법거래를 포함한 금융거래 자료를 국세청 등에 제공해 주는데 의심이 되는 금융거래가 통보되면 사안에 따라 조사대상으로 선정된다. 이 외에도 국세기본법 제85조 과세자료로 활용할 수 있는 정보를 수집할 수 있는 근거 규정을 통해서 국세청은 정부기관뿐만 아니라 민간단체에도 과세자료를 요구하여 활용할 수 있다.

셋째, 국세청은 빅데이터를 활용하여 소득률이나 부가율 등 각종 비율을 분석하고 이를 통해 탈세정보를 확보한다. 예를 들어 전년도 동종업계 신고소득률이 30%였는데 김 사장의 소득률이 매년 20% 이하라면 세무서에서는 김 사장이 소득을 누락했다고 의심하고 조사 대상으로 선정한다. 부가율도 마찬가지다. 부가율은 회사가 얼마나 부가가치를 창출했는지 알 수 있는 지표이다. 동종업계 평균부가율이 20%인데 김 사장 회사 부가율만 5%라면 김 사장이 매출을 누락했거나 가공의 매입자료를 장부에 기록했을 수 있으므로 세무조사 나올 가능성이 커진다.

넷째, 국세청은 사업주의 수입과 거래정보를 탈세제보를 통해 알게 된다. 사실 개인기업이나 법인이 의도적으로 장부를 분식하여 탈세하는 것을 국세청에서 알고 적발하기는 쉽지 않다. 중요한 정보나 사실은 주변 제보에 의해서 인지되는 경우가 많다. 탈세 제보자에 대한 포상금 한도가 갈수록 증가하고 포상금 지급률도 상향되었다. 이렇듯 국세청은 지인들에 의한 양질의 정보 제공을 유도하고 있으므로 성실하게 신고하는 것이 최고의 절세라는 것을 다시 한번 마음에 새기길 바란다.

세법은 귀에 걸면 귀걸이, 코에 걸면 코걸이

황경수 사장의 회사는 5년이 지나자 연 매출 50억 원이 넘는 중견기업으로 성장했다. 회사명도 ㈜커피책방으로 바꿨다. 그런 커피책방에 세무조사 명령이 떨어졌다.

커피책방에서 재무업무를 총괄하는 최 대리는 세무조사관이 요청한 자료를 부서별로 모았다. 세무조사는 3개월째 계속되고 있고 최 대리는 세무조사관의 자료 요청에 응하느라 잠도 제대로 못 잘 지경이다. 마침 점심 식사를 마치고 수감장에 들어온 김 조사관이 양치질도 하지 않고 최 대리부터 호출했다.

"최 대리님, 지난주에 공문으로 드린 5개년 치 판매실적을 모두 정리해 달라고 했는데 왜 아직도 자료가 안 오고 있죠? 이렇게 자료가 제때 오지 않으면 저희로서는 세무조사 기간을 연장할 수밖에 없습니다."

"예? 하루 처리할 업무가 있어서 조사자료 대응에만 매달릴 수는 없습니다. 요청한 자료량의 범위가 넓은 것은 준비하는 시간을 주십시오."

"최 대리님, 그걸 말이라고 하시는 겁니까? 안 되겠네요. 황 사장님 좀 뵈어야겠습니다."

다그치던 김 조사관이 황경수 사장을 호출했다. 이어 황 사장이 달려왔다.

"조사관님 무슨 일이라도?"

"황 사장님, 그동안 요청했던 자료 목록인데 오늘까지 받지 못한 자료가 더 많습니다. 이렇게 비협조적이면 저희로서도 조사 기간을 연장하는 수밖에 없습니다. 그리고 부가가치세 세금계산서 지연 발급한 건은 고의성이 있어 범칙조사로 확대할 수 있으니 그리 알고 계십시오."

뭔가 일이 커질 것 같다. 황 사장은 국세청 조사국장으로 있는 고교 동창 한강직에게 전화를 걸어 조언을 청했다.

"세무조사 때문에 너무 힘드네. 자네한테 누가 될까 봐 그동안 연락도 안 하고 말도 안 꺼냈는데. 거기 조사과 김 조사관 알지? 그동안 성실하게 조사받았고 조용히 잘 마무리되나 싶었는데 난데없이 범칙조사니 검찰 고발 운운하는 게 아닌가?"

"뭐 밉보인 게 있나? 김 조사관이 범칙조사를 결정할 권한은 없고 담당 과장이 지시했겠지."

"밉보이다니?"

"사장이나 임원이 조사기간 중에 코빼기도 안 보였냐 말일세. 아무리 말단 조사관이라도 칼자루를 쥐고 있네. 세법에 모호한 규정이 많으니 자세를 낮춰 대응할 필요가 있지 않겠나."

"아니, 그게 말이 되는 소린가? 잘못한 게 없으면 그냥 조용히 끝내고 '영업에 폐를 끼쳐 죄송합니다.' 하고 가면 될 일이지. 잘못도 없는데 사안을 확장하는 것은 '갑질' 아닌가, 갑질?"

"자네, 왜 그리 순진해? 세무 좀 안다는 사람이. 누가 개인적 감정으로 회사 일을 하나?"

"그게 뭔 말인가?"

"세법은 모든 경우의 수와 현실의 내용을 다 반영하지 못한다네. 복잡하고 비현실적인 부분도 많아. 따라서 세법은 해석에 따라 귀에 걸면 귀걸이가 되고 코에 걸면 코걸이가 될 수 있다는 말일세."

"그래서 별로 잘못한 것이 없어도 세무조사가 국민들에게 막연한 두려움의 대상이지 않겠나. 한 국장 말대로 조사관의 해석에 따라 별 것 아닌 사안도 커지고 복잡해질 수 있으니 비리의 온상이 되기도 하고."

"그러니까 수감장에 직원들만 보내지 말고 당장 내일부터 아침저녁으로 자네가 나서서 진두지휘해. 말단 조사관한테도 신경 좀 쓰고. 자존심은 집에 두고 출근하라고. 대한민국에서 헌법 위에 '떼'법이 있듯이 조사관한테 가장 큰 죄는 '괘씸죄' 라네."

그제야 황 사장은 뭐가 잘못되었는지 알 것 같았다. 평소 황 사장은 재무업무를 일 잘하는 최 대리에게 맡기고 관리만 했는데, 꽤 체계적으로 관리되고 있었다. 그러나 털어서 먼지 안 나는 사람이 어디 있겠는가. 어느 회사든지 파헤치면 허점이 나오기 마련이고 장기간 세무조사를 받다 보면 회사의 구석구석이 털리는 것은 지극히 당연하다.

다음 날 아침 황경수 사장은 밤새 준비한 조사 자료를 제출하고 상기된 모습으로 조사관이 호출하기도 전에 수감장으로 향했다.

"팀장님, 안녕하십니까? 일찍 나오셨네요. 불편한 점은 언제든지 말씀해 주십시오. 우선 요청하신 자료는 이메일로 보냈습니다. 부족한 서류는 계속 준비하고 있습니다."

"네, 잘 받았습니다. 추가 자료는 확인하고 말씀드리겠습니다."

"김 조사관님, 요즘 구내식당 밥이 별로인데 근처 맛집을 소개해 드릴까요?"

황 사장의 너스레에 옆에서 듣고 있던 조사팀장이 웃으며 사양했다.

"아닙니다. 식사는 저희끼리 알아서 먹겠습니다. 신경 쓰지 마십시오."

"네. 알겠습니다. 저, 지난번 말씀하신 부가가치세 세금계산서 관련해서는 향후에 관리를 어떻게 해야 할지 고민입니다. 오후에 시간 되시면 팀장님 고견을 좀 듣고 싶습니다."

황 사장은 사안을 잘 알면서도 모르는 척 묻고, 조사가 원활히 진행될 수 있도록 본인이 수시로 수감장을 드나들며 진행상황을 점검하고, 조사팀의 분위기를 밝게 하려 애를 썼다. 그리고 세무조사를 대리하는 태양법무법인과 삼방세무법인의 조력을 받아 대응방안을 마련해 놓았다. 그러는 사이 다시 두 달이 흘렀다. 세무조사는 얼마의 추징세금을 회사가 수용하고, 검찰 고발 없이 종결되었다.

세무조사관도 사람인지라 출장을 나와 남의 사무실에 앉아 잘못한 것을 들추는 업무자체가 여간 스트레스가 아닐 수 없다. 게다가 조사관이 세무조사 받는 사업주들의 고충을 모르는 것도 아니다. 많은 업체를 방문하여 세무조사를 하다 보면 사무실 정리, 서류철 보관 상태, 심지어 서류에 스테이플 꽂은 방식만 봐도 예상 추징액이 얼마라고 감 잡을 정도로 베테랑인 경우가 많다. 조사기간 동안

"내가 뭘 잘못했다고 이래?", "왜 이렇게 뭘 요구하는 게 많아, 짜증 나게." 하는 식으로 성질을 부리면 우호적인 분위기가 사라져 조사관들도 조언해줄 필요를 느끼지 못한다. 힘들어도 친절하고 공손하게 세무조사에 임해준 사업주에게는 오히려 미안한 마음에 회사의 잘못된 세무신고 관행이나 부적절한 회계 처리 등에 대해서 조언을 해주려고 한다. 따라서 세무조사 시 사업주는 평정심을 갖고 조사관을 대하고 세무조사를 전화위복의 기회로 활용하려는 긍정적인 마음을 갖는 것이 좋다.

갑자기 들이닥친 세무조사, 지혜롭게 대처하는 법

평소에 세금을 성실하게 신고하고 납부한 사장들도 막상 국세청에서 세무조사통지서를 받으면 당황하고 긴장하게 된다. 세무조사는 언제 나오는 것일까?

세법에 세금을 부과할 수 있는 기간은 일반적으로 5년이다. 따라서 특별한 경우가 아닌 한 대기업은 4~5년에 한 번씩 정기적으로 세무조사를 받는다. 그러나 간편장부대상자나 수입금액 1억 원 이하의 복식부기대상 사업자가 세금신고를 성실하게 하는 경우 세무조사를 받지 않는 경우도 많다. 실제로 세무조사를 받는 자영업자는 전체 개인사업자 중 1% 미만이다.

국세기본법에 의하면 세무조사는 정기조사와 특별(비정기)조사로 나뉜다. 정기조사는 최근 4년 이상 세무조사를 받지 않은 사업자 중에서 국세청 전산시스템을 이용해 신고 성실도 분석 및 업종과 규모를 고려하여 조사할 필요가 있는 업체를 선정한다. 특별조사(조세범칙 조사)는 사업자가 세법에서 정하는 신고, 성실신고확인서 제출, 세금계산서 관련 작성 제출에 있어 납세협력의무를 제대로 이행치 않았거나, 세금을 탈세했다는 제보나 무자료거래, 위장·가공거래 등의 범칙혐의가 있는 경우에 불시에 이뤄진다.

보통 정기조사는 개시 10일 전 세무서로부터 조사받는 세금의 종류와 기간, 조사이유 등이 안내된 '세무조사통지서'를 받는다. 범칙조사는 불시에 들이닥치기 때문에 이러한 사전통지서가 없다.

갑자기 세무조사팀이 들이닥친 경우 반드시 취해야 할 초기 행동요령이 있다.

첫째, 세무조사는 내야 할 세금을 제대로 냈는지를 보게 된다. 매출 누락 여부, 비용 과다 기록 여부, 업무와 관련 없는 비용 유무 여부, 가수금·가지급금에 대한 조사, 세액공제나 감면 내역의 합당성 여부, 역외탈세나 특수관계회사를 통한 부당한 행위 유무, 임직원·지배주주에 대한 경비 과다 여부, 세법상 의무규정 준수 여부를 조사한다. '세무조사 사전통지서'를 받으면 즉시 세무대리인을 조력자로 선정하여 조사개시 전까지 예상조사항목을 정리하고 관련 증빙자료를 챙겨야 한다. 사안이 중대하여 추징금액이 커질 수 있다고 판단되면 준비시간을 늘리고 조사관이 장시간 기다리며 짜증을 내지 않도록 진행상황을 주기적으로 알려준다.

둘째, 세무조사관이 요구하는 자료나 질문에는 최대한 친절하고 성실하게 응하고 사업주가 세무 상식이 좀 있다고 생각나는 대로 진술하기보다는 세무조사 대리인과 상의하여 서류를 준비하고 필요하면 서면으로 답변하는 것이 좋다. 적극적으로 거래자료나 근거를 제시하여 그에 합당한 세법 논리로 소명하는 것이 세무조사를 빨리 끝내는 방법이다. 은밀하게 뒷거래를 통해서 덮어주기를 기대하면 안 된다. 공무원들도 조사한 내용에 대하여 제대로 했는지 감사원으로부터 감사를 받기 때문에 이러한 행동은 오히려 강도 높은 세무조사만 초래할 뿐이다.

셋째, 국세청에 인맥이나 높은 공무원의 이름을 들먹이거나 금품, 향응 등을 제공하려는 생각은 애초에 하지 않는다. "식사 같이 하시죠?" "거기 국장이 고등학교 절친입니다"라는 식으로 조사관들에게 들이대 봤자 세무조사를 받는 데 전혀 도움이 되지 않는다. 로비를 통해 '덮으라면 덮어!' 하는 과거 방식은 더는 통하지 않는다. 되려 세무조사관들의 공분만 사서 세금만 더 추징당할 뿐이다. 다만 세무조사를 하는 조사관도 고도의 육체적, 정신적 스트레스를 받기 때문에 물, 음료, 약간의 다과, 초콜릿 등을 한쪽에 준비해주면 좋다. 피로가 쌓이는 오후 3~4시경에는 휴식을 취하면서 가벼운 대화를 나눌 수 있는 분위기를 조성하는 것이 좋다. 그러나 조사의 실마리를 제공할 수 있기 때문에 조사관들과 대화할 때는 쓸데없는 말은 삼간다.

넷째, 세무조사관이 조사과정에서 지적하는 내용이나 해명을 요구하는 사항들은 쟁점별로 잘 기록한다. 특히 조사관의 견해와 납세자의 주장 사이에 이견이 있는 경우 쟁점사항을 잘 요약하여 국세청 홈페이지나 법령정보시스템 등에서 유권해석이나 판례를 수집하여 정리하는 것이 좋다.

다섯째, 세무조사 마지막 날에는 조사사무처리 규정에 따라 조사결과에 대한 강평을 하게 되어 있다. 이 강평은 다른 각도에서 보면 외부기관에서 본인 사업에 대한 일종의 경영컨설팅이 될 수도 있다. 얼마나 유익한 자문을 주는가는 조사관의 재량이다. 조사기간 동안 성실하게 세무조사를 받은 사업주에게는 양질의 세무자문을 받을 기회가 되기도 한다.